Marion Moos

BESCHWERDE UND BETEILIGUNG IN DEN HILFEN ZUR ERZIEHUNG

Abschlussbericht des Projektes „Prävention und Zukunftsgestaltung in der Heimerziehung in Rheinland-Pfalz – Ombudschaften“

unter Mitarbeit von Rebecca Schmolke

Impressum

Marion Moos

Beschwerde und Beteiligung in den Hilfen zur Erziehung

Abschlussbericht des Projekts „Prävention und Zukunftsgestaltung in der Heimerziehung in Rheinland-Pfalz – Ombudschaften“ unter Mitarbeit von Rebecca Schmolke

ISBN 978-3-946455-01-1

Institut für Sozialpädagogische Forschung Mainz gGmbH (ism)
Flachsmarktstraße 9
55116 Mainz
06131 24041 0
www.ism-mz.de

Gestaltung:
ansicht kommunikationsagentur, Haike Boller, Wiesbaden
www.ansicht.com

Titelfoto:
Karola Riegler

Mainz 2016

Herstellung:
Books on Demand GmbH, Norderstedt

Inhaltsverzeichnis

Vorwort

In der Zeit von 1949 bis 1975 lebten fast 800.000 Kinder und Jugendliche in deutschen Heimen. Bei diesen Heimunterbringungen kam es immer wieder zu Grenzverletzungen und Grenzüberschreitungen bis hin zur Misshandlung und Missbrauch. Ein Großteil der ehemaligen Heimkinder leidet ein Leben lang unter den traumatischen Erfahrungen aus der Kindheit.

Die Geschehnisse rund um das Thema Heimerziehung der 50er und 60er Jahre beschäftigen uns deshalb nicht nur fachlich und inhaltlich, sondern vor allem auch emotional.

Die Fassungslosigkeit über das, was vielen jungen Menschen in den Heimen der Kinder- und Jugendhilfe angetan wurde, verpflichtet uns, die Frage zu stellen, was wir heute besser machen können in der Heimerziehung und in anderen Hilfen zur Erziehung. Wie können wir künftig Übergriffe, Grenzverletzungen und Machtmissbrauch verhindern?

Vor dem Hintergrund der Empfehlungen des Runden Tisches Heimerziehung der 50er und 60er Jahre hatte das Ministerium für Familie, Frauen, Jugend, Integration und Verbraucherschutz das Projekt „Prävention und Zukunftsgestaltung in der Heimerziehung Rheinland-Pfalz – Ombudschaften" in Auftrag gegeben. Ziel war die Entwicklung, Erprobung und Evaluation von Beteiligungs- und Beschwerdeverfahren für Kinder und Jugendliche, die in Heimen leben. Hierzu wurden Trägerbefragungen, Interviews mit Ombudsfrauen und -männern sowie mit den jungen Menschen und ihren Eltern durchgeführt.

Ausgehend von einrichtungsbezogenen Beteiligungsansätzen bei öffentlichen und freien Trägern der Jugendhilfe, sollte herausgearbeitet werden, ob und wenn ja, welche regionalen und landesweiten Strukturen wichtig sind.

Außerdem sollten niedrigschwellige Modelle entwickelt werden, die die Rechte der jungen Menschen stärken und dazu beitragen, sich einzumischen. Denn: Die Möglichkeit eines Kindes, seine Stimme zu erheben, sich zu wehren und zu sagen, wenn etwas gegen seinen Willen geschieht, ist der Schlüssel zu mehr Beteiligung und oft zugleich ein starker Schutz gegen Missbrauch und Misshandlung.

Trotz der Stärkung einrichtungsbezogener und -übergreifender Beteiligungs- und Beschwerdestrukturen ist eine landesweite Unterstützungsstruktur für junge Menschen, die Hilfen zur Erziehung erhalten, immens wichtig. Wir brauchen eine stärkere Verankerung von Beschwerdemöglichkeiten sowohl auf der örtlichen als auch auf der überörtlichen, landesweiten Ebene. Hierfür hat sich die Landesregierung stark gemacht. Und das mit Erfolg: Rheinland-Pfalz wird – so ist es im Koalitionsvertrag der 17. Legislaturperiode festgehalten – das erste Bundesland sein, das eine landesweite Ombudsstelle beim Bürgerbeauftragten des Landes Rheinland-Pfalz einrichtet.

In dem vorliegenden Buch sind die Ergebnisse des Modellprojekts zusammengefasst. Es soll ein Handbuch für die Fachkräfte aus der Praxis sein, das konkrete Anregungen für die Entwicklung eines Beschwerdemanagements und ombudschaftlicher Strukturen gibt.

Bedanken möchte ich mich bei allen Kindern, Jugendlichen und Eltern, den Mitarbeiterinnen und Mitarbeitern von Trägern der öffentlichen und freien Jugendhilfe sowie deren Einrichtungen, die bei diesem Projekt mitgewirkt haben.

Ein Dank geht auch an Marion Moos und Rebecca Schmolke vom Institut für Sozialpädagogische Forschung Mainz gGmbH für die Durchführung des Projekts und die Veröffentlichung dieses Buches.

Ich wünsche mir, dass das Handbuch der Jugendhilfepraxis wertvolle Impulse zur Schaffung von Beschwerdestellen und Ombudschaften gibt und zahlreiche Nachahmerinnen und Nachahmer findet. Dies ist ein wichtiger Schritt zur Verbesserung des Schutzes von Kindern und Jugendlichen und trägt zur Stärkung ihrer Rechte bei.

Anne Spiegel

Staatsministerin für Familie, Frauen, Jugend, Integration
und Verbraucherschutz des Landes Rheinland-Pfalz

1. Einleitung

Welchen Beitrag können strukturell verankerte Beteiligungs- und Beschwerdemöglichkeiten sowie ombudschaftliche Strukturen zur Prävention und Zukunftsgestaltung in der Heimerziehung leisten? Dieser Frage ist das Institut für Sozialpädagogische Forschung Mainz gGmbH (ism) im Rahmen des Projekts „Prävention und Zukunftsgestaltung in der Heimerziehung in Rheinland-Pfalz – Ombudschaften" im Auftrag des Ministeriums für Familie, Frauen, Jugend, Integration und Verbraucherschutz Rheinland-Pfalz nachgegangen. Im hier vorliegenden Abschlussbericht werden die zentralen Projektergebnisse vorgestellt.

Nach einer fachlichen Rahmung hinsichtlich der Begründungszusammenhänge und Zielperspektiven von Beschwerde- und Beteiligungsverfahren in den Hilfen zur Erziehung in Kapitel zwei erfolgt in Kapitel drei eine Beschreibung des Projektdesigns.

In Kapitel vier werden Ergebnisse zu Rahmenbedingungen, Umsetzungsmodellen und Verfahrensstandards von einrichtungsbezogenen Beschwerdeverfahren dargestellt. Es werden sowohl Aspekte beleuchtet, die bei der Entwicklung entsprechender Verfahren zu beachten sind, als auch Erfahrungen aus der praktischen Umsetzung analysiert. Ein besonderes Augenmerk wird bei der Einschätzung der umgesetzten Beschwerdeverfahren auf die Bewertungen aus Perspektive der jungen Menschen gelegt, die in stationären Gruppen betreut werden und die entwickelten Verfahren in Anspruch genommen haben. Im Rahmen eines Exkurses werden darüber hinaus Chancen und Grenzen einrichtungsbezogener Ombudspersonen diskutiert.

In Kapitel fünf wird daraufhin ein vertiefender Blick auf Anforderungen an Beschwerdeverfahren in anderen Bereichen der Hilfen zur Erziehung außerhalb der klassischen Heimerziehung in Wohngruppen geworfen. Exemplarisch aufgegriffen werden Arbeitsergebnisse für den ambulanten Bereich, für Hilfen in gemeinsamen Wohnformen für Mütter/Väter und Kinder nach § 19 SGB VIII sowie für die Pflegekinderhilfe.

Welche strukturell verankerten Beteiligungsformen förderlich zur Stärkung der Rechte von Kindern und Jugendlichen und zur angemessenen Ausgestaltung von Hilfekontexten sind, wird in Kapitel sechs beschrieben. Zudem hat sich gezeigt, dass Beschwerdeverfahren nicht ohne eine entsprechende Rahmung durch Partizipationsmöglichkeiten gelingend umgesetzt werden können. Ausgewählte Beteiligungsbausteine werden daher vertiefend methodisch beschrieben.

Welche Ankerpunkte und Strategien zieldienlich sind, um Beteiligungs- und Beschwerdemöglichkeiten in Einrichtungen dauerhaft zu verankern und mit Leben zu füllen, wird in Kapitel sieben beschrieben. Auch wird aufgezeigt, welchen Beitrag Beteiligungs- und Beschwerdeverfahren im Rahmen der Qualitätsentwicklung leisten können, da über diese Zugänge die Perspektive der Adressatinnen und Adressaten systematisch in die Weiterentwicklung von Verfahren und Hilfeangeboten einfließen kann.

Bilanzierend werden in Kapitel acht Veränderungen und Effekte beleuchtet, die durch einrichtungsbezogene Arbeitsprozesse zum Thema Beteiligung und Beschwerde angestoßen werden konnten.

Welche Ansätze zur Stärkung von Beteiligungs- und Beschwerdeverfahren beim Jugendamt herausgearbeitet werden konnten, wird in Kapitel neun beschrieben. Hier werden zudem Schnittstellenfragen zwischen öffentlichen und freien Trägern der Kinder- und Jugendhilfe aufgezeigt, die es bei den Themen Beteiligung und Beschwerde zu klären gilt.

In einem letzten Ergebniskapitel wird einrichtungsübergreifenden ombudschaftlichen Strukturen für Rheinland-Pfalz Beachtung geschenkt. Dabei werden, insbesondere mit Blick auf den Fachtag „Beschwerde und Ombudschaft in der Jugendhilfe – Perspektiven für Rheinland-Pfalz“, Modelle institutionsübergreifender Verfahren und Strukturen der Kinder- und Jugendhilfe aber auch aus anderen Kontexten vorgestellt, verschiedene Umsetzungsoptionen für die Kinder- und Jugendhilfe diskutiert sowie Empfehlungen zur Umsetzung formuliert.

Abschließend erfolgen eine Bilanzierung und ein Ausblick, einerseits durch eine Gesamtbewertung von Umsetzungsstand und Entwicklungsperspektiven strukturell verankerter Beschwerdeverfahren, andererseits aber auch durch Empfehlungen zur Prävention und Zukunftsgestaltung der Heimerziehung.

TEIL I:
FACHLICHE RAHMUNG

2. Begründungszusammenhänge und Zielperspektiven von Beschwerdeverfahren und ombudschaftlichen Strukturen in den Hilfen zur Erziehung

2.1 Beschwerdeverfahren und ombudschaftliche Strukturen in den Hilfen zur Erziehung

Zentrale Impulse zur verstärkten Diskussion und fachlichen Auseinandersetzung mit den Themen Beschwerde und Ombudschaft sind durch die Runden Tische „Heimerziehung der 50er und 60er Jahre" und „Sexueller Kindesmissbrauch" gegeben worden. Durch die Aufarbeitung von Übergriffen, Fehlverhalten und Machtmissbrauch ist deutlich geworden, dass es für einen adäquaten Umgang mit den strukturell immanenten Machtasymmetrien in den Hilfen zur Erziehung Gegenstrategien braucht, die auf die Ermächtigung der Adressatinnen und Adressen zielen. Präventive Maßnahmen sind deshalb auf unterschiedlichen Ebenen gefordert worden. So benennt der Abschlussbericht des Runden Tisches „Heimerziehung der 50er und 60er Jahre" als Maßnahmen unter anderem die Stärkung von Partizipations- und Beschwerdemöglichkeiten von Kindern und Jugendlichen in der Heimerziehung, die Beteiligung von Mädchen und Jungen an der Einrichtungsaufsicht sowie die Schaffung unabhängiger Beschwerdeinstanzen („Ombudsstellen") (vgl. AGJ 2010, S. 33). Auch in der Auseinandersetzung mit dem Thema sexueller Kindesmissbrauch wurden die Abhängigkeits- und Machtverhältnisse in privaten und öffentlichen Einrichtungen sowie im familiären Bereich intensiv beleuchtet. Aspekte des Fehler- und Beschwerdemanagements sind auch hier als ein Handlungsansatz herausgearbeitet worden, der präventives Handeln sowie institutionelle Lernprozesse befördern kann.

Die fachlichen Debatten und Forderungen haben unter anderem im neuen Bundeskinderschutzgesetz (BKiSchG) Niederschlag gefunden und zielen auf die Stärkung von Beteiligungs- und Beschwerderechten von jungen Menschen, um deren Schutz in Einrichtungen zu verbessern. So wird hier die

„Sicherung der Rechte von Kindern und Jugendlichen in Einrichtungen und deren Schutz vor Gewalt“ als ausdrücklich hervorgehobener Bestandteil der Aufforderung zur Qualitätssicherung nach § 79a Abs. 2 SGB VIII festgeschrieben. Zudem wurden neue Voraussetzungen für die Erteilung einer Betriebserlaubnis formuliert. So sollen zur Sicherung der Rechte von Kindern und Jugendlichen in allen Einrichtungen „geeignete Verfahren der Beteiligung sowie der Möglichkeit der Beschwerde in persönlichen Angelegenheiten“ (§ 45 Abs. 2 S.2 Nr.3 SGB VIII) Anwendung finden. Das Bundeskinderschutzgesetz richtet somit das Augenmerk auf den Zusammenhang zwischen den Themen Kinderschutz und Beteiligung. Erstmalig gibt es somit Vorgaben, die stationäre Einrichtungen dazu verpflichten, verbindliche Strukturen für Beteiligung und Beschwerde zu schaffen.

In der Praxis der Kinder- und Jugendhilfe gibt es zwar bereits Einrichtungen, „die sich in besonderer Weise um einen konstruktiven Umgang mit Beschwerden bemühen und hierfür Verfahren entwickeln und implementieren.“ (Urban-Stahl 2012, S. 8) Allerdings sind strukturell verankerte Beschwerdeverfahren zum Zeitpunkt des Inkrafttretens des Bundeskinderschutzgesetzes in den Hilfen zur Erziehung insgesamt relativ wenig verbreitet. So gaben im Jahr 2010 lediglich 16 % der stationären Einrichtungen in Rheinland-Pfalz im Rahmen einer Einrichtungsbefragung an, über ein einrichtungsbezogenes Beschwerde- und Verbesserungsmanagement zu verfügen (Moos 2012, S. 44). Die Entwicklungsaufgabe für die Kinder- und Jugendhilfe besteht somit darin, dass alle stationären Einrichtungen entsprechende Strukturen schaffen und praxisrelevant ausfüllen. Damit die Strukturen präventiv wirksam werden können, müssen sie fachlich so ausgestaltet werden, dass junge Menschen und Eltern niedrigschwellig von den Beschwerdemöglichkeiten

Gebrauch machen können und eine verbindliche Beschwerdebearbeitung erfolgt, die zur Verbesserung der Situation beiträgt. Eine entsprechende Entwicklung der Praxis gilt es in diesem Sinne auszugestalten. Zu beachten ist jedoch, dass entsprechende Vorgaben für das Pflegekinderwesen, für ambulante Hilfen sowie für den öffentlichen Träger bislang fehlen. Die Verbindlichkeit zur Schaffung von Beschwerdeverfahren variiert somit je nach Hilfeart und Kontext.

Neben der Schaffung einrichtungsbezogener Beschwerdeverfahren, spielen in der Gesamtdebatte zur Stärkung von Rechten und Beschwerdemöglichkeiten für Adressatinnen und Adressaten der Hilfen zur Erziehung externe Ombudsstellen eine bedeutsame Rolle. Eine solche übergreifende, unabhängige Unterstützungsstruktur ist im Gegensatz zu einrichtungsinternen Verfahren noch nicht gesetzlich verankert worden. Damit geht einher, dass externe Ombudsstellen bislang nicht flächendeckend zur Verfügung stehen und in der Regel keine Dauerfinanzierung gegeben ist. Die bisher tätigen Ombudsstellen unterscheiden sich hinsichtlich ihrer strukturellen Anbindung, der konzeptionellen Ausrichtung sowie der Rahmenbedingungen zur Ausübung ihrer Tätigkeit. Zur Verständigung auf einheitliche Qualitätsstandards, der wechselseitigen Unterstützung der Arbeit sowie der fachlichen und jugendhilfepolitischen Weiterentwicklung ombudschaftlicher Arbeit hat sich des Bundesnetzwerk „Ombudschaft in der Jugendhilfe“ gegründet (vgl. www.ombudschaft-jugendhilfe.de). Um im Bedarfsfall die Möglichkeit der Inanspruchnahme einer unabhängigen Ombudsstelle zu eröffnen, ist der Aufbau weiterer Ombudsstellen sowie die Auswertung der Erfahrungen bereits tätiger Ombudsstellen notwendig.

Bilanzierend gilt es festzuhalten, dass es zur Stärkung der Rechte von Kindern, Jugendlichen und ihren Familien im Kontext der Hilfen zur Erziehung einen breiten Auf- und Ausbau von Beschwerdemöglichkeiten braucht. Dazu müssen bereits bestehende Verfahren und Modelle sowie die darin gesammelten Erfahrungen systematisch ausgewertet werden, um die gelingenden Ansätze und Strukturen in eine breite Umsetzung bringen zu können.

2.2 Zum Stellenwert von Beteiligung in den Hilfen zur Erziehung

Durch das Bundeskinderschutzgesetz wird neben der Verankerung von Beschwerdeverfahren auch die Implementierung von Beteiligungsstrukturen verbindlich vorgeschrieben. Allerdings konkretisiert das Bundeskinderschutzgesetz damit lediglich die partizipative Grundausrichtung des Kinder und Jugendhilfegesetzes (SGB VIII). So ist hier als gesetzliche Grundprämisse in § 8 SGB VIII verankert, dass Kinder und Jugendliche an allen sie betreffenden Angelegenheiten entsprechend ihrem Entwicklungsstand zu beteiligen sind. Darüber hinaus sind die Beteiligungsvorgaben zur Hilfeplanung nach § 36 KJHG besonders hervorzuheben, da sie große praktische Relevanz haben. Zudem besteht bei der Initiierung einer Hilfe zur Erziehung das Wunsch- und Wahlrecht, welches ebenfalls Mitbestimmungsmöglichkeiten für die jungen Menschen und deren Eltern eröffnet. Das Kinder- und Jugendhilfegesetz sichert somit weitreichende Rechte auf Beteiligung für junge Menschen und ihre Familien in Angelegenheiten der öffentlichen Erziehung.

Die rechtlichen Bestimmungen unterstützen und unterstreichen den zentralen Stellenwert, der der Beteiligung auch im Rahmen der Fachdebatte beigemessen wird. So herrscht Einigkeit darüber, dass Voraussetzung und Bedingung gelingender erzieherischer Hilfen eine angemessene Beteiligung der jeweiligen Adressatinnen und Adressaten im Hilfeprozess ist (vgl. hierzu Pluto 2006; Hartig/Wolff 2008). Sozialpädagogisch ausgerichtete Hilfen lassen sich nicht technokratisch-standardisiert umsetzen, sondern basieren immer auf der Ausgestaltung eines akzeptierten und bewusst gestalteten Co-Produktionsverhältnisses von Professionellen und Nutzern/Nutzerinnen.

Aktiv in die Hilfe zur Erziehung eingebunden zu sein und deren Zielperspektive mitzutragen, steht in Verbindung mit der Wirksamkeit von Hilfen. Durch die Erhöhung von Akzeptanz und Passung der Angebote sowie der Vermittlung von Sinnhaftigkeit der Hilfe und der Förderung der Motivation bei jungen Menschen und ihren Familien steigt die Wahrscheinlichkeit positiver Veränderungen (vgl. Albus et al. 2010).

Auch zeigt die retrospektive Befragung von Heimkindern (Gehres 1997), „dass für den Erfolg von Heimerziehung auch Beteiligungserfahrungen von zentraler Bedeutung sind. Erfolg, so wurde deutlich, ist, wenn die ehemaligen Heimkinder ‚mit ihrem Leben heute alles in allem zurechtkommen und somit eine erfolgreiche Persönlichkeitsentwicklung hinter sich haben‘ (ebd., S. 196) und dafür war (u. a.) wichtig, dass sie „umfassend am Prozess der Fremdunterbringung beteiligt waren, dass sie sich nicht als ‚Spielball und Objekt der Jugendhilfe' empfinden, dass sie sich angenommen und verstanden fühlen, dass sie eigene Bedürfnisse und Wünsche artikulieren (lernen) und in ihrem sozialen Kontext nachhaltig einbringen können“ (Kriener 2003, S. 133ff.).

Gerade im Rahmen stationärer Fremdunterbringungen von Kindern und Jugendlichen – als drastischer und umfassender Eingriff in das bisherige Leben – ist es somit besonders notwendig, den jungen Menschen und ihren Familien Partizipationschancen zu eröffnen und dies auch konzeptionell zu verankern, um für und mit den jungen Menschen ein geeignetes Hilfesetting zu entwickeln. Durch die Betreuung über Tag und Nacht ist das Alltagsleben der jungen Menschen maßgeblich durch den institutionellen Kontext mitgeprägt. So gilt es, neben den Partizipationsanforderungen des Hilfe- und Erziehungsplanungsprozesses ebenso individuelle Bildungsprozesse durch Beteiligung zu initiieren. „Es gehört inzwischen zum sozialpädagogischen Grundwissen, dass Beteiligungserfahrungen persönlichkeitsbildend wirken.“ (Wolff 2010, S. 10) Über die Erfahrung, durch das eigene Handeln Situationen beeinflussen zu können, können Selbstwirksamkeitserfahrungen und Anerkennungsprozesse gestärkt werden. „Nur so können Kinder und Jugendliche ihr oft verloren gegangenes Selbstwertgefühl wieder finden und lernen, sich nicht aufzugeben. Insbesondere Kindern und Jugendlichen, die in Einrichtungen der Erziehungshilfe betreut und unterstützt werden, müssen solche Erfahrungsräume eröffnet werden.“ (vgl. ebd.)

Festzuhalten ist somit, dass sowohl die fachlichen Grundprämissen, als auch die Erkenntnisse der Wirkungsforschung sowie die gesetzlichen Vorgaben eindeutig auf den hohen Stellenwert der Beteiligung von Kindern, Jugendlichen und ihren Familien im Rahmen der Hilfen zur Erziehung verweisen. Inwiefern Beteiligung allerdings bislang konsequent im pädagogischen Alltag der Heimerziehung strukturell verankert ist und entsprechend gelebt wird, ist bislang erst in Ansätzen erforscht (vgl. Pluto et al. 2003, Babic/Legenmayer 2004, Sierwald 2008, Moos 2012). Untersuchungen des Deutschen Jugendinstituts aus dem Jahr 2010 zufolge gibt es in etwa der Hälfte aller stationären Einrichtungen der Erziehungshilfe institutionalisierte Formen der Beteiligung von Kindern und Jugendlichen (vgl. Pluto in Urban-Stahl 2010, S. 7). Die Ergebnisse der Erhebungen zeigen, dass institutionalisierte Partizipationsformen sowie festgelegte Verfahren zur Bearbeitung von Beschwerden noch kein durchgängiger Qualitätsstandard in den stationären Hilfen zur Erziehung sind. Darüber hinaus werden Einschätzungen aus Perspektive der Adressatinnen und Adressaten der Hilfen oftmals im Rahmen von Erhebungen kaum bzw. gar nicht berücksichtigt. Des Weiteren verweisen Praxisprojekte und -berichte immer wieder auf die professionellen Herausforderungen, Unsicherheiten und Ängste auf Seiten der Fachkräfte, die in Arbeitsprozessen zur Stärkung von Kinderrechten und zur Förderung einer aktiven Beteiligungskultur entstehen (z. B. Diakonieverbund Schweicheln 2006, Stork u. a. 2012). Zur Weiterentwicklung der im Alltag gelebten Partizipation in stationären Hilfen zur Erziehung braucht es somit zum einen breitere empirisch gesicherte Wissensbestände. Zum anderen braucht es aber ebenso beteiligungsorientierte Arbeitsprozesse mit den Fachkräften und jungen Menschen, damit handlungsorientiert konkretisiert werden kann, was die gelebte Beteiligung von Mädchen und Jungen im Kontext der Heimerziehung ausmacht.

2.3 Zum Verhältnis von Beteiligung und Beschwerde

Die fachliche Positionierung, dass die Beteiligung von jungen Menschen und ihren Eltern konstitutiver Bestandteil der Hilfen zur Erziehung ist, ist weitgehend unstrittig, auch wenn es in der praktischen Relevanz sicherlich noch Nachholbedarf gibt. Das fachliche Verständnis auf Seiten der Fachkräfte in Einrichtungen und Jugendämtern, dass auch Beschwerdeverfahren unzweifelhafter Teil der Hilfen sind, ist dahingehend noch weit weniger selbstverständlich – obwohl es sich in vielen Fällen eigentlich um die zwei

Seiten derselben Medaille handelt: Viele inhaltliche Punkte, die im Rahmen von Beteiligungsprozessen als Weiterentwicklungsbedarfe herausgearbeitet werden, sind deckungsgleich mit dem, was im Rahmen von einrichtungsbezogenen Beschwerdeverfahren benannt wird. Beschwerdeverfahren können demnach als ein elementarer Baustein von Beteiligungsstrukturen und -verfahren angesehen werden. Allerdings stärken strukturell verankerte Beschwerdeverfahren die individuelle Möglichkeit, zu jedem Zeitpunkt persönlich bedeutsame Anliegen und Kritik offen zu legen und in eine verbindliche Bearbeitung zu bringen. Deshalb haben Beschwerdeverfahren dennoch einen eigenständigen Stellenwert und können nicht in (eventuell bereits vorhandenen) anderen Beteiligungsbausteinen aufgehen. Vielmehr braucht es einen eigenen Entwicklungsprozess für solche Verfahren.

Demgegenüber sind viele Erfahrungen, die von Seiten der jungen Menschen im Rahmen von Beteiligungsprozessen gemacht werden, wichtige Voraussetzungen, um Beschwerdeverfahren einschätzen und nutzen zu können. So setzen Beteiligungsprozesse das Signal, dass die Anliegen der jungen Menschen und die ihrer Familien für die Fachkräfte der Einrichtung bedeutsam sind. Die Erfahrung zu machen, dass die eigene Meinung gefragt ist, und das Selbstbewusstsein und den Mut zu haben, etwas zu äußern, braucht es auch im Rahmen von Beschwerdeverfahren. Darüber hinaus ist die Aufklärung über Rechte ein Teil von Beteiligung und gleichzeitig eng verknüpft mit Beschwerdeverfahren: Nur wer über seine Rechte Bescheid weiß, kann diese auch einfordern. Eine beteiligungsorientierte Einrichtungskultur kann somit zur Entwicklung von Beschwerdeverfahren einen maßgeblichen Beitrag leisten, umgekehrt ist das nach Urban-Stahl jedoch nicht der Fall: „Beschwerdestellen können eine solche wertschätzende partizipative Haltung bei den Beteiligten nicht herstellen“ (2012, S. 8). Eine gelebte Beschwerdepraxis geht somit nicht ohne Beteiligung, auch wenn Beteiligung ohne strukturell verankerte Beschwerdeverfahren auskommen kann.

TEIL II: PROJEKTBESCHREIBUNG

3. Zum Projekt „Prävention und Zukunftsgestaltung in der Heimerziehung in Rheinland-Pfalz – Ombudschaften“

Das Ministerium für Familie, Frauen, Jugend, Integration und Verbraucherschutz Rheinland-Pfalz hat ausgehend von den Empfehlungen des Abschlussberichts des Runden Tischs Heimerziehung in den 50er und 60er Jahren ein Umsetzungskonzept für Rheinland-Pfalz erarbeitet. Dieses umfasst unter anderem das Projekt „Prävention und Zukunftsgestaltung in der Heimerziehung in Rheinland-Pfalz – Ombudschaften“. Zielsetzung des Projekts war, praxisbezogen strukturell abgesicherte Beteiligungs- und Beschwerdeverfahren innerhalb von Einrichtungen der (teil-)stationären Hilfen zur Erziehung und landesweit in Rheinland-Pfalz zu entwickeln, zu erproben und zu evaluieren.

Im Rahmen der dreijährigen Laufzeit (2013-2015) wurden verschiedene Erhebungszugänge miteinander verknüpft, um einen ersten systematischen Überblick und Einschätzungen zum Umsetzungsstand von Beschwerde- und Beteiligungsverfahren in Rheinland-Pfalz zu erlangen. Von besonderer Bedeutung war dabei in allen Schritten des Projekts eine konsequente und kontinuierliche Einbindung und Verknüpfung der Perspektiven von Leitungs- und Betreuungskräften der Heimerziehung mit den Einschätzungen der betreuten jungen Menschen sowie denen ihrer Eltern. Zielsetzung war, niedrigschwellige und akzeptierte Beteiligungs- und Beschwerdeverfahren zu entwickeln und umzusetzen, die einerseits die Rechte von Adressatinnen und Adressaten stärken sowie einen gleichberechtigten Dialog bezüglich der Erwartungen aller Akteurinnen und Akteure in Hilfen fördern, aber andererseits auch praktikabel und finanzierbar sind.

Schriftliche Befragung von Einrichtungen

In einem ersten Zugang wurden alle rheinland-pfälzischen Träger (teil-)stationärer Angebote der Hilfen zur Erziehung zu Beteiligungsmöglichkeiten in ihrer Einrichtung sowie zur Umsetzung und zum Planungsstand institutionsbezogener Beschwerdeverfahren befragt. Um möglichst viele Einrichtungen erreichen zu können, wurde dazu eine standardisierte schriftliche Befragung mittels Fragebogen durchgeführt. Befragt wurden dabei jeweils die Leitungskräfte der Einrichtungen. Neben allgemeinen Angaben zur Organisation der Einrichtung beschäftigte sich die Befragung schwerpunktmäßig mit Arbeitsprozessen zu Kinderrechten, der Umsetzung von Beteiligungs- und Beschwerdestrukturen sowie Informations- und Unterstützungsbedarfen zu den Themen Beteiligung und Beschwerde.

Angeschrieben wurden 168 stationäre Einrichtungen sowie Einrichtungen, die lediglich teilstationäre Angebote vorhalten. Geantwortet haben 27 % der stationären Einrichtungen. Betrachtet man diese Einrichtungen hinsichtlich ihrer Repräsentativität für die Anzahl der Plätze in Rheinland-Pfalz insgesamt, so stehen die Daten der Einrichtungsbefragung für über 50 % aller (teil-)stationären Plätze. Hinsichtlich der Größe der Einrichtungen sowie der verschiedenen Trägerschaften ist das Gesamtspektrum der Trägerlandschaft vertreten. So kann trotz des prozentual nicht allzu hohen Rücklaufs davon ausgegangen werden, dass die erhobenen Daten die aktuelle Praxis zu Beteiligung und Beschwerde in den (teil-)stationären Hilfen zur Erziehung für Rheinland-Pfalz widerspiegeln. Die über diese Befragung gewonnenen Daten wurden anschließend computergestützt statistisch ausgewertet.

Interviews mit einrichtungsbezogenen Ombudspersonen

Neben der Einrichtungsperspektive wurden Erfahrungsberichte und Einschätzungen von Akteurinnen und Akteuren eingeholt, die sich in Rheinland-Pfalz in der Rolle als einrichtungsbezogene Ombudspersonen mit der

Bearbeitung von Beschwerden befassen. Dazu wurden leitfadengestützte Experteninterviews per Telefon durchgeführt. Eine ausführliche Recherche hat ergeben, dass im Jahr 2013 in Rheinland-Pfalz lediglich drei Ombudspersonen für den stationären Bereich tätig waren. Mit diesen drei Personen konnte ein Interview geführt werden. Zusätzlich wurden zwei Einrichtungsleitungen, die die Bearbeitung von Beschwerden einrichtungsbezogen ausüben, befragt. Das Erkenntnisinteresse bezog sich auf die Rahmenbedingungen der Tätigkeit, das Aufgabenprofil sowie die konkrete Ausgestaltung der Beschwerdebearbeitung.

Alle fünf Interviews wurden transkribiert und inhaltsanalytisch ausgewertet.

Begleitung von Modelleinrichtungen

Um Erkenntnisse über tragfähige Strukturen einrichtungsinterner (Anregungs- und) Beschwerdeverfahren gewinnen zu können, wurden über den gesamten Projektverlauf vier Modelleinrichtungen bei der Entwicklung und Erprobung von institutionsinternen Beschwerdeverfahren begleitet. Im Zuge der schriftlichen Befragung konnten sich die Einrichtungen als Modellstandort bewerben. Grundvoraussetzung war dabei ein zumindest konzeptionell bestehendes Beschwerdeverfahren. Um möglichst unterschiedliche Modelle und Strukturen von Beschwerdeverfahren in ihrem Weiteraufbau begleiten und anschließend Vergleiche hinsichtlich Vor- und Nachteilen ziehen zu können, war dieser Aspekt leitend für die Auswahl der Modellstandorte. Hinzukommend wurde auf eine Repräsentanz von kleinen und großen, zentralen und dezentralen Einrichtungen sowie auf konfessionelle und nichtkonfessionelle Trägerschaft geachtet.

Nach Berücksichtigung dieser Aspekte wurden folgende Einrichtungen ausgewählt:

- BERGFRIED! Kinder- und Jugendhilfe GmbH in Bausendorf
- Caritas-Förderzentrum St. Christophorus in Kaiserslautern
- Evangelische Kinder- und Familienhilfe „Haus Niedersburg“ in Boppard
- Kinder- und Jugendhilfezentrum St. Marien in Worms

Die vier Modelleinrichtungen konnten jeweils drei eintägige Workshops pro Projektjahr in Anspruch nehmen, die in Abstimmung mit den Einrichtungen individuell auf die entsprechenden Bedarfe und Fragestellungen angepasst, inhaltlich geplant, durchgeführt und dokumentiert wurden. In diesem Rahmen wurden unterschiedliche Ansätze und Modelle einrichtungsinterner Beteiligungs- und Beschwerdestrukturen reflektiert, hinsichtlich ihrer Vor- und Nachteile diskutiert und jeweils auf die Realisierbarkeit vor Ort überprüft. Um eine möglichst große Beteiligung der Mitarbeitenden sicherzustellen, war eine Teilnahme an den Workshops nicht nur für Fachkräfte aus dem stationären Bereich, sondern auch aus den anderen Bereichen, wie beispielsweise den ambulanten Hilfen, der jeweiligen Einrichtung möglich. So konnten in den Workshops Aspekte diskutiert und bearbeitet werden, die für die gesamte oder für einen der unterschiedlichen Bereiche der jeweiligen Einrichtung als wichtig erachtet wurden.

Wichtig war auch, die Perspektive der in der jeweiligen Einrichtung betreuten Kinder und Jugendlichen miteinzubeziehen. Über einrichtungsinterne Beteiligungswerkstätten oder Workshops unter Beteiligung von Kindern und Jugendlichen wurde dies realisiert. Der letzte Workshop im Arbeitsprozess wurde jeweils als bilanzierender Evaluationsworkshop ausgestaltet.

An allen Modellstandorten wurde deutlich, dass diese Workshops ein wichtiges Medium waren, um die jeweiligen Beschwerdeverfahren weiterzuentwickeln und zu implementieren.

Evaluation der Erfahrungen mit Beschwerdeverfahren

Einschätzungen der jeweils betroffenen Personen sind eine wichtige Grundlage zur Bewertung und Weiterentwicklung von (Anregungs- und) Beschwerdeverfahren. So wurden in allen vier Modelleinrichtungen die Erfahrungen mit dem jeweiligen einrichtungsinternen Verfahren evaluiert. Dafür wurde ein fallbezogenes Erhebungsinstrument in Form eines standardisierten Fragebogens konzipiert, das auch nach Ende des Modellprojekts zur Selbstevaluation verwendet werden kann. Dabei interessierte insbesondere, welche Themenbereiche die jeweilige Anregung oder Beschwerde tangierte, aber auch wie der Bearbeitungsverlauf eingeschätzt wurde.

Für jede Anregung oder Beschwerde, die während des Projektzeitraums in den Modelleinrichtungen bearbeitet wurde, wurden sowohl beschwerdeführende als auch beschwerdebearbeitende Personen befragt. Anschließend wurden auch die über diesen Zugang gewonnenen Daten ausgewertet.

Interviews mit beschwerdeführenden Personen

Ergänzend zur schriftlichen Evaluation der Erfahrungen mit Beschwerdeverfahren wurden leitfadengestützte Telefoninterviews mit Jugendlichen geführt, die über die einrichtungsinternen Beschwerdeverfahren der Modellstandorte eine Beschwerde und/oder Anregung eingebracht haben. Im Fokus der Interviews stand die Frage, warum die Jugendlichen den formalen Beschwerdeweg gewählt haben, wie sie die Bearbeitung ihres Anliegens erlebt haben und wie zufrieden sie mit der erarbeiteten Lösung waren.

Alle fünf Interviews wurden anschließend transkribiert und inhaltsanalytisch ausgewertet.

Arbeitsprozess zur Pflegekinderhilfe

Um einen Blick auch auf Beteiligungs-, Beschwerde- und Ombudsstrukturen in der Pflegekinderhilfe zu werfen, wurde ein Expertinnen- und Expertenworkshop zu diesem Thema durchgeführt. Dabei wurden bereits bestehende Strukturen, Bedarfe, aber auch praktische Erfahrungen und Beispiele diskutiert. Hier wurde der Bedarf eines eigens für den Bereich der Pflegekinderhilfe konzipierten Rechtekatalogs für junge Menschen deutlich. In zwei weiteren Veranstaltungen wurde daher mit Vertreterinnen und Vertretern der Praxis ein Rechtekatalog für Pflegekinder ausgearbeitet.

Einrichtungsübergreifende Beteiligungswerkstätten

Ein weiterer Baustein des Projekts waren landesweite, einrichtungsübergreifende Beteiligungswerkstätten für junge Menschen und Fachkräfte. Ziel der Veranstaltungen war es, einen themenbezogenen Austausch zu ermöglichen, der auf die Reflexion von Partizipations- und Beschwerdemöglichkeiten zielt.

Für Mädchen und Jungen, die im Kontext der Heimerziehung betreut wurden, wurden im Projektzeitraum drei Beteiligungswerkstätten zu folgenden Themen realisiert: „Ich will was loswerden – Anregung und Beschwerde in der Heimerziehung“, „Was heißt hier gerecht!? – Gerechtigkeit und Ungerechtigkeit in der Heimerziehung“ und „Gutes Leben im Heim“. Die Beteiligungswerkstätten stießen jeweils auf großes Interesse, sodass bei allen drei Veranstaltungen bedauerlicherweise nicht alle Interessierten berücksichtigt werden konnten.

Die Ergebnisse aller Beteiligungswerkstätten wurden jeweils schriftlich dokumentiert und konnten so für den Gesamtprozess des Projekts nutzbar, aber auch den Teilnehmerinnen und Teilnehmern in aufbereiteter Form zugänglich gemacht werden.

Ursprünglich geplant waren auch einrichtungsübergreifende Beteiligungswerkstätten für Eltern. Diese konnten allerdings auf Grund zu geringer Anmeldezahlen nicht stattfinden.

Fachtag und Arbeitstagungen

Zur fachlichen Rahmung des Gesamtprozesses fand zu Beginn der Projektlaufzeit am 21. November 2013 der Fachkongress „Beschwerde und Ombudschaft in der Jugendhilfe – Perspektiven für Rheinland-Pfalz“ statt. Vorgestellt und diskutiert wurden Anforderungen und Qualitätsstandards für einrichtungs- und jugendamtsbezogene Beschwerdeverfahren sowie Arbeitsweisen, Rahmenbedingungen und praktische Erfahrungen externer Ombudsstellen für die Jugendhilfe. Ergänzt wurden die Ausführungen zu Ombudsstellen durch Impulse aus anderen Arbeits-und Leistungsbereichen, um daran anschließend mögliche Perspektiven einer landesweiten externen Ombudsstelle für Rheinland-Pfalz diskutieren zu können.

Hinzukommend wurden im weiteren Verlauf des Projekts verschiedene weitere Veranstaltungen durchgeführt. Am 10. Februar 2014 fand die Arbeitstagung „Beteiligung und Beschwerde stärken – Umsetzungsstand und Entwicklungsperspektiven“ statt, im Rahmen derer erste Zwischenergebnisse präsentiert wurden, die Einblicke in den Umsetzungsstand sowie die Entwicklungsperspektiven hinsichtlich der Stärkung von Beteiligung und Beschwerde in stationären Hilfen zur Erziehung geben konnten. Zur Abschlusspräsentation der Projektergebnisse wurde am 3. November 2015 die Arbeitstagung „Beschwerde geht nicht ohne Beteiligung“ durchgeführt. Welche Implementierungsstrategien, Verfahren und Methoden sich als zieldienlich für Einrichtungen der Heimerziehung erweisen, um die sich ihnen stellende Aufgabe zu erfüllen, geeignete Beteiligungs- und Beschwerdestrukturen zu entwickeln, konnte in diesem Rahmen diskutiert werden.

Einschätzungen zu Beschwerdeverfahren in Jugendämtern

Der § 45 SGB VIII bildete mit seinen rechtlichen Regelungen zu Beteiligung und Beschwerde den Ausgangspunkt dieses Projekts. Daher lag der Schwerpunkt auch bei der Erarbeitung entsprechender Verfahren für Einrichtungen, die Angebote der (teil-)stationären Hilfen zur Erziehung vorhalten. Da Beteiligungs- und Beschwerdeverfahren in ihrer Gesamtheit jedoch nicht ohne Einbezug der jeweils zuständigen Jugendämter gedacht werden können, wurde diese Perspektive im Rahmen der Auftaktveranstaltung sowie im Kontext einer Arbeitstagung beleuchtet. Unter dem Titel „Schwierige Situationen und Beschwerden für das Jugendamt nutzbar machen“ wurden im Rahmen der jugendamtsspezifischen Veranstaltung Einblicke in praktische Erfahrungen zur Entwicklung und Umsetzung von Beschwerdeverfahren in Jugendämtern eröffnet. Zudem wurde diskutiert, wie bereits bestehende interne Strukturen und Schnittstellen zu freien Trägern genutzt und weiterentwickelt werden können.

Gremienarbeit und Aufbau von Arbeitsstrukturen zur Klärung der Voraussetzungen landesweiter Strukturen

Zur Reflexion der Projektergebnisse und zur Klärung der Voraussetzungen für rheinland-pfälzische Ombudsstrukturen erfolgten regelmäßige Präsentationen, Diskussionen und Abstimmungstreffen in verschiedenen Gremien und Kontexten. Dazu zählen einerseits die kontinuierliche Abstimmung mit Vertreterinnen und Vertretern des rheinland-pfälzischen Ministeriums für Familie, Frauen, Jugend, Integration und Verbraucherschutz sowie Strategiegespräche mit der LIGA der Spitzenverbände der freien Wohlfahrtspflege in Rheinland-Pfalz andererseits. Um die Perspektive von Betroffenen miteinbinden zu können, wurden die Projektergebnisse zudem regelmäßig im Beirat Heimerziehung 50er und 60er Jahre vorgestellt. Alles hierbei Diskutierte wurde jeweils in den weiteren Projektverlauf einbezogen.

TEIL III: ERGEBNISSE DER PRAXISBEGLEITUNG UND EVALUATION

4. Beschwerdeverfahren in den stationären Hilfen zur Erziehung

Durch das Bundeskinderschutzgesetz soll die Sicherung der Rechte von Kindern und Jugendlichen und damit der präventive Kinder- und Jugendschutz verbessert werden. Um diesem Anspruch gerecht zu werden, sollen in Einrichtungen „geeignete Verfahren der Beteiligung sowie der Möglichkeit der Beschwerde in persönlichen Angelegenheiten Anwendung finden" (§ 45 Absatz 2 SGB VIII). Das heißt, dass alle (teil-)stationären Träger verpflichtet sind, angemessene Verfahren zur Beteiligung und Beschwerde zu entwickeln und mit Leben zu füllen. Diese Verfahren sollen es den jungen Menschen ermöglichen, ihre Rechte wahrzunehmen und die eröffneten Möglichkeiten zu nutzen.

Die gesetzlichen Vorgaben benennen Beteiligung und Beschwerde in einem Zusammenhang. Dies verweist auf das Zusammenspiel beider Aspekte, denn jedes Beschwerdeverfahren muss durch entsprechende Mitsprachemöglichkeiten gerahmt sein, um die beinhalteten Potenziale entfalten zu können. Als Beteiligungsverfahren sind in diesem Zusammenhang Arbeitsprozesse zu Kinderrechten, eine beteiligungsorientierte Ausgestaltung von Gruppenbesprechungen, der Hilfeplanungsprozess sowie andere strukturell verankerte Beteiligungsmöglichkeiten zu nennen. Die benannten Beteiligungsbausteine werden in Kapitel 6 näher beschrieben. Zudem gibt es enge Zusammenhänge zwischen der alltäglichen Beschwerdebearbeitung im Erziehungsalltag und verbindlichen Beschwerdeverfahren. Die Entwicklung formaler Beschwerdeverfahren zielt somit auf die Ergänzung alltäglicher Beschwerdebearbeitung und ist als ein Baustein eines einrichtungsbezogenen Gesamtkonzepts zur Beteiligung anzusehen.

Über die formelle Verankerung von Beschwerdeverfahren soll somit gewährleistet werden, „dass sowohl die Reaktion auf Beschwerden als auch die Bearbeitung von Beschwerden vor dem Hintergrund pädagogischer Fachlichkeit und nicht in Abhängigkeit von einzelnen Personen und deren persönlicher

Haltung erfolgt“ (Urban-Stahl/Jann 2014, S. 16). Durch klare Regelungen soll gesichert werden, dass Kinder und Jugendliche zum einen verlässliche Ansprechpersonen finden und zum anderen die Bearbeitung einer Beschwerde gesichert stattfindet. Damit eine solche Verbindlichkeit der Beschwerdebearbeitung in Einrichtungen erzielt werden kann, müssen sowohl strukturelle als auch fachliche Aspekte diskutiert und geklärt werden.

4.1 Voraussetzungen und fachliche Anforderungen an Beschwerdeverfahren für Kinder und Jugendliche

Zur strukturellen Verankerung eines Beschwerdeverfahrens innerhalb einer Einrichtung muss verbindlich festgelegt werden, in welcher Art und Weise mit Beschwerden umgegangen wird. Die zentralen Eckpunkte des Verfahrens sollen schriftlich festgehalten werden, um Transparenz und Verbindlichkeit herzustellen. Die Klärung folgender Fragestellungen zur Ausarbeitung des Verfahrens hat sich als zieldienlich erwiesen:

- ☐ Wer darf und soll Beschwerden in das Verfahren einbringen können? (Kinder und Jugendliche, Eltern, Mitarbeitende, Fachkräfte der Jugendämter, Lehrer und Lehrerinnen, andere?)
- ☐ Wie erfahren junge Menschen und Fachkräfte vom Beschwerdeverfahren? Wie werden Beschwerdemöglichkeiten regelmäßig in Erinnerung gerufen?
- ☐ Über welche Zugänge können Beschwerden eingereicht werden? (durch persönliche Ansprache, im Rahmen von Beschwerdesprechstunden, schriftlich mit entsprechendem Beschwerdebogen, per E-Mail, telefonisch etc.?)
- ☐ Wer ist für die Beschwerdebearbeitung verantwortlich? (Beschwerdebeauftragte bzw. Beschwerdebeauftragter als Einzelperson oder Team, Leitungskraft, eine der Einrichtung außenstehende Person oder Stelle, gewählte Person oder Personen?)

- □ In welchen Schritten erfolgt die Beschwerdebearbeitung? (Klärung der Rückmeldefrist zum Beschwerdeeingang und Klärung der nächsten Schritte der Beschwerdebearbeitung mit der beschwerdeeinbringenden Person, aktive Arbeit an Lösungsoptionen zumeist durch Gespräche, Festlegung, unter welchen Umständen und wann Leitungskräfte in den Klärungsprozess eingebunden werden, Klärung, wann Beschwerden zurückgezogen werden können und wann nicht, Klärung, wie im Rahmen der Beschwerdebearbeitung getroffene Vereinbarungen überprüft werden etc.)
- □ Wie wird die Umsetzung der getroffenen Vereinbarungen sichergestellt?
- □ Wie wird das Lernen aus Beschwerden organisiert? (Dokumentation von Beschwerden, Festlegung von Reflexionsorten, Klärung der Schnittstelle zur Qualitätsentwicklung etc.)

Damit die entwickelten Verfahren allerdings auch in der praktischen Umsetzung Bestand haben, spielen weitere Faktoren eine zentrale Rolle. So zeigen Ergebnisse des Projekts „Bedingungen der Implementierung von Beschwerdeverfahren in Einrichtungen der Kinder- und Jugendhilfe (BIBEK)" (Urban-Stahl 2013), dass die Haltung der Fachkräfte sowie die Einrichtungskultur zentrale Einflussfaktoren hinsichtlich einer gelingenden Implementierung von Beschwerdeverfahren sind. Dementsprechend können Kinder und Jugendliche Beschwerdeverfahren nur ohne Angst vor negativen Folgen nutzen, wenn Fachkräfte ihnen glaubhaft vermitteln, dass Beschwerden erwünscht sind und sie die jungen Menschen immer wieder motivieren, Kritikpunkte zu äußern. Die persönliche Haltung der Fachkräfte und die Einrichtungskultur gegenüber Kritik und Beschwerdeverfahren hat wesentlich Einfluss darauf, ob kritische Äußerungen befördert oder behindert werden. So befördert der wertschätzende und fehlerfreundliche Umgang aller Beteiligten die Atmosphäre, in der Probleme angesprochen und unterschiedliche Meinungen akzeptiert werden können (vgl. ebd. S. 7).

Als weitere Faktoren konnten die Transparenz über das und das Vertrauen in das Verfahren herausgestellt werden. So ist die stetige Informationsvermittlung an die jungen Menschen und die Mitarbeitenden, dass es das Beschwerdeverfahren gibt und wie es funktioniert, eine Daueraufgabe. Um die Erwartbarkeit sicherzustellen, was nach Einbringen einer Beschwerde passiert, müssen die Abläufe, die in Kenntnis gesetzten Personen sowie die Konsequenzen einer Beschwerde ebenfalls transparent, aber auch verbindlich und nachvollziehbar sein. Zudem muss gesichert sein, dass alle Beschwerden ernst genommen und verbindlich bearbeitet werden. Inwieweit junge Menschen, aber auch Fachkräfte dem Beschwerdeverfahren Vertrauen schenken, hängt insbesondere auch von der Person ab, die für die Bearbeitung von Beschwerden zuständig ist. Ihr kommt gewissermaßen eine Schlüsselposition zu: Sowohl aus Sicht der jungen Menschen als auch aus Sicht der Fachkräfte ist von hoher Bedeutung, inwiefern diese Person als verlässlich und vertrauenswürdig eingeschätzt wird. Die Zuversicht, dass die Person im Klärungsprozess hilfreich sein kann, hat mit einer gewissen Neutralität und Objektivität zu tun. Darüber hinaus sind die Erreichbarkeit und Präsenz dieser Person von Bedeutung, um ein wirkungsvolles Arbeiten gewährleisten zu können (vgl. ebd. S. 22).

Ferner ist die Sicherstellung niedrigschwelliger Zugänglichkeit zum Beschwerdeverfahren von hoher Bedeutung. Niedrigschwellige Zugangswege sind dadurch gekennzeichnet, dass sie „einfach, schnell und ohne Umwege über Dritte in Anspruch genommen werden können“ (Urban-Stahl 2013, S. 14).

Darüber hinaus ist die Beteiligung von Mitarbeitenden sowie Kindern und Jugendlichen beim Entwicklungs- und Umsetzungsprozess von Beschwerdeverfahren eine zentrale fachliche Anforderung, da nur so ein akzeptiertes und praktikables Verfahren entwickelt werden kann. Durch eine intensive und frühzeitige Einbindung der Mitarbeitenden können Vorbehalte und Ängste in der Diskussion aufgegriffen und bearbeitet werden. Auch die inhaltlich fachliche Positionierung zu den Themen Beteiligung und Beschwerde ist in diesem Zusammenhang von Bedeutung.

Da Kinder und Jugendliche die zentrale Zielgruppe der Beschwerdeverfahren sind, müssen diese so ausgestaltet werden, dass sie zu ihren Bedürfnissen passen. So ist die Frage, ob die angedachte Person für die Beschwerdebearbeitung als Vertrauensperson vorstellbar ist, nur gemeinsam mit den jungen Menschen zu klären. Ebenso ist empfehlenswert, Informationsmaterialien und Bögen, die im Verfahren genutzt werden sollen, gemeinsam zu entwickeln bzw. zu prüfen, um sicherzustellen, dass sie verständlich sind und alle relevanten Informationen enthalten. Die Beteiligung von jungen Menschen ist allerdings nicht nur im Entwicklungsprozess von Bedeutung, sondern auch immer wieder in der Umsetzung notwendig, um zu reflektieren, ob das Verfahren noch bekannt und passend ist.

Diese fachlichen Anforderungen bilden den Reflexionsrahmen für die im Folgenden beschriebenen Evaluationsergebnisse zur Entwicklung und Umsetzung von Beschwerdeverfahren.

4.2 Zum Implementierungsstand von Beschwerdeverfahren

Inwiefern strukturell verankerte Beschwerdeverfahren bereits in den stationären Angeboten der Hilfen zur Erziehung in Rheinland-Pfalz implementiert sind, wurde im Rahmen der Einrichtungsbefragung im Jahr 2013 erhoben. Zum Befragungszeitpunkt gaben 53 % der Einrichtungen an, ein Beschwerdemanagement verankert zu haben. In 39 % der Einrichtungen waren Beschwerdeverfahren im Aufbau. 8 % gaben an, über kein strukturell verankertes Beschwerdemanagement für Kinder und Jugendliche zu verfügen.

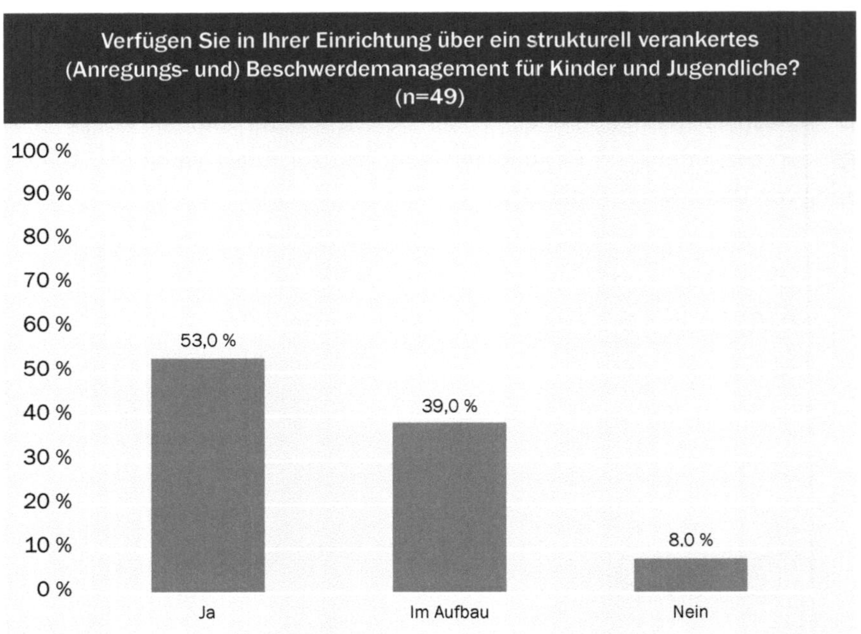

Unterschieden nach Einrichtungsgröße zeigt sich, dass sich zum Befragungszeitpunkt vor allem kleine Einrichtungen mit ein bis zwei Gruppen mehrheitlich noch in der Entwicklung von passenden Verfahren befinden. In mittleren und größeren Einrichtungen haben die meisten bereits entsprechende Strukturen implementiert. Die Mehrzahl der befragten Einrichtungen erfüllt somit die formalen Anforderungen der gesetzlichen Vorgaben, auch wenn es für einzelne Einrichtungen noch Nachholbedarf in der Umsetzung gibt.

Vergleicht man die Verbreitung von einrichtungsbezogenen Beschwerdeverfahren im Jahr 2013 mit den Angaben aus der rheinland-pfälzischen Einrichtungsbefragung zu Beteiligung im Jahre 2010 (Moos 2012), so zeigen sich deutliche Steigerungen. Im Jahr 2010 gaben lediglich 16 % der Einrichtungen an, über ein Beschwerdemanagement zu verfügen. Es kann somit davon ausgegangen werden, dass durch die gesetzlichen Neuregelungen im § 45 SGB VIII maßgebliche Impulse für die Entwicklung von Beschwerdeverfahren gesetzt wurden.

Betrachtet man die konzeptionellen Eckpunkte der Beschwerdeverfahren, die im Rahmen der Befragung von den Leitungskräften der Einrichtungen bzw. in den entsprechenden Konzepten beschrieben werden, so zeigen sich große qualitative Unterschiede in der Ausgestaltung der Verfahren. Die Beschreibung der Verfahren reicht von sehr allgemeinen Hinweisen, dass Beschwerden bei jedem Mitarbeiter und jeder Mitarbeiterin, Abteilungsleitung, Leitung oder Jugendamt möglich sind, ohne weiterführende Hinweise, was in den folgenden Schritten mit der Beschwerde passiert, bis hin zu sehr klaren Verfahrensbeschreibungen mit Prozessschritten, Verantwortlichkeiten, zeitlichen Fristen und Informationsmaterialien für die Adressatinnen und Adressaten.

In der näheren Betrachtung der ausführlicheren Konzepte werden abermals qualitative Unterschiede deutlich, die sich vor allem an drei Punkten zeigen. Erstens hinsichtlich der Klarheit, wer nach Beschwerdeannahme, die in der Regel über vielfältige Zugänge erfolgen kann, für die Beschwerdebearbeitung zuständig ist. Die Mehrzahl der Konzepte benennt hier klar bestimmte Personen. Andere verweisen auf verschiedene Möglichkeiten, je nachdem wo die Beschwerde eingeht bzw. welchen Inhalt die Beschwerde hat. Zweitens zeigen sich Differenzen dahingehend, ob der Zugang zum Beschwerdeverfahren unmittelbar erfolgen kann bzw. ob er an Vorbedingungen geknüpft ist. So ist in einzelnen Konzepten die Vorbedingung formuliert, dass die Beschwerde erst innerhalb der Gruppe vorgetragen werden muss und nur, wenn dort keine Lösung gefunden wurde, das Beschwerdeverfahren im zweiten Schritt genutzt werden kann. Drittens zeigen sich Unterschiede bei der Beschwerdebearbeitung. So sehen einzelne Konzepte vor, dass Beschwerden immer im Team der Fachkräfte beraten werden und dann eine Rückmeldung an die beschwerdeführende Person erfolgt. Das Fachkräfteteam ist damit der zentrale Ort der Entscheidung, was zur Folge hat, dass die beschwerdeführende Person nicht aktiv in den Klärungsprozess eingebunden ist, sondern lediglich das Beratungsergebnis mitgeteilt bekommt. Die meisten Beschwerdeverfahren klären in Rücksprache mit der beschwerdeführenden Person die nächsten Schritte im Prozess individuell, initiieren zumeist Gespräche mit den am Konflikt beteiligten Personen und versuchen innerhalb dieses Rahmens mit den Betroffenen unmittelbar nach Lösungen zu suchen.

Bereits bei der groben Sichtung der im Rahmen der Befragung dargestellten Konzepte wird deutlich, dass die eingangs beschriebenen fachlichen Anforderungen nicht in allen Einrichtungen in gleichem Maße berücksichtigt wurden. Im Folgenden werden Einzelaspekte der Ausgestaltung von Beschwerdeverfahren näher beleuchtet. In die Ausführungen fließen sowohl Ergebnisse der Einrichtungsbefragung als auch Erkenntnisse aus der Begleitung der Modelleinrichtungen ein.

4.3 Zur Umsetzung von Beteiligung im Entwicklungsprozess

Zur Sicherung der Akzeptanz und Praktikabilität des Beschwerdeverfahrens ist, wie bereits beschrieben, sowohl die Beteiligung der Mitarbeitenden als auch die Beteiligung der Kinder und Jugendlichen von zentraler Bedeutung. Betrachtet man die Ergebnisse der Einrichtungsbefragung diesbezüglich, so zeigt sich, dass nach Angaben der Einrichtungsleitungen in 90 % der Einrichtungen die Mitarbeiterinnen und Mitarbeiter bei der Entwicklung des Beschwerdeverfahrens beteiligt waren. Allerdings sind in lediglich zwei Drittel der Einrichtungen Mädchen und Jungen in die (Weiter-)Entwicklung des Verfahrens involviert. Hier zeigt sich Entwicklungspotenzial, denn die Einbindung der jungen Menschen in die Auswahl der beschwerdebearbeitenden Person(en) sowie in die Klärung von Zugängen zum Beschwerdeverfahren und Bearbeitungsabläufen bietet die Chance, dass das Verfahren niedrigschwellig und adressatenfreundlich ausgestaltet und so bei Bedarf auch in

Anspruch genommen wird. Die beiden benannten Beteiligungsstränge werden im Folgenden vertiefend diskutiert.

4.3.1 Erkenntnisse zur Beteiligung von Mitarbeitenden im Entwicklungsprozess von Beschwerdeverfahren

Die Grundhaltung zum Thema Beschwerde kann von Team zu Team und von Einrichtung zu Einrichtung sehr verschieden sein. Von daher können die Motivation zur Mitarbeit an der Entwicklung sowie die Grundakzeptanz eines Beschwerdeverfahrens stark variieren, denn nicht immer ist für die Mehrzahl der Fachkräfte zu Beginn des Prozesses ersichtlich, was ein strukturell abgesichertes Beschwerdeverfahren an Mehrwert bringen kann. Je nach Einrichtungskultur und Vorerfahrungen mit Beteiligungsprozessen, können Ängste und Befürchtungen von Seiten der Mitarbeitenden im Einführungsprozess von Beschwerdeverfahren die Diskussion bestimmen.

Die Entwicklung einer positiven Grundhaltung gegenüber Kritik und Beschwerden sowie der konstruktive Umgang mit Widerständen und Ängsten von Mitarbeitenden wurden hinsichtlich der Akzeptanz des Verfahrens im Rahmen der Einrichtungsbefragung und Interviews als zentraler Gelingensfaktor und gleichzeitige Herausforderung betont. „Ich glaube, man muss ganz viel an dem Punkt arbeiten, Ängste der Mitarbeiterinnen und Mitarbeiter abzubauen, nämlich Ängste vor Machtverlust. Immerhin besteht ja ein Abhängigkeitsverhältnis in einer Gruppe. Kinder und Jugendliche sind emotional letztendlich von den Erziehern abhängig und wenn Erzieher jetzt den Kindern und Jugendlichen lehren sollen, dass sie sich über sie beschweren können, das ist glaube ich, der größte Schritt, den man überwinden muss und der ganz tief mit Ängsten verbunden ist.“ (O1, RZ 129)

Um den Implementierungsprozess in entsprechender Weise auszugestalten, wurde die Bedeutung einer möglichst breiten Beteiligung der Mitarbeitenden betont, da Raum zur Diskussion und Reflexion der bestehenden Ängste in diesem Zusammenhang von hoher Bedeutung ist.

Als weitere Voraussetzung, um ein Verfahren zur Beschwerdebearbeitung gelingend entwickeln und mittragen zu können, wurde aus Perspektive von

Mitarbeitenden formuliert, dass die erlebte Gesprächs- und Diskussionskultur in der Einrichtung möglichst deckungsgleich mit der geforderten Haltung im Beschwerdeverfahren sein sollte. Als förderlich wurde das Bestehen eines von Wertschätzung, positiver Gesprächskultur, Fehlerfreundlichkeit sowie Kritik- und Reflexionsfähigkeit geprägten Einrichtungsklimas erachtet.

Inwiefern eine solche Haltung bzw. Kultur von Seiten der Mitarbeitenden erlebt wird, zeigt sich auch bei der Frage, inwieweit Vertrauen darin besteht, dass Beschwerden, die Mitarbeitende betreffen, in einer angemessenen Art und Weise bearbeitet werden. Die Transparenz darüber, wie eine Beschwerde bearbeitet wird, sowie der Abbau von Ängsten bzgl. möglicher Folgen von Beschwerden ist ein weiterer relevanter Aspekt, der im Rahmen des Entwicklungsprozesses gemeinsam mit den Betreuungskräften thematisiert werden sollte. So kann es wichtig sein, deutlich zu machen, dass Beschwerdeverfahren kein Instrument der Mitarbeiterführung sind, sondern es um die Aufarbeitung der Beschwerdeinhalte geht. Zudem hat sich gezeigt, dass die Klärung der Frage, ab welchem Grad der Vorwürfe gegenüber Mitarbeitenden Leitungskräfte verbindlich eingebunden werden, wichtig ist. Durch die Klärung dieser Schnittstelle wird deutlich, wer wann über Beschwerdeinhalte informiert wird. Zudem ist die Frage, welche Person bzw. Personen für die Beschwerdebearbeitung zuständig sein soll/sollen, eine relevante Frage hinsichtlich der Akzeptanz des Verfahrens. Als schwierig wird oftmals eingeschätzt, wenn Kollegen bzw. Kolleginnen aus dem eigenen Team mit der Beschwerdebearbeitung beauftragt sind bzw. werden sollen. In der Regel werden eher Personen außerhalb des Teams bzw. Leitungskräfte präferiert.

Darüber hinaus wird ein enger Zusammenhang zwischen der Entwicklung von Beteiligungs- und Beschwerdeverfahren für die jungen Menschen und den Mitsprachemöglichkeiten für Mitarbeitende gesehen. In der Diskussion um passende Verfahren für junge Menschen wurden im Rahmen des Entwicklungsprozesses in der Regel auch die Fragen thematisiert, inwiefern sich Mitarbeitende ebenfalls beschweren und wo sie ihre Ideen für Verbesserungen einbringen können. Die Wechselwirkungen zwischen erlebten und zu eröffnenden Beteiligungs- und Beschwerdemöglichkeiten sind somit im Gesamtentwicklungsprozess der jeweiligen Einrichtung zu beachten.

Um Potenziale von Beschwerdeverfahren sowie diesbezügliche Vorbehalte angemessen diskutieren zu können, hat es sich in der Arbeit mit den Modellstandorten als zieldienlich erwiesen, zu Beginn des Entwicklungsprozesses mit einem einrichtungsbezogenen Workshop bzw. Fachtag zu starten, bei dem möglichst alle Bereiche der Einrichtung vertreten sind und möglichst viele Mitarbeitende mitdiskutieren können. Zum einen geht es bei einem solchen Auftakt darum, so früh wie möglich über den geplanten Prozess zu informieren, gemeinsam getragene Zielperspektiven zu entwickeln und zu sondieren, welche Fragen es aus Perspektive der Mitarbeitenden zu klären gilt. Zum anderen hat es sich als hilfreich erwiesen, eine Einschätzung bisheriger Klärungsprozesse von Beschwerden vorzunehmen. Denn auch ohne formales Beschwerdeverfahren gibt es immer eine einrichtungsbezogene Praxis im Umgang mit Kritik. Die Analyse der bisherigen Beteiligungs- und Beschwerdepraxis kann Anknüpfungspunkte aufzeigen, wo bereits Bestehendes integriert werden kann und welche Aspekte über das Beschwerdeverfahren weiterentwickelt werden können. Ein solches Vorgehen ist auch empfehlenswert, wenn das Verfahren formal zwar beschrieben ist, aber lediglich auf dem Papier Bestand hat.

Ausgehend von solch einem Startpunkt wurde in allen Modelleinrichtungen in einem kleineren Arbeitskreis bzw. einer Steuerungsgruppe an der Konkretisierung des Verfahrens sowie begleitender Maßnahmen weitergearbeitet. Bei relevanten Entscheidungspunkten im Prozess wurden allerdings wieder möglichst viele Fachkräfte eingebunden; entweder über eigene themenbezogene Treffen oder über Informationen und Diskussionen bei Teamsitzungen. Die Teilnehmenden des Arbeitskreises/der Steuerungsgruppe übernehmen somit eine Multiplikatorenfunktion nach innen. Die Einbindung der Mitarbeitenden über solche oder ähnliche Verfahren in die Entwicklung und in die Reflexion des Umsetzungsprozesses eines einrichtungsbezogenen Beschwerdeverfahrens hat sich als eine zentrale Voraussetzung für die gelingende Umsetzung herauskristallisiert.

4.3.2 Erkenntnisse zur Beteiligung junger Menschen im Entwicklungsprozess von Beschwerdeverfahren

Ebenso wie die Beteiligung der Mitarbeitenden ist die Partizipation der Kinder und Jugendlichen bei der Entwicklung und Reflexion der Umsetzung von Beschwerdeverfahren ein zentrales Qualitätskriterium. Auch hier gilt, dass optimaler Weise an zentralen Punkten im Prozess möglichst viele Jungen und Mädchen eingebunden werden sollen. So hat es sich zu Prozessbeginn als zieldienlich erwiesen, auch eine Bestandsaufnahme aus Perspektive der jungen Menschen durchzuführen. Die bisherigen Erfahrungen der Kinder und Jugendlichen im Umgang mit Beschwerden in der Einrichtung bieten Hinweise zur Entwicklung strukturell verankerter Beschwerdeverfahren. Folgende Fragestellungen können für eine solche Auswertung herangezogen werden:

- Welche Anlässe haben schon Grund für Beschwerden gegeben? Bei wem wurde sich beschwert? Wie ist mit der Beschwerde umgegangen worden? Was war in der Beschwerdebearbeitung gut? Was hätte anders laufen sollen?
- Besteht hinreichend Wissen, worüber man sich beschweren kann? Gab es schon Unsicherheiten, ob Verhalten in Ordnung war oder nicht?
- Unter welchen Bedingungen trauen sich die jungen Menschen etwas zu sagen? Wann würde es ihnen schwer fallen? Was könnte dann helfen? An wen würden sie sich am ehesten wenden? Was wünschen sie sich für Klärungsprozesse?

Durch eine inhaltlich fragende Arbeit mit Mädchen und Jungen können zum einen wichtige Hinweise für das Beschwerdeverfahren im engeren Sinne deutlich werden. Zum anderen können aber auch Themen erkennbar werden, die parallel bzw. ergänzend zur Einführung des Beschwerdeverfahrens bearbeitet werden müssen. So tauchen in Gesprächen zum Beschwerdethema zumeist Fragestellungen auf, die die Grundfrage tangieren, worüber sich beschwert werden darf und was in der Gruppe bzw. Einrichtung an Regeln und Ähnlichem festgeschrieben und was verhandelbar ist. In engem Zusammenhang dazu stehen auch die Fragen, was für Kinder und Jugendliche in konkreten Situationen erlaubt ist und was Erzieherinnen und Erzieher dürfen und was nicht. Die Diskussion dieser Aspekte sowie das Festschreiben relevanter Eckpunkte sind wichtige Orientierungspunkte und Rahmungen für Beschwerdeverfahren. Ausführlichere Hinweise zu diesem Aspekt finden sich in Kapitel 4.4 zu Kinderrechten.

In den Arbeitsprozessen der Einrichtungen haben sich vor allem inhaltliche Einheiten in Gruppenbesprechungen, gruppenübergreifende Arbeitstreffen und einrichtungsbezogene Beteiligungswerkstätten als Beteiligungsformen für Kinder und Jugendliche bewährt, um die im vorherigen Abschnitt aufgeworfenen Fragen zu bearbeiten. Bedeutsam war, dass die Arbeitsprozesse der jungen Menschen gut mit dem inhaltlichen Prozess der Fachkräfte verzahnt wurden, so dass die Ergebnisse der Mädchen und Jungen hinreichend Berücksichtigung finden konnten und an verschiedenen Punkten auch unmittelbare Diskussionen zwischen Fachkräften und Jugendlichen initiiert wurden. Bei Diskussionsrunden zwischen Fachkräften und Jugendlichen hat sich gezeigt, dass eine Moderation des Gesprächs bedeutsam ist, die darauf achtet, dass der Austausch möglichst gleichberechtigt erfolgt, so dass die jeweiligen Anliegen und Fragen erst einmal wechselseitig Gehör finden und wirkliche Verständigungs- und Aushandlungsprozesse stattfinden können. Zudem wurde deutlich, dass vor allem bei gruppenübergreifenden Treffen oder Vollversammlungen die Präsenz und eine entsprechende inhaltliche Positionierung von Leitungskräften für die jungen Menschen von hoher Bedeutung sind.

Wenn das Beschwerdeverfahren in Grundzügen erarbeitet wurde, hat es sich als zieldienlich erwiesen, die Beschreibung des Verfahrens, entsprechendes Informationsmaterial sowie erarbeitete Beschwerdebögen für Kinder und Jugendliche von ihnen selbst auf Verständlichkeit, Vollständigkeit sowie auf Praktikabilität hin überprüfen zu lassen. Jugendliche konnten im Rahmen des Projekts sehr gut einschätzen und formulieren, wo Beschreibungen zu ungenau oder zu kompliziert waren, und entsprechende Veränderungsvorschläge machen. Auch in der Umsetzungsphase ist es hilfreich, regelmäßig unter Beteiligung der Adressatinnen und Adressaten zu überprüfen, inwiefern das angedachte Beschwerdeverfahren niedrigschwellig und alltagspraktisch Anwendung findet und welche Anpassungen notwendig sind.

Allerdings bleibt immer zu bedenken, dass trotz gut erarbeiteter Beschwerdeverfahren die größte Beteiligungsanforderung eine kontinuierliche Befähigung der jungen Menschen zur Beschwerdeäußerung ist. Diese kann nur durch entsprechende Alltagserfahrungen, die Sensibilisierung für die Rechte der jungen Menschen sowie über die Stärkung ihres Selbstbewusstseins befördert werden.

4.4 Kinderrechte als Orientierungsrahmen für Beschwerden

Die Beschäftigung mit dem Thema Kinderrechte ist im Kontext der Erarbeitung von Beschwerdeverfahren bedeutsam, da der Bezugspunkt, über was sich Kinder und Jugendliche im Rahmen einer Hilfe beschweren dürfen und sollen, geklärt werden muss. In allen projektbeteiligten Einrichtungen haben intensive Arbeitsprozesse zum Thema Kinderrechte stattgefunden. So wurden jeweils spezifisch auf den Betreuungskontext zugeschnittene Informationsmaterialien für Kinder und Jugendliche zu ihren Rechten erarbeitet. Die Kenntnis der eigenen Rechte ist eine Voraussetzung, um im Bedarfsfall auf Verletzungen derselben reagieren zu können. Darüber hinaus ist aber auch die Auseinandersetzung der Mitarbeitenden mit dem Thema von zentraler Bedeutung, da sie zum einen die Rechte an Kinder und Jugendliche vermitteln sollen. Zum anderen dient die konkrete Auseinandersetzung mit einzelnen Rechten aber auch der Reflexion und Orientierung für das eigene fachliche Handeln. Darüber hinaus verdeutlichen die Arbeitsprozesse zum Thema Kinderrechte noch einmal den Stellenwert der Beteiligung der jungen Menschen. Denn im Zusammenhang mit der UN-Kinderrechtskonvention werden Mädchen und Jungen ganz klar nicht mehr nur als Adressatinnen und Adressaten von Fürsorge, Schutz und Erziehung gesehen. Die Kinder und Jugendlichen werden als Träger eigener Rechte ernst genommen und ihr Anspruch auf Partizipation und Mitsprache wird betont.

Oftmals dienen ausgewählte Rechte der UN-Kinderrechtskonvention als Ausgangspunkt für die Arbeitsprozesse in den Einrichtungen. Eine Auswahl der relevanten Rechte ist zieldienlich, da die Konvention insgesamt 54 Artikel umfasst, die nicht alle in gleichem Maße für den Kontext der Hilfen zur Erziehung relevant sind. Eine mögliche diesbezügliche Auswahl könnten z. B. folgende Rechte sein:

Kein Kind darf benachteiligt werden.

Kinder haben das Recht, bei allen Fragen, die sie betreffen, mitzubestimmen.

Kinder haben das Recht, dass ihre Würde geachtet wird.

Kinder haben das Recht auf Schutz der Privatsphäre und ihrer Ehre.

Kinder haben das Recht, wichtige Informationen zu erhalten.

Kinder haben das Recht auf Schutz vor Gewalt.

Kinder haben das Recht auf Schutz vor sexuellem Missbrauch.

Kinder haben das Recht, gesund zu leben.

Kinder haben das Recht, zu lernen und bei der Entfaltung ihrer Fähigkeiten unterstützt zu werden.

Kinder haben das Recht, zu spielen, sich zu erholen und künstlerisch tätig zu sein.

Kinder haben das Recht auf freie Meinungsäußerung, Information und Zugang zu den Medien.

Neben der UN-Kinderrechtskonvention sind für den Kontext der Hilfen zur Erziehung natürlich auch das Kinder- und Jugendhilferecht (SGB VIII) sowie entsprechende Ausführungsgesetze für die Heimerziehung zentrale Bezugspunkte, um Rechte von Kindern und Jugendlichen konkret darzustellen. So werden oftmals das „Recht auf Hilfeplanung" und das „Recht auf Beschwerde" ergänzend aufgenommen. Auch gibt es im Alltag häufig Fragen zum Recht auf Taschengeld bzw. der Rechtmäßigkeit von Taschengeldentzug. Die Auswahl der als relevant erachteten Rechte ist somit ein erster Schritt im Arbeitsprozess einer jeden Einrichtung. Welche weiteren Aspekte sich in einrichtungsbezogenen Arbeitsprozessen als relevant erwiesen haben, wird im Folgenden dargestellt.

4.4.1 Anforderungen an Arbeitsprozesse zu Rechten von Kindern und Jugendlichen

Damit ein einrichtungsbezogener Rechtekatalog als Grundlage für die Aufklärungsarbeit von Kindern und Jugendlichen zieldienlich genutzt werden kann, ist von großer Bedeutung, dass die allgemeinen Rechte, wie im vorangegangenen Abschnitt beispielhaft benannt, näher erläutert und handlungsrelevant beschrieben werden. Das heißt, dass Alltagsfragen und -situationen aus dem Gruppenkontext, die hinsichtlich des jeweiligen Rechts für die jungen Menschen bedeutsam sind, beleuchtet werden. Es soll für die jungen Menschen klar werden, was andere Mädchen und Jungen der Gruppe sowie Fachkräfte dürfen und was nicht.

Um eine solch praktische Relevanz zu sichern, braucht es einen gemeinsamen Arbeitsprozess mit den Mädchen und Jungen sowie den Fach- und Leitungskräften der jeweiligen Einrichtung bzw. des Bereichs. Die einzelnen Rechte müssen hinsichtlich der damit verbundenen Fragen und Unsicherheiten diskutiert und bearbeitet werden. Als beteiligungsorientierte Kontexte bieten sich beispielsweise Einheiten in Gruppenbesprechungen, bereichsbezogene Arbeitsgruppen mit Delegierten der einzelnen Gruppen oder eine einrichtungsinterne Beteiligungswerkstatt mit jungen Menschen und Fachkräften an. Als bedeutsam hat sich erwiesen, dass die Auseinandersetzung um die Bedeutung des jeweiligen Rechtes im Alltag in gleichem Maße von jungen Menschen wie Fachkräften erfolgt, damit ein gemeinsam getragener Konsens erarbeitet werden kann. Der Arbeitsprozess ist mindestens so wichtig wie das abschließende Produkt.

Münden sollte der Arbeitsprozess in einem schriftlich fixierten Rechtekatalog, der den jungen Menschen in einer alters- und entwicklungsgerechten Form zugänglich gemacht wird. Als hilfreich hat sich auch in diesem Zusammenhang erwiesen, wenn Formulierungen der jungen Menschen möglichst im Originalton aufgenommen werden und die Mädchen und Jungen vor abschließender Fertigstellung des Katalogs noch einmal prüfen, ob die gewählten Formulierungen verständlich sind. Die persönliche Ansprache der jungen Menschen kann durch eine entsprechende Formulierung gestärkt werden.

So sind „Du hast das Recht auf…“ oder „Dein Recht auf…“ unmittelbarer und persönlicher in der Botschaft für Mädchen und Jungen als zum Beispiel die Formulierung „Kinder haben das Recht auf…“.

Ein alternativer Weg zur Erarbeitung eines Rechtekatalogs ist, im ersten Schritt aus Perspektive der jungen Menschen sowie aus Sicht der Fachkräfte Fragen zu sammeln, die sich im Gruppen-kontext hinsichtlich erlaubten und nicht erlaubten Verhaltens stellen bzw. gestellt haben. Ausgehend von solchen Praxisfragen und -beispielen können dann Brücken zu Rechten der jungen Menschen geschlagen werden. Ein solches methodisches Vorgehen kann auch in Ergänzung zur konkretisierenden Arbeit an bereits formulierten Kinderrechten sinnvoll sein.

Eine weitere Möglichkeit, sich dem Thema zu nähern, kann auch die Arbeit an so genannten Ampelsystemen sein. Dies meint, dass entlang der Ampelfarben aufgezeigt wird, was Erzieherinnen und Erzieher dürfen und was nicht. So steht die Farbe Rot für immer falsches Verhalten, das angezeigt und bestraft werden muss, Gelb steht für pädagogisch kritisches Verhalten, das für die Entwicklung von Kindern und Jugendlichen nicht förderlich ist, und Grün steht für pädagogisch richtiges Verhalten, das Kindern und Jugendlichen aber nicht immer gefällt. Teilweise beinhalten die Verhaltensampeln auch nur die Farben Rot und Grün, um eine größere Eindeutigkeit für die jungen Menschen herzustellen. Diesbezüglich wird immer wieder diskutiert, ob ein gelber Bereich nicht auch schon immer beschwerdewürdig ist und deshalb ohnehin in den roten Bereich fällt.

Unabhängig von der Darstellungsform sollte neben den inhaltlichen Ausführungen zu den Rechten der Kinder und Jugendlichen immer auch ein Hinweis aufgenommen werden, welche Möglichkeiten bestehen, die beschriebenen Rechte einzufordern. Hier sollten sowohl informelle Wege aufgezeigt als auch Hinweise zum formalen Beschwerdeverfahren gegeben werden.

Eine weitere Anforderung für einrichtungsbezogene Arbeitsprozesse zu Kinderrechten ist die Klärung der Frage, wie neu aufgenommene Kinder und Jugendliche, aber auch neu eingestellte Fachkräfte über die Rechte aufgeklärt werden. Wie bei der Vermittlung der Informationen zum Beschwerdeverfahren stellt sich auch bezüglich der Rechte von Kindern und Jugendlichen die Frage, wie eine regelmäßige Auseinandersetzung mit den inhaltlichen Aspekten sichergestellt werden kann. Die Visualisierung des Rechtekatalogs in allen Bereichen der Einrichtung ist ebenso eine Möglichkeit wie die regelmäßige Thematisierung der Rechte in Gruppengesprächen oder die Durchführung eines Kinderrechtetags in der Einrichtung. Zudem ist zu klären, in welchen größeren zeitlichen Abständen der Rechtekatalog überprüft und aktualisiert wird. Für neu eingestellte Mitarbeitende hat sich die Verortung des Themas als fester Baustein im Einarbeitungsprozess bewährt.

4.4.2 Spannungsfelder in der Arbeit zum Thema Kinderrechte

In den einrichtungsbezogenen Arbeitsprozessen zum Thema Kinderrechte hat sich gezeigt, dass ein Teil der Fachkräfte dahingehend verunsichert ist, was einzelne Kinderrechte für den Gruppenkontext und das erzieherische Handeln im Alltag genau bedeuten bzw. welche Konsequenzen aus der Stärkung der Kinderrechte für ihr pädagogisches Handeln erwachsen. So werden durch die initiierten Diskussionsprozesse zum Teil gängige Praxen des Erziehungsalltags in Frage gestellt. Fragen wie „Was sind die wenigen Ausnahmefälle, in denen Taschengeld einbehalten werden darf?", „Wann besteht ein begründeter Verdacht, so dass Fachkräfte gegen den Willen des jungen Menschen das Zimmer durchsuchen dürfen?", „Ist die Privatsphäre bereits beeinträchtigt, wenn eine Fachkraft das Zimmer des jungen Menschen betritt, um das noch brennende Licht zu löschen, wenn er oder sie das Haus bereits verlassen hat?" können teilweise zu sehr unterschiedlichen Einschätzungen innerhalb eines Teams von Fachkräften führen. So werden durch die alltagsrelevante Konkretisierung der Kinderrechte unterschiedliche Norm- und Wertesysteme und Prioritätensetzungen innerhalb von Teams deutlich, da in einer solchen Auseinandersetzung implizit immer auch Erziehungsvorstellungen diskutiert werden, die das persönliche Handeln in der Gruppe leiten. Die Ausformulierung der Kinderrechte kann nicht für jede Einzelsituation des Erziehungshandelns eindeutige Antworten geben, allerdings werden Grundprinzipien markiert, deren Nichteinhalten immer begründungsbedürftig sind.

Die fachliche Reflexion von pädagogischem Handeln im Rahmen von Teambesprechungen, kollegialen Fallberatungen und Supervision sowie das alltägliche Aushandeln und Reflektieren gemeinsam mit den jungen Menschen bleibt weiterhin unerlässlich. Das situationsbezogene Abwägen im Gruppenalltag muss trotzdem jeden Tag neu ausgestaltet werden. Gemeinsam erarbeitete Kinderrechte können diesbezüglich aber den Orientierungsrahmen stärken.

Ein weiteres Spannungsfeld, welches in nahezu allen Arbeitsprozessen zum Thema Kinderrechte mindestens einmal diskutiert wird, ist das Verhältnis von Rechten und Pflichten. So wird oftmals gefordert, eine stärkere Verknüpfung von Rechten und Pflichten in der Darstellung zu betonen. Allerdings wird in diesem Zusammenhang dann nicht beachtet, dass Rechte prinzipiell nicht an Vorbedingungen geknüpft sind, sondern jedem zustehen. Rechte sind somit nicht verhandelbar „und das Gegenteil von Recht ist nicht Pflicht, sondern Unrecht“, wie es Urban-Stahl formuliert (2013, S.16). In diesem Zusammenhang ist es wichtig zu verdeutlichen, dass durch die Stärkung und konkrete Festschreibung der Kinderrechte auf Einrichtungsebene keine Schwächung der Pflichten der jungen Menschen einhergeht. Allerdings sind Rechte und Pflichten unterschiedliche Bezugssysteme, deren Vermengung in diesem Zusammenhang nicht zieldienlich ist.

Des Weiteren werden auch Gruppenregeln durch die Festschreibung von Kinderrechten nicht obsolet. Gruppen- und Einrichtungsregeln bewegen sich in der Regel auf einer anderen Stufe der Konkretisierung als Kinderrechte. Nach Erarbeitung der auf die Einrichtung konkretisierten Kinderrechte kann es jedoch hilfreich sein, die bestehenden Regeln beteiligungsorientiert mit jungen Menschen und Fachkräften auf gegebenenfalls bestehende Widersprüche zu den Kinderrechten zu überprüfen.

Viele der benannten Diskussionen tangieren auch die Frage, ob durch die Stärkung der Rechte der Kinder und Jugendlichen die Position der Fachkräfte geschwächt wird. Mehrheitlich wird dies von Seiten der beteiligten Fachkräfte nicht so gesehen, sondern sie erleben durch die Auseinandersetzung im eigenen Team, mit Leitungskräften und mit den jungen Menschen eine

Stärkung ihrer Handlungssicherheit. Durch den Arbeitsprozess werden die eigene Rolle und der gemeinsame Orientierungsrahmen für das erzieherische Handeln konkreter gefasst. Zur Stärkung dieser Funktion sind in einem Teil der Einrichtungen aus den Ergebnissen der Arbeitsprozesse zu den Kinderrechten für die jungen Menschen auch Selbstverpflichtungserklärungen für Fachkräfte entwickelt worden. Diese verdeutlichen durch entsprechende Formulierungen, zu welchen Aspekten sich Fachkräfte gegenüber Kindern und Jugendlichen verpflichten.

Neben der inhaltlichen Konkretisierung der Rechte hat sich gezeigt, dass die Frage, welche Rahmenbedingungen und Unterstützungsstrukturen Mitarbeitende benötigen, um einzelne Rechte im Gruppen- und Einrichtungskontext gesichert umsetzen zu können, zur strukturellen Rahmung zentral ist. So sollte im Rahmen der Arbeitsprozesse „intensiv an der Frage gearbeitet werden, welche Bedingungen in der Einrichtung es Mitarbeiterinnen und Mitarbeitern ermöglichen, die Rechte von Kindern und Jugendlichen konsequent zu berücksichtigen und wie diese Bedingungen hergestellt und gesichert werden können" (Urban-Stahl 2013, S. 16).

Des Weiteren hat sich bei den Arbeitsprozessen in den Einrichtungen gezeigt, dass die Konkretisierungen der Rechte von Kindern und Jugendlichen je nach Hilfeart und konzeptioneller Umsetzung der jeweiligen Hilfe in Teilen angepasst und spezifisch ausformuliert werden müssen, damit sie alle betreuten Kinder und Jugendlichen in gleichem Maße ansprechen. Im Rahmen des Modellprojekts ist dies beispielhaft für den Bereich der Pflegekinderhilfe sowie für Hilfen für Eltern und Kind nach § 19 SGB VIII erarbeitet worden. Die entsprechenden Beispiele sind in Kapitel 7 dargestellt.

4.4.3 Ergebnisse der Einrichtungsbefragung zum Thema Kinderrechte

Im Rahmen der Einrichtungsbefragung wurden auch Aspekte zum Thema Kinderrechte beleuchtet. So zeigt sich in diesem Rahmen, dass im stationären Bereich über 80 % der Einrichtungen innerhalb der letzten beiden Jahre zum Thema gearbeitet haben. In 70 % der Einrichtungen haben die Arbeitsprozesse zu Kinderrechten in allen Gruppen stattgefunden und die Kinderrechte sind nach Angaben der Einrichtungsleitungen beteiligungsorientiert handlungsrelevant konkretisiert worden. Ähnliche Ergebnisse liegen für den teilstationären Bereich vor.

Für den Bereich der ambulanten Hilfen zeigen sich wesentlich geringere Werte. So geben hier 50 % der befragten Einrichtungen an, zum Thema Kinderrechte gearbeitet zu haben. Diese geringeren Werte sind durch den anderen Kontext und die andere Ausrichtung ambulanter Hilfen zu erklären. So findet die Arbeit zumeist im familiären häuslichen Umfeld statt und die zeitlichen Fenster in der Zusammenarbeit mit der Fachkraft sind in der Regel wesentlich begrenzter. Zudem kann die handlungsrelevante Konkretisierung nicht für einen Gruppenkontext erfolgen, sondern müsste für die jeweilige Familie heruntergebrochen werden. Die Diskussion, was die Arbeit mit Kinderrechten im Rahmen ambulanter Hilfen bedeuten kann, steht fachlich erst am Anfang.

4.5 Ausgestaltungsmerkmale und Umsetzungsaspekte von Beschwerdeverfahren

Die Gesamtschau der entwickelten Beschwerdeverfahren in den begleiteten Einrichtungen hat gezeigt, dass es nicht „das eine“ Verfahren gibt. Es gibt jeweils verschiedene Entscheidungsoptionen, die je nach Bedingungen vor Ort, bisher gelebter Beschwerdepraxis und Akzeptanz abgewogen werden müssen. So muss jede Einrichtung das für sie passende Verfahren entwickeln. Dabei geht es aber nicht nur um das Abwägen des Für und Wider einzelner Modelle, sondern das zentrale Entwicklungsmoment ist die inhaltliche Auseinandersetzung mit den Themen Beteiligung, Kinderrechte und Beschwerde, die immer für den jeweiligen Kontext auf den konkreten Alltag der Einrichtung heruntergebrochen werden müssen. Denn die inhaltliche Auseinandersetzung (auch im Detail) und die damit verbundene Suche nach dem passenden Weg sind wichtig für den Aneignungsprozess des Verfahrens. Erst durch die Verknüpfung von Verfahrensfragen mit Fragen des pädagogischen Alltags und strukturellen Fragen der Einrichtung kann ein Verfahren mit Leben gefüllt werden.

Bei allen Unterschieden im Detail haben sich aber in der Gesamtschau der Beschwerdeverfahren Eckpunkte herauskristallisiert, die in den Modelleinrichtungen in ähnlicher Weise umgesetzt werden und als Orientierungsrahmen für den Entwicklungsprozess anderer Einrichtungen dienen können. Auf diese Aspekte wird im Folgenden näher eingegangen.

4.5.1 Zielgruppen und Geltungsbereiche der Beschwerdeverfahren

In den gesetzlichen Anforderungen ist definiert, dass angemessene Beschwerdeverfahren für Kinder und Jugendliche zu entwickeln sind. Dementsprechend sind in allen befragten Einrichtungen Kinder und Jugendliche explizite Zielgruppe der Beschwerdeverfahren. Als Einschränkung muss angemerkt werden, dass (sehr) junge Kinder entwicklungsbedingt strukturell von formalen Verfahren ausgeschlossen bzw. benachteiligt sind. So sind insbesondere Säuglinge und Kleinkinder immer auf die Fürsorge von Erwachsenen angewiesen, da sie noch nicht über hinreichende Sprach- und Reflexionsfähigkeiten verfügen, um nicht beachtete Bedürfnisse und Grenzverletzungen gegenüber Dritten kommunizieren zu können. Kinder, aber gegebenenfalls auch Jugendliche, die (noch) nicht über ausreichende Lese- und Schreibkompetenzen verfügen, sind dort ausgeschlossen, wo Beschwerden schriftlich formuliert werden sollen. Für diese Mädchen und Jungen sind deshalb die persönliche Ansprechbarkeit der für die Beschwerdebearbeitung verantwortlichen Person(en) sowie ein entsprechender Bezug zu dieser/diesen von großer Bedeutung. In der Entwicklung von angemessenen Verfahren ist für die Zielgruppe der jüngeren Kinder zu beachten, dass die für die Beschwerdebearbeitung zuständige Person in besonderem Maße Zeit benötigt, um sich vorzustellen, regelmäßige persönliche Kontakte und Gespräche zu ermöglichen und eingehende Beschwerden zu bearbeiten (vgl. Urban-Stahl/ Sann 2014, S. 81).

In 67 % der Einrichtungen, die an der Einrichtungsbefragung teilgenommen haben, ist das Beschwerdeverfahren auch für Eltern offen. Die Öffnung des Verfahrens für Mütter und Väter wird im stationären Bereich teilweise kontrovers diskutiert. In den Modelleinrichtungen zeigte sich, dass die Einrichtungen, die intensiv zur Zusammenarbeit mit Eltern gearbeitet haben und diesem Arbeitsfeld einen hohen konzeptionellen Stellenwert beimessen, Mütter und Väter auch selbstverständlich ins Beschwerdeverfahren integrieren.

Für welchen Personenkreis findet das (Anregungs- und) Beschwerdemanagement Anwendung? Einrichtungen mit bestehendem Beschwerdemanagement (Mehrfachnennungen, n=27)

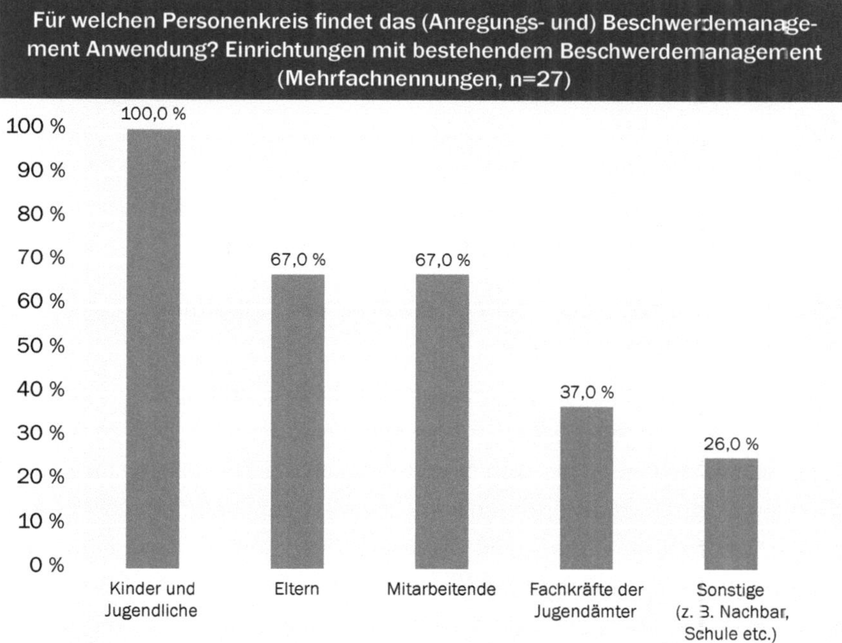

In weiteren 67 % der Einrichtungen sind auch Mitarbeitende Zielgruppe der Beschwerdeverfahren. In 37 % der Einrichtungen steht es auch Fachkräften der Jugendämter offen, über diese Zugänge Beschwerden einzubringen. In 26 % der Einrichtungen war der Personenkreis noch weiter gefasst, so dass auch Kooperationspartner der Hilfen und Nachbarn Beschwerden über das Verfahren eingeben können.

In der überwiegenden Zahl der befragten Einrichtungen gilt das (Anregungs und) Beschwerdemanagement für alle angebotenen Hilfearten. Lediglich in 11 % der befragten Einrichtungen gilt es nicht für die ambulanten Hilfen. Ein Ausschluss des ambulanten Bereichs ist im ersten Schritt nachvollziehbar, da diese Hilfeart durch die Arbeitsweise in der Familie anders strukturiert ist als (teil-)stationäre Hilfen. Zudem müssen der Bezugsrahmen für Beschwerden für den ambulanten Bereich eigens definiert und die Verfahren hinsichtlich der Passung überprüft werden. Eine lediglich formale Zuschreibung, dass das Verfahren für alle Hilfearten einer Einrichtung in gleicher Art und Weise gilt, heißt nicht, dass die Zugänge zum Verfahren sowie die Nutzung des Angebots auch in allen Hilfearten in gleichem Maße wahrgenommen werden können. Eine bereichsspezifische Überprüfung des Verfahrens ist somit notwendig. Für ambulante Hilfen zur Erziehung sowie Hilfen für Eltern und Kind nach § 19 SGB VIII gibt es Erkenntnisse aus den am Projekt beteiligten Modelleinrichtungen, die in Kapitel 7 dargestellt werden.

4.5.2 Verantwortlichkeiten für die Beschwerdebearbeitung in der bisherigen Praxis

Das grundsätzliche Prinzip, dass erst einmal alle Fachkräfte, die mit den Kindern und Jugendlichen arbeiten, für die Annahme und bestmögliche Klärung von Beschwerden verantwortlich sind, soll durch die Entwicklung strukturell verankerter Beschwerdeverfahren keinesfalls ausgehebelt oder geschwächt werden. Der zentrale Unterschied ist, dass im Rahmen der Bearbeitung von Beschwerden in einem strukturell verankerten Verfahren die Fragen, wer für die Prozesssteuerung der Beschwerdebearbeitung verantwortlich ist und welche Schritte einzuleiten sind, verbindlich geklärt sind. Für diejenigen, die eine Beschwerde über den formellen Beschwerdeweg einreichen, ist damit klar, wer sie im Klärungsprozess begleitet und wie die Bearbeitung im Grundsatz erfolgt.

Im Rahmen der Einrichtungsbefragung wurden einige Eckpunkte zum Profil der für die Bearbeitung von Beschwerden verantwortlichen Person bzw. Personen abgefragt. So erfolgt die Beschwerdebearbeitung innerhalb des Verfahrens in 60 % der befragten Einrichtungen durch eine Einzelperson. In der überwiegenden Zahl der Einrichtungen ist dies eine Leitungskraft. Vereinzelt wird die Beschwerdebearbeitung durch eine Einzelperson, aber auch durch eine Fachkraft der Einrichtung oder eine außenstehende Ombudsperson übernommen.

40 % der Einrichtungen haben sich für die Bearbeitung von Beschwerden durch ein Team von Personen entschieden. Im Rahmen der Teammodelle finden sich sehr unterschiedliche Zusammensetzungen. Zumeist sind Leitungskräfte in Kombination mit einer Betreuungskraft und/oder anderen Mitarbeitenden der Einrichtung (wie z. B. Qualitätsbeauftragte, Psychologischer Dienst, Mitarbeitende der Hauswirtschaft etc.) für die Beschwerdebearbeitung verantwortlich. In einer der befragten Einrichtungen gibt es so genannte Beteiligungsbeauftragte. Dies sind zwei Fachkräfte aus dem ambulanten Bereich der Einrichtung, die für die Bearbeitung der Beschwerden aus dem stationären Bereich verantwortlich sind.

Unabhängig vom Umsetzungsmodell sind über 80 % der beschwerdebearbeitenden Personen pädagogisch qualifiziert, in der Einrichtung beschäftigt und von Seiten der Einrichtungsleitung benannt worden. Das heißt, in der überwiegenden Zahl der Einrichtungen handelt es sich um Mitarbeitende der Institution, die von ihren Vorgesetzten für diese Aufgabe benannt werden. In einem Fünftel der Einrichtungen können Kinder und Jugendliche die Person bzw. mindestens eine Person aus dem Bearbeitungsteam wählen. Einflussmöglichkeiten auf die Auswahl der beschwerdebearbeitende(n) Person(en) bestehen damit in den meisten Einrichtungen für junge Menschen nicht. Der Aspekt, mindestens über eine der Einrichtung außenstehende Person zur Bearbeitung von Beschwerden zu verfügen, ist in 16 % der Einrichtungen gegeben.

Regelmäßige Qualifikations- und Unterstützungsstrukturen für die beschwerdebearbeitende(n) Person(en) gibt es in 71 % der befragten Einrichtungen über regelmäßige Gespräche mit Leitungskräften sowie in jeweils 50 % der Einrichtungen über Fortbildung und Supervision. In 17 % der Einrichtungen gibt es allerdings keine regelmäßigen Qualifikations- und Unterstützungsstrukturen.

4.5.3 Zum Anforderungsprofil der beschwerdebearbeitenden Personen(en)

Hinsichtlich der strukturellen Verortung einer beschwerdebearbeitenden Person ist eine zentrale Anforderung, dass die Person so weit wie möglich eine leitungs- und gruppenunabhängige Position inne hat, damit sie möglichst wenig Loyalitätskonflikten unterliegt und nicht unmittelbar weisungsgebunden ist. Je unabhängiger, neutraler und objektiver die beschwerdebearbeitende Person arbeiten kann, desto besser. Dieser Forderung kann in der Regel innerhalb einrichtungsbezogener Beschwerdeverfahren allerdings nur begrenzt Rechnung getragen werden, wenn Mitarbeitende der Einrichtung für die Bearbeitung von Beschwerden verantwortlich sind.

Weitere Anforderungen sind die fachliche Kompetenz sowie eine entsprechende berufliche Erfahrung im Feld der Hilfen zur Erziehung. Durch Kenntnisse von Qualitätsstandards, rechtlichen Vorgaben, Kinderrechten sowie zentralen Verfahren der Einrichtung können Beschwerden fachlich eingeordnet werden und im Bedarfsfall zum Beispiel an der Schnittstelle zu Fragen des Kinderschutzes entsprechend bearbeitet werden. Aus Perspektive von Fachkräften ist dieser Aspekt relevant, da auch rechtliche Vorgaben, die nicht von Seiten einer Einrichtung beeinflusst werden können, sowie pädagogische Fragen Thema im Rahmen von Beschwerdeverfahren sein können und hier eine professionelle Haltung von Seiten der beschwerdebearbeitenden Person gewünscht wird. Allerdings wird im gleichen Zusammenhang auch betont, dass die Bereitschaft der Person, Gewohnheiten und gängige Arbeitsroutinen einer Gruppe bzw. Einrichtung in Frage zu stellen, wichtig ist, um für junge Menschen angemessene Lösungsoptionen zur Diskussion stellen zu können. Es braucht somit eine Offenheit, um Alternativen denken zu können, unter gleichzeitiger Wahrung des grundsätzlichen professionellen Referenzsystems der Heimerziehung. Zudem werden Fähigkeiten im Konfliktmanagement sowie lösungs- und ressourcenorientierte Gesprächsführungskompetenzen als bedeutsam hervorgehoben.

Ergänzend dazu wird eine Reihe von persönlichen Eigenschaften als Anforderung von Seiten der Mitarbeitenden (aber auch jungen Menschen) benannt.

So soll die Person sympathisch, offen auf andere zugehend, vertrauenswürdig, zuverlässig und verschwiegen sein. Zudem soll sie ein ernsthaftes Interesse an den Anliegen der jungen Menschen haben und gut zuhören können.

Des Weiteren wird als wichtig hervorgehoben, dass die beschwerdebearbeitende Person für die jungen Menschen persönlich bekannt, präsent und ansprechbar ist und im Bedarfsfall Zeit für Gespräche und die Suche nach Lösungen hat.

Es wird deutlich, dass idealtypisch hohe Anforderungen an diese Person(en) gestellt werden, die deutlich machen, dass die Anzahl der potenziell in Frage kommenden Menschen innerhalb sowie im Umfeld einer Einrichtung begrenzt ist. Mit der Akzeptanz und Kompetenz dieser Person(en) steht und fällt aber auch die Akzeptanz und Wirkmacht des Beschwerdeverfahrens insgesamt, weshalb der Auswahlprozess von zentraler Bedeutung ist.

4.5.4 Abwägungsaspekte im Findungsprozess der beschwerdebearbeitenden Personen(en)

Über die fachliche und persönliche Eignung der Person(en) hinaus sind im Entscheidungsprozess zur Implementierung eines passenden einrichtungsbezogenen Verfahrens strukturelle Aspekte sowie Vor- und Nachteile einzelner Möglichkeiten abzuwägen.

Unabhängig davon, in welcher Position und Funktion die Aufgabe der Beschwerdebearbeitung im formalen Verfahren verortet wird, müssen immer Kompetenzen und Befugnisse geklärt und festgeschrieben werden, um wirkungsvoll arbeiten zu können. Wichtig ist, die Rahmenbedingungen so auszugestalten, dass produktive Klärungsprozesse möglich und realistische Wahrscheinlichkeiten für Veränderungen gegeben sind.

Ein möglicher Ausgangspunkt im Findungsprozess der geeigneten Person(en) kann die bisherige Praxis der Beschwerdebearbeitung sein. Auch ohne formales Beschwerdeverfahren gibt es in der Regel in jeder Einrichtung der (teil-)stationären Hilfen zur Erziehung Personen, die sich für eingegangene Beschwerden verantwortlich fühlen bzw. als Ansprechperson für Anliegen,

Probleme und Sorgen der betreuten Kinder und Jugendlichen fungieren. Zu klären ist, inwieweit das formale Beschwerdeverfahren an die bisherige informelle Praxis anschließen kann und soll.

Zudem sind grundsätzliche Fragen hinsichtlich des angestrebten Verfahrens zu diskutieren und abzuwägen. Im Folgenden werden einige der zentralen Entscheidungsoptionen hinsichtlich der implizierten Chancen und Grenzen beleuchtet.

Einzelperson oder Kleinteam von Personen?

In der Abwägung, ob eine Einzelperson oder ein Kleinteam von Personen für die Beschwerdebearbeitung verantwortlich sein soll, überwiegen die Argumente für eine Teamlösung. Für ein Kleinteam von Personen spricht, dass sich die Präsenz und Ansprechbarkeit gerade in größeren Einrichtungen leichter gewährleisten lässt, wenn zwei oder ggf. auch drei Personen mit der Aufgabe der Beschwerdebearbeitung betraut sind. Zudem kann ein Mehrpersonenmodell die Chance erhöhen, dass zeitnah Ressourcen zur Verfügung stehen, um möglichst schnell nach Eingang einer Beschwerde persönliche Gespräche zu führen. Auch können Fragen von Urlaubs- und Krankheitsvertretung in einem Mehrpersonenmodell innerhalb der erarbeiteten Struktur geklärt werden. Zudem gibt es im Zuständigkeitsmodell von mindestens zwei Personen zum einen eine Wahlmöglichkeit für die Adressatinnen und Adressaten des Verfahrens sowie die Möglichkeit, dass die zweite Person die Beschwerdebearbeitung übernimmt, wenn sich die andere Person selbst nicht in der Lage sieht, die Beschwerde zu bearbeiten oder ggf. selbst von einer Beschwerde betroffen ist. Zum anderen bietet ein Mehrpersonenmodell die Möglichkeit der fachlichen Reflexion mit einer anderen Person in gleicher Rolle und Funktion, was bei belastenden oder gravierenden Beschwerden hilfreich sein kann. Des Weiteren können Nachteile einzelner Entscheidungen im Abwägungsprozess über eine Kombination von Personen mit unterschiedlichen strukturellen Voraussetzungen abgemildert werden, da die jeweils andere Person potenziell anderen Aspekten Rechnung tragen kann. So können

z. B. auch Überlegungen hinsichtlich einer geschlechterparitätischen Besetzung oder der Repräsentanz von Bereichen der Einrichtung etc. Beachtung finden. In einem Mehrpersonenmodell gilt es allerdings zu beachten, dass die Eindeutigkeit der Zuständigkeit nicht verschwimmt und jeweils geklärt ist, wer die Verantwortung für die zeitnahe Bearbeitung von eingegangenen Beschwerden hat.

Wählbare oder/und von Einrichtungsseite benannte Person(en)?

Eine weitere Grundfrage im Entscheidungsprozess ist, welches Mitspracherecht Kinder und Jugendliche bezüglich der Person(en) haben, die für das Beschwerdeverfahren verantwortlich sein soll(en). Unter demokratischen und beteiligungsorientierten Gesichtspunkten ist die Wahl einer Person, die das Vertrauen möglichst vieler Mädchen und Jungen genießt, naheliegend. Dazu ist zu klären, wer gewählt werden kann (nur pädagogische Fachkräfte oder auch andere Mitarbeitende der Einrichtung wie z. B. Hauswirtschaftskräfte o. ä.), wie die Auswahl der Kandidatinnen und Kandidaten erfolgt, wer wahlberechtigt ist und in welchem Verfahren und Zeitturnus Wahlen abgehalten werden. Jede neue Wahl birgt aber auch immer die Möglichkeit, dass neue Personen die Beschwerdebearbeitung übernehmen. Daher ist zu beachten, dass bei jedem personellen Wechsel wieder dafür Sorge getragen werden muss, dass die Person sich in jeder einzelnen Gruppe der Einrichtung bekannt macht und angemessen in ihre Rolle findet.

Das Vertrauen gegenüber der im Beschwerdeverfahren verantwortlichen Person von Seiten der Einrichtungsleitung ist zudem ein zentraler Aspekt, den es nicht zu vernachlässigen gilt. Nicht immer sind Einschätzungen von Seiten der jungen Menschen und Fachkräfte deckungsgleich. Daher kann es auch überlegenswert sein, wenn mindestens eine für die Beschwerdebearbeitung verantwortliche Person von Seiten der Einrichtung benannt wird. Zudem kann über benannte Personen gegebenenfalls eine größere zeitliche Kontinuität in der Ausübung der Funktion gesichert werden, da die Aufgabe dann nicht an Wahlperioden gebunden ist.

Beschränkt sich die Verantwortlichkeit nur auf die Bearbeitung von Beschwerden oder wird sie ausgeweitet auf die Ausgestaltung von Beteiligungsprozessen?

Ausgehend von der Erkenntnis, dass Arbeitsprozesse zu Kinderrechten sowie die Stärkung der alltagsbezogenen Beteiligung wichtige Voraussetzungen für gelingende Beschwerdeverfahren sind, stellt sich die Frage, inwiefern es zieldienlich ist, dass diejenigen Personen, die in einer Einrichtung für die Bearbeitung von Beschwerden im Verfahren verantwortlich sind, gleichzeitig Arbeitsaufträge zur Stärkung der Partizipation der jungen Menschen ausfüllen. Die Chance der Verknüpfung dieser beiden Aufträge liegt darin, dass die beschwerdeverantwortlichen Personen sich über Arbeitsprozesse zur Stärkung der Beteiligung bei den jungen Menschen bekannt machen können und über die inhaltliche Arbeit mit bestimmten Positionen verknüpft werden. So kann zum einen das Wissen bei den Kindern und Jugendlichen darüber gestärkt werden, welche Vorfälle auf jeden Fall öffentlich gemacht werden sollen, und zum anderen eine stetige Ermutigung erfolgen, Anregungen und Wünsche einzubringen sowie Fragen und kritische Aspekte in unterschiedlichen Kontexten zu thematisieren.

Durch die inhaltliche Verknüpfung von Beteiligung und Beschwerde in einem Aufgabenprofil erwachsen allerdings höhere Anforderungen an die zeitlichen Kapazitäten, die zur Verfügung gestellt werden müssen. Zudem braucht es inhaltliches und methodisches Know-how, um auch Arbeitsprozesse zu Kinderrechten und Beteiligungsformen angemessen umsetzen und begleiten zu können. Der wechselseitige Nutzen ist allerdings immanent, so dass über eine solche strukturelle Verknüpfung und Verankerung von Beteiligung und Beschwerde verstärkt nachgedacht werden sollte.

Außenstehende oder/und interne Person?

Wie involviert darf bzw. muss die beschwerdebearbeitende Person in die Einrichtung bzw. den Hilfebereich sein, um die angedachte Rolle zielführend ausfüllen zu können? Diese Grundfrage ist ein weiterer Aspekt, den es im Entwicklungsprozess von Beschwerdeverfahren abzuwägen gilt. Der Blick von außen und das Nicht-involviert-Sein in den Konflikt sowie in Beziehungsdynamiken sind Lösungspotenziale, die eine wichtige Ressource darstellen. Eine solche Unabhängigkeit ist bei einer komplett außenstehenden Person, die nicht in der Einrichtung tätig ist, am ehesten gegeben. Soll sich die Rolle der beschwerdebearbeitenden Person in erster Linie auf die Moderation des Klärungsprozesses konzentrieren, sind erst einmal auch keine bzw. kaum vertiefte Binnenkenntnisse der Einrichtung notwendig. Sollen von Seiten der beschwerdebearbeitenden Person aber auch Vorschläge für Kompromisse oder alternative Lösungsoptionen aufgezeigt werden, so kann es von Vorteil sein, weitergehende Kenntnisse hinsichtlich der konzeptionellen und pädagogischen Ausrichtung sowie der Zuständigkeiten und Verantwortlichkeiten innerhalb der Einrichtung zu haben, um entsprechende Vorschläge einbringen zu können.

Außenstehende Personen sind jedoch in der Regel nicht bzw. kaum in der Einrichtung und bei den jungen Menschen bekannt. So ist zu bedenken, dass sie sich mit Übernahme der Bearbeitung von Beschwerden sowohl bei den jungen Menschen als auch den Mitarbeitenden bekannt und präsent machen müssen und dies in regelmäßigen Abständen wiederholt werden muss. Auch die Erreichbarkeit muss gesichert sein. Über E-Mail und Handy-Kontakte ist das zwar weitestgehend zu gewährleisten, persönliche Präsenzzeiten sind allerdings in der Regel nur in eingeschränkten Zeitfenstern möglich.

Außenstehende Personen können entweder externe Ombudspersonen sein (auf deren Profil und Aufgabenverständnis im nächsten Unterpunkt vertiefend eingegangen wird) oder es kann z. B. eine Person sein, die nicht in der Einrichtung tätig ist, aber z. B. beim Träger der Einrichtung angestellt ist. So haben einzelne Einrichtungen Trägervertreterinnen und -vertreter, die in Ergänzung zu einrichtungsintern Verantwortlichen für die Bearbeitung von Beschwerden verantwortlich sind.

Im Vergleich dazu können in der Einrichtung tätige Personen grundsätzlich bekannter (falls sie im stationären Bereich bzw. beispielsweise einer Tagesgruppe direkt tätig bzw. mit gruppen-übergreifenden Aufgaben betraut sind) und über ihre Tätigkeit erst einmal qua Arbeitsauftrag vor Ort sein. Die stärkere Verortung und Präsenz in der Einrichtung und das Wissen um Entscheidungswege, aktuelle Debatten etc. können, wie bereits angesprochen, Vor- und Nachteil zugleich sein.

In der Abwägung, ob Mitarbeitende einer Einrichtung die Beschwerdebearbeitung im formalen Verfahren übernehmen können und sollen, gilt es zu berücksichtigen, dass die Fachkräfte aus den (teil-)stationären Gruppen qua Rolle erst einmal vorrangig für die Beschwerdebearbeitung im alltäglichen Kontext verantwortlich sind und sich tagtäglich in erzieherischen Aushandlungssituationen befinden. Berücksichtigt man die Anforderung, dass die beschwerdebearbeitende Person im formalen Verfahren möglichst nicht in die alltäglichen Erziehungsprozesse eingebunden sein soll, so dass bei erlebten Ungerechtigkeiten und Konflikten zumindest ein gruppenunabhängiger Blick von außen möglich ist, wird deutlich, dass im Abwägungsprozess vorrangig über andere Fachkräfte der Einrichtung nachgedacht werden sollte. So sind in diesem Zusammenhang zum Beispiel (sofern in der Einrichtung beschäftigt) Qualitätsbeauftragte oder Mitarbeitende mit gruppenübergreifendem Aufgabenprofil (z. B. psychologischer Dienst o.ä.) in die engere Auswahl einzubeziehen. Je nach Einrichtungsgröße und Organisationsstruktur ist die Möglichkeit, auf solche Fachkräfte zurückgreifen zu können, jedoch nicht immer gegeben. Denkbar ist auch, dass Fachkräfte der Einrichtung, die zum Beispiel im ambulanten Bereich beschäftigt sind, im Rahmen eines bestimmten Zeitkontingents die Aufgabe der/des Beschwerdebeauftragen im (teil-)stationären Bereich der Einrichtung übernehmen. Einige Einrichtungen versuchen über solche Modelle, eine größtmögliche Unabhängigkeit innerhalb einer Einrichtung herzustellen. Aber auch hier haben größere Einrichtungen allein schon auf Grund ihrer Struktur größere Handlungsspielräume. Gerade in sehr kleinen Einrichtungen mit nur ein oder zwei Gruppen kann es im ersten Schritt zur Umsetzung strukturell verankerter Beschwerdeverfahren notwendig sein, auf Personen zurückzugreifen, die sehr eng in die alltäglichen Arbeitsroutinen der Gruppen eingebunden sind, da keine weiteren Personen zur Verfügung stehen. Bei solchen Modellen besteht allerdings die Gefahr, dass ein quasi selbstreferenzielles System entsteht, da Beschwerden dann immer in der Konstellation bearbeitet werden müssen, in der sie auch entstanden sind.

Leitungskraft in der Verantwortung der Beschwerdebearbeitung?

In vielen der im Rahmen des Projekts „Prävention und Zukunftsgestaltung in der Heimerziehung – Ombudschaften" beteiligten Einrichtungen, die bislang ein Beschwerdeverfahren umgesetzt haben, ist die Einrichtungsleitung entweder die für die Beschwerdebearbeitung hauptverantwortliche Person oder zumindest Teil des Teams, das für diese Aufgabe verantwortlich ist. Durch die strukturelle Einbindung einer Leitungskraft entstehen bestenfalls kurze Wege und schnelle Entscheidungen. Qua Funktion verfügen Leitungskräfte über eine hohe Wirkmacht und haben Einblicke in alle Bereiche der Einrichtung. Zu berücksichtigen ist, dass die für die Beschwerdebearbeitung verantwortliche Person auch unabhängig von einer Leitungsfunktion soweit mit Kompetenzen und Wirkmacht ausgestattet werden muss, um Beschwerden im Klärungsprozess gut begleiten und wirksam Veränderungsimpulse geben zu können.

Darüber hinaus ist zu beachten, dass die Akzeptanz des Verfahrens von Seiten der Mitarbeitenden sinken kann bzw. die mit der Einführung verbundenen Ängste verstärkt werden können, wenn eine Leitungskraft beschwerdeverantwortliche Person im Verfahren ist. So werden von Seiten der Fachkräfte Befürchtungen formuliert, dass für sie negative Konsequenzen aus Beschwerden folgen können. In diesem Zusammenhang wird auch kritisch diskutiert, ob aus kleineren Beschwerden Schlussfolgerungen für die Personaleinschätzung und -führung gezogen werden.

Allerdings ist zu berücksichtigen, dass auch ohne explizite Aufgabenzuschreibung im Beschwerdeverfahren die Einrichtungsleitung immer eine Rolle im Verfahren spielt, da sie bei gravierenden Beschwerden qua Funktion und Verantwortlichkeit immer zu informieren und einzubinden ist.

Gleichzeitig ist zu reflektieren, dass Leitungskräfte bestenfalls sowieso für Anregungen und Beschwerden ansprechbar und verantwortlich sind, auch unabhängig vom formalen Beschwerdeverfahren. Generell kommt ihnen eine Vorbildfunktion für ein fehlerfreundliches Klima in der Einrichtung zu, denn durch ihr Handeln prägen sie die Einrichtungskultur auch bei den Themen Beteiligung und Beschwerde maßgeblich.

Im Abwägungsprozess, ob eine Leitungskraft mit der Aufgabe der Beschwerdebearbeitung im formalen Verfahren betraut werden soll, stellt sich somit die Frage, ob durch die Verortung der Beschwerdeverantwortlichkeit bei Nicht-Leitungskräften zusätzliche und ergänzende Zugänge sowie Klärungsoptionen im Verfahren geschaffen werden können, da Leitungskräfte in der Regel auch ohne formale Zuschreibung Ansprechpersonen für Kritik und Beschwerden sind. Die Aufgabeübernahme durch Nicht-Leitungskräfte bietet somit die Möglichkeit, das Thema strukturell breiter zu verorten und alternative Ansprechpersonen neben den Leitungskräften zu etablieren.

In der Abwägung der aufgezeigten Grundsatzfragen und durch die Diskussion der möglichen Alternativen unter breiter Beteiligung der Mitarbeitenden zeigt sich in der Regel, welche einrichtungsbezogenen Möglichkeiten gesehen und welche Modelle durch möglichst viele akzeptiert und mitgetragen werden. Zumeist ist der Kreis der in Frage kommenden Personen überschaubar und teilweise entstehen auch erst durch die Kombination von Personen aus unterschiedlichen Referenzsystemen tragfähige Konzepte, da über die Arbeit im Team Vorteile genutzt und Nachteile kompensiert werden können. Wichtig ist, nicht zu lange in der theoretischen Abwägung von Umsetzungsmöglichkeiten zu verharren, sondern nach der Diskussionsphase konkrete erste Schritte einzuleiten, um Erfahrungen sammeln und bei Bedarf notwendige Anpassungen im Prozess vornehmen zu können.

4.5.5 Exkurs: Möglichkeiten und Grenzen einrichtungsbezogener Ombudspersonen

Wie eingangs bereits beschrieben, ist eine der Forderungen des Runden Tisches Heimerziehung in den 50er und 60er Jahren die Stärkung von Partizipations- und Beschwerdemöglichkeiten für Kinder und Jugendliche in der Heimerziehung. Um geschlossene Institutionen zu vermeiden, wird die Schaffung unabhängiger Beschwerdeinstanzen gefordert, die die Möglichkeit eröffnen, eine der Einrichtung außenstehende Person zur Konfliktlösung hinzuziehen zu können. Mit dem Begriff Ombudsperson bzw. Ombudsstelle wird eine solche externe Beschwerdestelle beschrieben, deren Aufgabe es ist, eine unparteiische Vorgehensweise bei Streitfragen zu sichern und in einer Institution ungerechte Behandlungen zu verhindern.

Die gesetzlichen Anforderungen an die Entwicklung einrichtungsbezogener Beschwerdeverfahren schreiben nicht verbindlich vor, dass immer auch mindestens eine der Einrichtung außenstehende Person benannt sein muss. Fachliche Argumente sprechen allerdings dafür, solche Strukturen im einrichtungsbezogenen Modell zu berücksichtigen bzw. in Ergänzung zu internen Strukturen zu implementieren. Grundsätzlich können Ombudspersonen exklusiv für eine Einrichtung und somit mit einem spezifischen Aufgabenprofil im Rahmen des einrichtungsbezogenen Beschwerdeverfahrens tätig sein. Darüber hinaus gibt es Ombudspersonen, die zum Beispiel beim Träger der Einrichtung beschäftigt sind und für mehrere Einrichtungen verantwortlich sind. Sie können unabhängig von und in Ergänzung zu den einrichtungsbezogenen Beschwerdeverfahren kontaktiert werden können.

Zudem sind von Einrichtungen unabhängige Ombudsstellen zu nennen, die zur Konfliktlösung auch unabhängig von einrichtungsbezogenen Aspekten hinzugezogen werden können. Diese unterscheiden sich hinsichtlich ihrer Zielgruppen und Zugangsvoraussetzungen von einrichtungsbezogenen Ombudsstrukturen und werden detaillierter in Kapitel 12 beschrieben.

Die folgenden Ausführungen beziehen sich auf einrichtungsbezogene Ombudspersonen und berücksichtigen allgemeine übergreifende Ombudsstrukturen nicht.

Zum Umsetzungsstand in Rheinland-Pfalz

Im Rahmen der schriftlichen Befragung gaben 16 % der Einrichtungen an, eine außenstehende Person zur Bearbeitung von Beschwerden zu haben. Wie bereits erwähnt, kann dies zum einen eine Ombudsperson sein, die zusätzlich zur für die Beschwerdebearbeitung verantwortlichen Person innerhalb der Einrichtung angesprochen werden kann. Zum anderen kann die Ombudsperson aber auch im formalen einrichtungsinternen Beschwerdeverfahren hauptverantwortlich für die Beschwerdebearbeitung zuständig sein.

Bislang existiert bundesweit relativ wenig datenbasiertes Wissen darüber, in welchen Modellen Beschwerdeverfahren umgesetzt werden. Eine Befragung der Diakonie Rheinland-Westfalen-Lippe zeigt jedoch, dass „ein gutes Drittel der Einrichtungen eigene Ombudsleute hat finden können, die nicht zur Mitarbeiterschaft gehören, aber der Einrichtung in unterschiedlicher Weise verbunden sind“ (Knuth; Stork 2014, S. 246). Im Vergleich zu diesen Angaben sind einrichtungsbezogene ombudschaftliche Strukturen in Rheinland Pfalz relativ wenig verbreitet. Ein entsprechender Ausbau dieser Möglichkeiten ist somit zu diskutieren.

Rahmenbedingungen und Aufgabenverständnis einrichtungsbezogener Ombudspersonen

Im Rahmen des Projekts konnten drei Personen für Rheinland-Pfalz identifiziert werden, die im Kontext der Heimerziehung die Rolle einer einrichtungsbezogenen Ombudsperson ausfüllen und im Beschwerdeverfahren hauptverantwortlich für die Beschwerdebearbeitung sind. Im Rahmen von leitfadengestützten Interviews wurden sie bezüglich ihres Selbstverständnisses, ihrer Aufgaben und Erfahrungen befragt. Die Ergebnisse dieser Interviews werden im Folgenden dargestellt.

Die Anfrage zur Übernahme der Aufgabe erfolgte bei den befragten Ombudspersonen jeweils über die persönlich bekannte Einrichtungsleitung, d. h. die angefragten Personen waren im Vorfeld ihrer Tätigkeit aus jugendhilfespezifischen Kontexten bereits bekannt. Alle drei Ombudspersonen sind Fachkräfte der Jugendhilfe mit mehrjähriger Berufserfahrung, die aber nicht bei der Einrichtung bzw. beim Träger beschäftigt sind bzw. waren. Zwei der interviewten Ombudspersonen sind im Ruhestand und üben ihre Tätigkeit ehrenamtlich aus. Die dritte Ombudsperson ist von Seiten einer Einrichtung im Rahmen einer selbständigen Tätigkeit beauftragt worden und erhält für ihre Rufbereitschaft eine pauschale Vergütung. Die Beschwerdebearbeitung wird hier über Stundensätze abgegolten.

Die Einrichtungen, in denen die interviewten Ombudspersonen tätig sind, erarbeiteten jeweils im Vorfeld der Zusammenarbeit ein Konzept, welches eine Aufgaben- und Kompetenzbeschreibung beinhaltet und die einrichtungsinternen Schnittstellen und Kommunikationswege beschreibt. Die wechselseitigen Aufgaben und Befugnisse sind in Kooperationsverträgen festgehalten. Diese Vorarbeiten von Seiten der Einrichtungen werden von allen drei externen Ombudspersonen als zwingend notwendige Voraussetzung für die Arbeit beschrieben. *„Wenn einem da Misstrauen entgegenschlägt, dann bringt es nichts. Im Vorfeld muss von Seiten der Heimleitung und der pädagogischen Mitarbeiter muss das Feld schon vorbereitet werden. Also nicht jetzt einfach von heute auf morgen sagen, wir setzen jetzt zum 1. Juni oder was weiß ich, einen Ombudsmann ein oder eine Ombudsperson und dann guckt ihr, wie ihr damit klar kommt. Das geht also nicht. Ich denke, es muss die Einrichtung schon vorbereitet werden“ (O2, RZ 568)* Die Akzeptanz der Ombudsperson nach innen ist somit im Rahmen der Vorbereitung ein wichtiger Aspekt. Für die befragten Ombudspersonen ist zentral, dass ihre Arbeit wirklich gewollt und unterstützt wird und sie sich mit ihrem Grundverständnis in der Kultur der Einrichtung wiederfinden. *„Wenn Leitung nicht voll dahinter steht, der Träger nicht voll hinter so was steht, kann man so was überhaupt nicht implementieren im Haus [...] Ich brauche so etwas in der Einrichtungskultur wie Fehler-freundlichkeit und wenn ich als Träger eine fehlerfreundliche Grundeinstellung habe und nicht gleich autoritär in einer steilen Hierarchie sanktioniere, dann kann Leitung ein solches Verhalten auch weitergeben an Erzieher. Dann können Erzieher so was weitergeben an Kinder. Ich glaube, das ist ein roter Faden, der sich von oben nach unten durchzieht und wo alle auch wissen müssen, was bedeutet es für uns, wenn wir so was machen.“ (O1, RZ 394)* Zudem müssen in ihren Augen die wechselseitigen Erwartungen, Einflussmöglichkeiten und Kompetenzen im Beschwerdefall explizit vor Aufnahme der Tätigkeit besprochen und ausgehandelt werden, so dass der Wirkungsbereich der Ombudsperson definiert ist und das eigene Engagement in diesem Bereich als sinnvoll eingeschätzt wird. *„Das war klar ausgehandelt worden vorher, dass ich da nicht so eine Alibifunktion habe.“ (O2, RZ 351)*

Daraus, dass die Ombudspersonen außerhalb der Einrichtung stehen, erwachsen zugleich Vor- und Nachteile. Wie bereits im vorangegangenen Abschnitt beschrieben, braucht es von Seiten der Fachkräfte einer Einrichtung ein Mindestmaß an Offenheit für die Tätigkeit der Ombudsperson, da ihr als außenstehende Person explizit Zugänge geschaffen und Einblicke gewährt werden müssen. Gleichzeitig kann es das Nicht-involviert-Sein der Ombudsperson in Loyalitäten, alltägliche Arbeitsroutinen und personalbezogene Entscheidungen leichter machen, bestimmte Aspekte bei ihr anzusprechen und ihr kritische Dinge anzuvertrauen. Diesbezüglich werden vor allem die Unabhängigkeit sowie die Unvoreingenommenheit als Vorteile der externen Ombudspersonen beschrieben. Eine der interviewten Ombudspersonen beschreibt das folgendermaßen: *„Von daher ist es einfach für einen Außenstehenden dann einfacher, weil ich habe weder mit den Mitarbeitern noch mit den Kindern und im Grunde genommen sogar mit der Geschäftsführung nichts zu tun. Also von daher finde ich es als Außenstehender einfach auch im Rahmen der Qualitätssicherung, wie soll ich sagen, glaubwürdiger oder einfacher zu handeln.“ (O3, RZ 578)* Eine andere Ombudsperson sieht das ähnlich: *„Wie gesagt, Sie bekommen dann, wenn Sie tagtäglich in der Einrichtung leben oder arbeiten würden, werden Sie automatisch mit in gewisse Dinge einbezogen und machen sich dann möglicherweise ein Negativbild gegenüber diesem oder jenem und schon ist Ihr Blickfeld in der konkreten Situation, wenn einer dieser Parteien auf Sie zukommt, ist dann meines Erachtens schon eingeschränkt in der Objektivität.“ (O2, RZ 667)* Dadurch, dass keine Einblicke in das alltägliche Miteinander in der Wohngruppe gegeben sind und keine unmittelbaren Arbeitsbezüge zu Fachkräften bestehen, wird die potenzielle Unbefangenheit und Vorurteilslosigkeit betont. *„Wenn ich als Externer komme und möglichst unvoreingenommen in so eine Situation eintrete, glaube ich, habe ich noch mal eine ganz andere Möglichkeit, blinde Flecken aufzutun, die ich als Einrichtungsleitung, die ich als jemand der vor Ort ist, unter Umständen nicht sehe, nicht sehen kann, nicht sehen will oder aus welchen Gründen auch immer.“ (O1, RZ 511)*

Zugleich gilt es aber zu bedenken, dass die Hürde für junge Menschen (und auch für Eltern), sich einer externen Person anzuvertrauen, hoch ist. Oftmals ist es genau die persönliche Beziehung zu einer Person, die die Vertrauensbasis schafft, etwas im Gespräch offenzulegen. *„Ja, weil manchmal ist es ja besser, das weiß man ja so aus dem alltäglichen Leben, dass man sich an einen wendet, wobei natürlich ein Fremdling, wie ich nun mal einer bin in der Einrichtung, ist es schon ein gewaltiger Schritt, finde ich, den da Jugendliche vollziehen.“ (O2, RZ 493)* Ausgehend von dieser Rahmung der Tätigkeit ist es bedeutsam, dass sich Ombudspersonen in ihrer Rolle als externe und außenstehende Ansprechpersonen bei den jungen Menschen bekannt machen und so die Brücke zwischen nicht involviert und trotzdem bekannt schlagen. Über die Gemeinsamkeiten der Verortung sowie der im Vorfeld geklärten Eckpunkte der Zusammenarbeit hinaus zeigen sich allerdings hinsichtlich der konkreten Rahmenbedingungen, der Aufgabenwahrnehmungen sowie des Rollenverständnisses zwischen den drei befragten Ombudspersonen große Unterschiede. Zentrale Gegensätze und Spannungsfelder, die sich im Rahmen der Auswertung gezeigt haben, werden nun näher beschrieben.

Ehrenamtliche versus entgeltliche Tätigkeit

Hinsichtlich der Unabhängigkeit zwischen Einrichtung und Ombudsperson stellt sich auf struktureller Ebene die Frage, inwiefern eine Neutralität gegeben ist, wenn für die ombudschaftliche Tätigkeit ein Entgelt vereinbart wurde. Bei einer der Einrichtung außenstehenden Person, die auf Honorarbasis in einem relativ geringen Umfang entlohnt wird, ist die Abhängigkeit zwar weniger stark als bei Mitarbeitenden der Einrichtung, die ihren Lebensunterhalt dort verdienen. Dennoch geht die ombudschaftliche Idee von größtmöglicher Souveränität im eigenständigen Handeln aus. So betonen die befragten ehrenamtlich tätigen Ombudspersonen die Bedeutung der unentgeltlichen Tätigkeit. *„Das ist eine ehrenamtliche Tätigkeit, ich bekomme nichts dafür außer einer Kilometerpauschale für das, was ich da hin- und herfahre. Mehr kriege ich nicht. Und das ist auch gut so. Wenn es eine ehrenamtliche Tätigkeit ist, da bin ich von nichts finanziell abhängig. Also wenn ich da jetzt bezahlt würde oder bekäme irgendwie noch eine Aufwandsentschädigung oder wie immer man es deklariert, ergibt sich zwangsläufig wieder eine Abhängigkeit. Das ist ja klar, dessen Brot ich esse, dessen Lied ich pfeife. Von daher ist mir diese finanzielle Möglichkeit für mich die beste.“ (O2, RZ 443) „Ich bin niemanden Rechenschaft schuldig, das ist das Schöne. Ich werde nicht gefragt, was ich für mein Geld mache oder nicht, beispielsweise. Ich bekomme keins. Von daher brauche ich kein schlechtes Gewissen haben, wenn ich nicht in Anspruch genommen werde, weil ich nichts dafür bekomme. Wenn ich jetzt monatlich ein Salär bekäme, dann würde ich manchmal* *schon denken, wofür bist du eigentlich da oder womit hast du das verdient. Aber dadurch, dass man nichts bekommt und völlig unabhängig ist von der Einrichtung, ist es so besser. Das würde ich auf jeden Fall immer empfehlen." (O2, RZ 655)*

Als weiterer Vorteil einer ehrenamtlichen Tätigkeit werden die potenziell zur Verfügung stehenden Zeitressourcen aufgeführt. So sind Ombudspersonen in solch einer Ausgangssituation zumeist zeitlich flexibler und können bei Bedarf mit einer größeren zeitlichen Freiheit in Gespräche zur Beschwerdebearbeitung gehen. Wenn *„jemand Externes kommt und der wirklich sich auch die Zeit nimmt und auch zuhört, das ist ein ganz wichtiger Faktor. [...] Wenn ich da bin, bin ich da. Wenn ich eine Stunde länger da bin, bin ich halt eben eine Stunde länger da. Da wartet kein anderer Termin, wo ich dann dringend wieder hin muss." (O1, RZ 524)*

Die Vorteile einer ehrenamtlichen ombudschaftlichen Tätigkeit liegen auf der Hand. Allerdings stellt es viele Einrichtungen vor eine Herausforderung, eine ehrenamtliche Person mit entsprechender Qualifikation und persönlicher Eignung in ihrem Umfeld zu finden und für eine solche Tätigkeit zu gewinnen.

Persönliche Präsenz versus ausschließlich telefonische Erreichbarkeit

Wie in den allgemeinen Ausführungen zur Qualität von Beschwerdeverfahren bereits ausgeführt, ist die persönliche Bekanntheit und Ansprechbarkeit der für die Beschwerdebearbeitung verantwortlichen Person ein wichtiger Aspekt, um niedrigschwellige Zugänge zum Verfahren zu sichern und um Vertrauen zu dieser Person aufbauen zu können. Entsprechendes gilt für die außenstehenden Ombudspersonen. Zwei der drei interviewten Ombudspersonen nutzen vielfältige Möglichkeiten, um sich bei den jungen Menschen bekannt zu machen und in Kontakt zu treten. Gerade zu Beginn der Tätigkeit erfolgt das Vorstellen auf breiter Basis. *„Wir hatten ja am Anfang die Stelle des Ombudsmannes breitgefächert in der Einrichtung vorgestellt. Ich hatte mich in den einzelnen Gruppenbereichen auch persönlich vorgestellt." (O2, RZ 79)*

In der regulären Arbeitspraxis der Ombudspersonen finden regelmäßige Sprechstunden statt, die sowohl dafür genutzt werden können, um Beschwerden einzubringen, als auch zur Klärung von Anliegen. *„Ich habe ja alle 14 Tage, nachmittags Sprechstunde. Das ist publiziert worden, das hängt in allen Gruppen mit Bild und Terminen dabei. Es gibt eine E-Mail-Adresse. Die meisten sind ja inzwischen vernetzt und können mich über E-Mail erreichen. Auch da gucke ich jeden Morgen rein und wenn da irgendetwas drin ist, gibt es umgehend eine Rückmeldung, dass es angekommen ist. Je nach Schwere würde ich sagen, das habe ich bisher noch nicht gehabt, aber würde ich mich ins Auto setzen und würde einen Termin ausmachen und würde da hin fahren." (01, RZ 238)* Bei dringendem Klärungsbedarf können die regelmäßigen Termine somit bedarfsgerecht um weitere Termine ergänzt werden.

Darüber hinaus besteht für die Ombudspersonen die Möglichkeit der Teilnahme an Beteiligungsgremien oder anderen Besprechungen der Einrichtungen, so dass diese Kontexte zum einen für das Bekanntmachen genutzt werden können. Zum anderen können dort aber auch Lösungsoptionen diskutiert werden bzw. Stimmungsbilder zu einzelnen Themen eingeholt werden. *„[...] insbesondere weil mir in dieser Funktion Tür und Tor offensteht. Also ich kann mich jederzeit an irgendwelchen Aktionen beteiligen, an irgendwelchen Sitzungen teilnehmen von den einzelnen Gremien innerhalb der Einrichtung usw." (02, RZ 70)*

Aber auch neben den formalen Strukturen und Kontexten besteht über die persönliche Präsenz vor Ort die Möglichkeit der wechselseitigen Kontaktaufnahme, so dass die Ombudsperson junge Menschen und Fachkräfte ansprechen kann und andersherum. *„Dadurch, dass ich öfter oben bin und mir die Jugendlichen immer mal wieder über den Weg laufen, befrage ich die dann immer noch, ob die Dinge dann auch nachhaltig sind." (02, RZ 241)*

Bei der dritten Ombudsperson, die für eine Einrichtung tätig ist, deren Angebote räumlich sehr weit auseinanderliegen, ist konzeptionell nicht vorgesehen, dass sie zur niedrigschwelligen Kontaktaufnahme Präsenz vor Ort zeigt. Auch bei ihrer Einführung gab es keine persönlichen Vorstellungsrunden bei den jungen Menschen. Sie ist lediglich telefonisch erreichbar und strukturell verankert werden Informationen über ihre Tätigkeit vermittelt. *„Das läuft dann über die Mitarbeiter, d. h. zum einen ist es so, dass wenn ein Aufnahmegespräch stattfindet, im Aufnahmegespräch jetzt dem neuen Klienten mitgeteilt wird, dass es diese Ombudsstelle, diese Beschwerdestelle gibt. Den schon bestehenden Klienten ist es im Rahmen der täglichen Arbeit mitgeteilt worden. D. h. im Dezember hat man in der Gruppe im Rahmen von Gruppengesprächen oder wie auch immer dann mitgeteilt, so hier ist der Herr L.. Ich habe mehrere Pakete von Visitenkarten mitgenommen, die werden dann verteilt, wo auch alle Kontaktdaten drauf sind, sprich E-Mail, Handy, Festnetz, Büronummer, damit man mich halt erreichen kann." (O3, RZ 184)* Erst bei Vorliegen einer konkreten Beschwerde ist konzeptionell ein Termin vor Ort vorgesehen.

Aktives Zugehen auf Jugendliche versus Warten auf Kontaktaufnahme

Ist die persönliche Präsenz der Ombudsperson vor Ort auch unabhängig von Beschwerdeanlässen gesichert, so kann sich aber auch das Aufgabenverständnis bezüglich der Frage unterscheiden, inwiefern aktiv Gesprächsanlässe geschaffen und gesucht werden, um Raum für Anliegen und Fragen (auch im inoffizielleren Rahmen) zu geben. Die dahinterliegende Frage ist, wie viel „Werbung" und Initiative von Seiten der Ombudsperson ausgehen soll, um auf das bereitgestellte Angebot sowie die Möglichkeiten und Kompetenzen der Ombudsperson hinzuweisen.

Eine der interviewten Ombudspersonen hat diese Frage für sich eindeutig beantwortet und sieht sich selbst (neben anderen in der Einrichtung) als zentralen Motor, damit das Beschwerdeverfahren aktiv gelebt wird. *„Ich glaube, die Hauptaufgabe liegt im Augenblick darin, Motor zu sein. Ich habe beim ersten Mal, als ich in diesem Bürochen gesessen habe, ich habe zwar die Tür aufgemacht, um zu signalisieren, du kannst reinkommen, aber der Besprechungsraum, wo ich bin, liegt im Verwaltungstrakt, da muss man erst mal hinfinden. Jetzt mache ich es so, dass ich einfach auf dem Gelände bin. Es hängt ein Zettel an der Tür, dass ich mich alle halbe Stunde in meinem Büro melde, wenn jemand dahin kommt. Ansonsten bin ich präsent auf dem Gelände und da stelle ich fest, wie erleichtert auch Erzieherinnen sind, dass die* *mit mir ins Gespräch kommen können, ohne dass sie da in die Verwaltung kommen, um sich bei mir anzumelden beim Gespräch. Man kommt einfach locker miteinander ins Gespräch. [...] Ja, und dass Kinder und Jugendliche auch mal erleben, dass man Späße mitmacht oder dass man mal einen Fußball treten kann. Dass man sich ein Stück menschlich gibt. Wie Sie sagen, die Schwelle dann versuchen, runterzuschrauben. [...] muss man halt eben selber ein Stück weit die Initiative ergreifen und eben auf die zugehen." (O1, RZ 314)*

Ebenso zählt diese Person die aktive Ausgestaltung der Schnittstelle zu einrichtungsbezogenen Beteiligungsstrukturen zu einer ihrer Aufgaben. *„Die haben einen Sprecherrat. Denen hatte ich sofort, weil die waren noch bei meiner Einführung dann als Gäste mit eingeladen vom Träger. Ich habe gesagt, es wäre schön, wenn ihr mich möglichst bald einladen würdet. Ich möchte, dass die Initiative dann von denen ausgeht. Aber der Sprecherrat war auch gerade neu gewählt worden. Die Vertrauenserzieher waren gerade neu gewählt worden. Dann kam von dort keine Einladung und dann habe ich mich eigentlich selbst dann eingeladen. Ich glaube, das ist das, was ich eingangs sagte, so ein Prozess muss immer und immer wieder wachgehalten werden. Der muss immer in Bewegung gebracht werden." (O1, RZ 282)* Neben der Haltung, selbst mitverantwortlich für die Prozessgestaltung zu sein, beantwortet sie für sich das Dilemma zwischen grundsätzlicher Verantwortlichkeit für einzelne Aspekte auf Seiten der Jugendlichen bei gleichzeitiger Abwägung der Konsequenzen dahingehend, dass sie als Ombudsperson im Bedarfsfall diejenige ist, die aktiv wird und abermals auf die jungen Menschen zugeht.

In der Abwägung, wie oft und weit persönlich von Seiten der Ombudsperson auf die Mädchen und Jungen zugegangen werden soll, können aber auch andere Entscheidungen getroffen werden, wie das folgende Zitat verdeutlicht: *„Aber auf der anderen Seite haben wir auch schon hin und her diskutiert, ob es sinnvoll wäre, dass ich also jetzt mich praktisch in den einzelnen Gruppen da andiene oder so und mich da nochmals persönlich vorstelle. Aber ich denke, die Institution an sich, die wird ja auch immer durch die monatliche Einladung zu den Gesprächen immer wieder deutlich gemacht, halten wir* *das im Augenblick für nicht notwendig. Ich sage es mal ganz grob, dass ich den Jugendlichen da hinterher laufe und sage, bitte kommt her, wenn ihr mühselig und beladen seid oder so irgendwie, also das machen wir nicht." (O2, RZ 132)*

Anzunehmen ist, dass die beiden beschriebenen Grundhaltungen von aktivem, werbendem Zugehen im Gegensatz zu einer eher abwartenden Haltung Auswirkungen sowohl auf die Wahrnehmung der Ombudsperson von Seiten der jungen Menschen als auch auf die Anzahl der eingehenden Beschwerden haben.

Ernstnehmen aller Beschwerden der jungen Menschen versus Kategorisierung von Beschwerden

Zwei der drei befragten Ombudspersonen betonen, dass im unmittelbaren Kontakt mit den jungen Menschen eine grundsätzliche Offenheit ihnen gegenüber von großer Bedeutung ist. Damit verbunden ist gleichzeitig, möglichst vorurteilsfrei zuzuhören und gemeinsam mit den jungen Menschen zu sondieren, was genau das Problem darstellt und welche Lösungsmöglichkeiten es geben kann. Benannt wird, wie wichtig eine unbefangene Haltung von Seiten der Ombudsperson ist. „Ich denke, sie darf nicht erschüttert sein, von der Problematik, die nun mal in so Jugendhilfeeinrichtungen ablaufen. Berührungsängste mit den Schwierigkeiten oder mit persönlicher Ausstrahlung dieser jungen Leute, da muss man einfach offen sein. Da darf nicht ein Schockzustand eintreten. Um Gottes Willen, was ist das denn für ein Kerl und von dieser Problematik und dass es so etwas gibt, wie es schon mal so landläufig gesagt wird über junge Leute, das darf nicht sein. Sie müssen offen und unvoreingenommen diesen jungen Leuten gegenübertreten können. Das ist Grundvoraussetzung" (O2, RZ 603) Es geht somit um ein echtes Interesse an der Sicht der Mädchen und Jungen auf die jeweilige Situation. Betont wird, wie wichtig es ist, *„dass sie dann auch ernst genommen werden und sie spüren, über diesen Weg kann ich auch etwas verändern" (O1, RZ 369).*

Im Gegensatz dazu steht eine Grundhaltung, die Kindern und Jugendlichen stereotype Verhaltensweisen zuschreibt und erst einmal nicht immer davon ausgeht, dass jede Beschwerde einen subjektiv begründeten Anlass hat und damit immer bearbeitungswürdig ist. Durch eine Kategorisierung von „ernstzunehmenden Beschwerden“ und „typischen Anliegen“ entscheidet die Ombudsperson einseitig, welche Relevanz der Beschwerde beigemessen wird. *„Kinder und Jugendliche versuchen natürlich sich einen Vorteil zu verschaffen, indem sie einfach Dinge in den Raum stellen, wo man nicht weiß, was ist da dran. Klassische Sachen sind halt so, ich kriege hier nicht genug zu essen. [...] Im Gespräch versuche ich dann herauszufinden, was ist das jetzt. Ist das jetzt tatsächlich ein ernstzunehmender Fall oder ist das das Typische, ich kriege hier nichts zu essen, ich bin so ein armes Kind, ich muss hier Hunger leiden.“ (O3, RZ 54)* Über die Zuschreibung, dass junge Menschen erst einmal versuchen, sich einen Vorteil zu verschaffen und typische Vorwürfe zu äußern, wird der Wahrheitsgehalt der Beschwerde erst einmal grundsätzlich in Frage gestellt. Somit steht die Ombudsperson im ersten Klärungsschritt nicht unvoreingenommen auf Seite der strukturell schwächeren Kinder und Jugendlichen, was für die ombudschaftliche Idee der Beschwerdebearbeitung von großer Bedeutung ist. Denn die Erfahrungen zeigen, dass junge Menschen in der Regel sehr verantwortungsvoll mit Beschwerdeverfahren umgehen und hinter jeder Beschwerde zumindest ein nicht hinreichend geachtetes Bedürfnis steht.

Bilanzierend zeigt die Auswertung der Interviews mit einrichtungsbezogenen Ombudspersonen, dass große personenbezogene Unterschiede in der Haltung gegenüber den jungen Menschen, dem Selbstverständnis in der Ausübung der Rolle sowie bezüglich der Rahmenbedingungen, in denen die Tätigkeit ausgeübt wird, bestehen. Deutlich wird, dass es eine verstärkte inhaltliche Auseinandersetzung darüber braucht, inwiefern das selbst gezeichnete Profil der Ombudsperson zur Einrichtung und den fachlichen Grundprämissen ombudschaftlicher Arbeit „passt“. Entsprechende Austauschforen und Qualifikationsangebote für externe Ombudspersonen sind überlegenswert, um die fachliche Debatte hinsichtlich der aufgezeigten Unterschiede zu stärken.

4.5.6 Informationsstrategien und Arbeitsmaterialien im Beschwerdeverfahren

Unabhängig davon, wo die Verantwortung der Beschwerdebearbeitung innerhalb des einrichtungsbezogenen Modells verortet wird, sind in allen begleiteten Einrichtungen Informationsmaterialien zum Verfahren sowie Beschwerdebögen zur schriftlichen Eingabe von Beschwerden erarbeitet worden. Die Informationsmaterialien erklären in kurzer einfacher Darstellung, warum es ein formales Beschwerdeverfahren gibt, wer für die Beschwerdebearbeitung zuständig ist, wie diese Person bzw. Personen erreichbar sind und welche Schritte nach Eingang der Beschwerde folgen. Um diese grundlegenden Informationen zum Verfahren zu verbreiten und sicherzustellen, dass alle betreuten Kinder und Jugendlichen über das Beschwerdeverfahren Bescheid wissen, werden unterschiedliche Verbreitungswege miteinander kombiniert. So erhalten in der Regel alle Kinder und Jugendlichen bereits im Aufnahmeprozess die notwendigen Informationen. Zum einen wird das Verfahren in diesem Zusammenhang mündlich erklärt und zum anderen werden die schriftlichen Unterlagen ergänzend ausgehändigt. In einigen Einrichtungen sind die Informationen zum Beschwerdeverfahren Teil einer Begrüßungsmappe, die alle relevanten Informationen zur Einrichtung und Gruppe enthält. Darüber hinaus erfolgt im Idealfall die persönliche Vorstellung der Beschwerdebeauftragten bzw. des Beschwerdebeauftragten zu Hilfebeginn. Ergänzend dazu gibt es in den meisten Gruppen Aushänge, die auf die formalen Beschwerdemöglichkeiten hinweisen und es erfolgen in regelmäßigen Abständen Erinnerungen an das Verfahren im Rahmen der Gruppenbesprechung. Zudem besuchen die Beschwerdeverantwortlichen wiederkehrend die Gruppenbesprechungen, um sich und das Verfahren bekannt zu machen und präsent zu halten und persönlich ansprechbar zu sein. Ergänzend haben einige Einrichtungen die Unterlagen zum Beschwerdemanagement auf ihrer Homepage eingestellt.

Durch die Bereitstellung von Beschwerdebögen soll das schriftliche Verfassen von Beschwerden unterstützt werden, so dass entlang von Leitfragen die Beschwerde und damit verbundene Erwartungen abgefragt werden können. Für eine niedrigschwellige Nutzung der Bögen ist wichtig, dass diese frei zugänglich ausliegen und ohne Rücksprache mit Fachkräften genutzt werden können. Die Verschriftlichung bzw. auch die Nutzung der vorgefertigten Bögen sollte allerdings keine Voraussetzung sein, um eine Beschwerde ins Verfahren einbringen zu können. Auch mündlich vorgetragene und frei formulierte schriftliche Anliegen haben den gleichen Stellenwert. Die Bögen sollten ausschließlich zur Unterstützung der Formulierung einer Beschwerde dienen und keine Zugangshürde aufbauen.

Beispiele für Informationsmaterialien und Beschwerdebögen finden sich im Anhang. Zur einfachen sprachlichen Ausgestaltung der Materialien haben sich die Hinweise zur „Leichten Sprache“ vom Netzwerk Leichte Sprache sowie der unmittelbare Praxischeck durch die Jugendlichen bewährt.

4.5.7 Eckpunkte der Beschwerdebearbeitung

Um die Zugänge zum Beschwerdeverfahren möglichst einfach auszugestalten, hat sich die Eröffnung einer Vielzahl von Möglichkeiten bewährt. So können Beschwerden zumeist schriftlich mit und ohne Formular per E-Mail, Post oder bereit gestellten Beschwerdebriefkästen eingereicht werden. Daneben ist die persönliche und telefonische Ansprechbarkeit der verantwortlichen Person(en) bedeutsam.

Alle Modelleinrichtungen haben festgelegt, innerhalb welcher Frist nach Eingang der Beschwerde eine zeitnahe Rückmeldung zum Eingang der Beschwerde erfolgt. In den Verfahrensbeschreibungen der Einrichtungen ist in der Regel der spätestens mögliche Zeitpunkt für eine Rückmeldung benannt, um transparent zu machen, was erwartet und eingefordert werden kann. Zumeist bewegen sich diese zeitlichen Fristen zur Rückmeldung zwischen ein und sieben Tagen. Wann immer möglich, erfolgt die Kontaktaufnahme mit der Beschwerdeführerin oder dem Beschwerdeführer aber früher. Die zeitliche Zusicherung bedeutet allerdings nicht, dass innerhalb dieser Frist das Anliegen bereits geklärt ist. Dennoch ist verbindlich geregelt, dass sich um das Anliegen gekümmert wird und diese Rückmeldung auch an die beschwerdeführende Person geht. In allen Modelleinrichtungen ist in der Regel das persönliche Gespräch der erste Schritt, um möglichst unmittelbar mit der beschwerdeführenden Person zu klären, welche Schritte zur Lösungsfindung gegangen werden sollen.

Inwiefern anonym eingegangene Beschwerden im Rahmen des Verfahrens bearbeitet werden, ist eine Frage, die bei einem Teil der Modelleinrichtungen diskutiert und explizit festgelegt wurde. Um Beschwerden ohne Bezug zur Person dennoch aufgreifen zu können, wurde vereinbart, dass anonym eingereichte Themen/Anliegen im Gruppengespräch behandelt werden und dass dort noch einmal die Information gegeben wird, dass zumeist nur mit einer Zuordnung zur Person angemessene Klärungen möglich sind. Die Erläuterung, warum bei Beschwerden ein Name wichtig ist, erfolgt in der Regel bereits bei der Einführung in das Verfahren. Die Frage der Anonymität stellt sich erfahrungsgemäß für die jungen Menschen allerdings kaum. Für sie ist bedeutsamer, dass verantwortungsvoll und vertraulich mit Informationen umgegangen wird und dass diese erst nach Rücksprache mit ihnen an Dritte weiter gegeben werden.

Die Frage, inwiefern eine Beschwerde im Bearbeitungsverlauf zurückgenommen werden kann, wurde größtenteils dahingehend geklärt, dass dies unter bestimmten Umständen möglich ist. Allerdings wird in solch einem Fall das Gespräch mit der Beschwerdeführerin oder dem Beschwerdeführer gesucht, um sicherzustellen, dass die Rücknahme der Beschwerde nicht unter Druck oder aus Angst erfolgt. Beschwerden, die Mitarbeitende betreffen, werden in einem Teil der Einrichtungen immer bis zur Klärung bearbeitet.

Generell hat es sich als zieldienlich erwiesen, dass bezüglich Beschwerden, die Mitarbeitende betreffen, bereits bei der Entwicklung des Verfahrens festgelegt wird, wann Leitungskräfte verbindlich informiert bzw. aktiv in den Klärungsprozess eingebunden werden.

Die reale Beschwerdebearbeitung ist in den Verfahrensbeschreibungen wenig erläutert, da dies stark vom Beschwerdeinhalt sowie von den Absprachen mit der beschwerdeführenden Person abhängt. Ein Gespräch mit dem beschwerdeführenden Mädchen/Jungen ist in der Regel immer der erste

Schritt, um den Beschwerdeinhalt angemessen verstehen und die mit der Beschwerde verbundenen Anliegen abklären zu können. Erste Lösungsmöglichkeiten können je nach Beschwerdeanlass bereits in einem ersten Gespräch erarbeitet werden. Allerdings können auch weitere Gespräche bzw. Klärungen notwendig sein, beispielsweise, wenn andere Personen gehört und eingebunden werden müssen. Diese Gespräche können je nach Anlass und Vereinbarung mit oder ohne die beschwerdeführende Person erfolgen. Wichtig ist allerdings, dass sie regelmäßig über den Fortgang des Klärungsprozesses informiert wird. Entscheidungen und eingeleitete Veränderungen sollten auch jeweils rückgemeldet werden. Ein Teil der Einrichtungen führt zum Abschluss der Beschwerdebearbeitung noch einmal ein kurzes Reflexionsgespräch mit der beschwerdeführenden Person zur Zufriedenheit mit dem Bearbeitungsprozess und lässt einen entsprechenden Evaluationsbogen ausfüllen.

4.6 Weitere Diskussions- und Reflexionsnotwendigkeiten bei der Entwicklung von Beschwerdeverfahren

Neben der Klärung von Zielgruppen, Verantwortlichkeiten und Verfahrensschritten zur Bearbeitung von Beschwerden hat sich gezeigt, dass es wichtig ist, Raum zur Diskussion grundsätzlicher Fragen rund um das Beschwerdethema zur Verfügung zu stellen/zu ermöglichen. Über die generelle Auseinandersetzung mit und die Reflexion von inhaltlichen Aspekten kann das allgemeine und gemeinsam getragene Beschwerdeverständnis im Team bzw. in der Einrichtung wachsen.

4.6.1 Was ist der passende Name?

Die Namensfindung für das Verfahren ist ein solcher Kristallisationspunkt. So stellt sich zumeist die Frage, ob der Begriff „Beschwerde“ überhaupt im Namen auftauchen soll. Die Diskussion verläuft in der Regel entlang der Pole, dass auf der einen Seite das Wort „Beschwerde“ als sehr negativ besetzt wahrgenommen wird und auf der anderen Seite argumentiert wird, dass es aber genau ums „Beschweren“ geht und es deshalb auch so benannt werden sollte: Meint Kritik das gleiche wie Beschwerde? Ist Verbesserungsmanagement eine Alternative oder beschönigt der Begriff das Anliegen der Betroffenen zu sehr? Sollen positive und negative Belange gleichermaßen eingebracht werden und ist somit Anregungs- und Beschwerdemanagement die passende Bezeichnung? Oder erfindet man eine Abkürzung oder eine griffige Bezeichnung und füllt diese dann mit den entsprechenden Inhalten? Diese Abwägung und Debatten müssen in jeder Einrichtung neu geführt werden, um die passende Begrifflichkeit zu finden und so auch Identifikation mit den Verfahren zu erarbeiten.

4.6.2 Wann ist eine Beschwerde eine Beschwerde?

Ein weiterer Diskussionspunkt ist die Frage, wann eine Beschwerde überhaupt eine „offizielle" oder „richtige" Beschwerde ist, die es im Rahmen des entwickelten Verfahrens zu bearbeiten gilt. Muss jede alltägliche kritische Äußerung nun formal bearbeitet werden? Wird durch ein Beschwerdeverfahren die alltägliche Klärung von Auseinandersetzungen oder Kritikpunkten ausgehebelt? Sind Hinweise auf materielle oder sachliche Mängel nicht etwas anderes und können über andere Verfahren bearbeitet werden? Muss eine Beschwerde erst eine bestimmte Schwere erreicht haben, um ins Verfahren zu kommen? Und wenn ja, wer definiert, wann diese Schwere erreicht ist? Soll jede Beschwerde erst einmal im Team bearbeitet werden? Solche Diskussionen sind bedeutsam, um das Verhältnis von alltäglichen Beschwerden und Beschwerden, die im Rahmen von Beschwerdeverfahren bearbeitet werden, zu klären. Wichtig ist allerdings zu beachten, dass das fachliche Grundverständnis von adressatennahen Beschwerdezugängen von einem Verfahren ausgeht, das erst einmal offen für alle Arten von Beschwerden ist, da es um das subjektive Unrechtsempfinden bzw. eine subjektive Unzufriedenheit mit einer Situation geht. Somit können letztendlich nur die Adressatinnen und Adressaten selbst bestimmen, welche Aspekte für sie im Rahmen des Verfahrens beschwerdewürdig sind. Vorausgehende Hürden, um das Verfahren überhaupt nutzen zu können, sind somit zu vermeiden. Das heißt die Entscheidung, welche Art von Beschwerde ins formale Verfahren eingebracht wird, erwächst aus dem subjektiven Unrechtsempfinden der jeweiligen Person.

4.6.3 Wie wird mit Befürchtungen und Ängsten von Mitarbeitenden umgegangen?

In der Diskussion mit Fachkräften aus den projektbeteiligten Einrichtungen wurde deutlich, dass die Klärung der Frage, wie mit ungerechten bzw. unberechtigten Anschuldigungen gegenüber Mitarbeitenden umgegangen werden kann, ein wichtiger Aspekt hinsichtlich des Abbaus von Ängsten sein kann. So wurde deutlich, dass es grundsätzlich passieren kann, dass junge Menschen eine (ungerechtfertigte) Beschwerde abgeben und damit bewusst oder unbewusst Mitarbeitende einer Einrichtung in eine schwierige Situation bringen. Hier war es den Fachkräften wichtig, verbindliche Vereinbarungen zu treffen, wie zum einen die Aufarbeitung zwischen den betroffenen Personen erfolgt und zum anderen, wie eine möglichst vollständige Wiederherstellung des „guten Rufs" der Fachkraft im Sinne einer Rehabilitation erfolgen kann.

Ein weiteres Thema war der Wunsch von Seiten der Fachkräfte, dass die Kinder/Jugendlichen sie möglichst immer unmittelbar ansprechen, wenn es Probleme bzw. Kritik gibt, da für sie Ängste daraus erwachsen, wenn dritte Personen in den Klärungsprozess eingebunden werden bzw. Enttäuschungen und Kränkungen damit einhergehen, wenn der junge Mensch nicht unmittelbar das persönliche Gespräch sucht. Solche Erwartungen und Befürchtungen wurden im Rahmen der Entwicklungsprozesse von Beschwerdeverfahren reflektiert. Dabei wurde deutlich, dass hier auch Vertrauensfragen bezüglich des Verfahrens und der beschwerdebearbeitenden Person tangiert sind. Es hat sich jedoch auch gezeigt, dass Erfahrungen konstruktiver Beschwerdebearbeitung entsprechende Befürchtungen auf Seiten der Mitarbeitenden abmildern können. Darauf sollte somit insbesondere bei Einführung eines Beschwerdeverfahrens besonders sensibel geachtet werden.

4.6.4 Welchen Stellenwert und Platz haben Beschwerden von Mitarbeitenden?

Mit der aktiven Einbindung und Beteiligung von Mitarbeitenden in die Entwicklung von einrichtungsbezogenen Beschwerdeverfahren für die Adressatinnen und Adressaten der Hilfe ging in den Modelleinrichtungen des Projekts in der Regel auch die Frage einher, wie mit Beschwerden von Seiten der Mitarbeitenden umgegangen werden soll. Im Hauptfokus stand hier zumeist die Fragestellung, wie mit Beobachtungen und Beschwerden verfahren werden soll, die Fehlverhalten von Kolleginnen und Kollegen oder Vorgesetzten betreffen. Diskutiert wurde, inwiefern ein Betriebsrat bzw. die Mitarbeitendenvertretung die Bearbeitung von Beschwerden von Seiten der Mitarbeitenden einer Einrichtung übernehmen kann und soll. Allerdings wurde schnell deutlich, dass es an diesen Schnittstellen in der Regel um andere Themen und Fragestellungen geht. Diskutiert wurde, dass das Konfliktlösungspotenzial innerhalb eines Teams begrenzt ist, wenn die Person, die die Vorwürfe betrifft, die Problemsicht nicht teilt und sich entsprechenden Diskussionen im Team nicht stellt. In solchen Situationen braucht es insbesondere von Seiten der Einrichtungsleitung explizite Ermutigungen und Verpflichtungen, beobachtetes Fehlverhalten und beschwerdewürdige Anlässe offenzulegen und so einem Klärungsprozess zugänglich zu machen. Denn Teamloyalitäten dürfen nicht dazu beitragen, dass Fehlverhalten von Fachkräften gegenüber jungen Menschen toleriert wird. Beobachten Fachkräfte solche Situationen bzw. wissen von ihnen, darf die Verantwortung, eine entsprechende Beschwerde einzureichen, nicht alleine bei den jungen Menschen liegen. Insbesondere in den Hilfen zur Erziehung tragen Fachkräfte in solchen Zusammenhängen auch Mitverantwortung für das Handeln ihrer Kolleginnen und Kollegen. Um hier Handlungssicherheit für Fachkräfte befördern zu können, braucht es verbindliche Vereinbarungen dazu, welche Ereignisse, Verhaltensweisen und „Bauchgefühle“ an die dafür benannte Person von außen kommuniziert werden müssen, um die Wahrnehmungen einordnen und bewerten zu können und gemeinsam den weiteren Umgang mit der Situation zu klären. Wichtig ist, dass ein Team in solchen Situationen Unterstützung erfährt. Ob solche Beschwerden bzw. Vorkommnisse im Rahmen des Beschwerdeverfahrens bearbeitet werden (können) oder ob es diesbezüglich spezifische Vereinbarungen an der Schnittstelle zu Leitungskräften gibt, ist in den Modelleinrichtungen unterschiedlich geregelt.

4.7 Anzahl der Beschwerden und Beschwerdeinhalte

Im Rahmen der Einrichtungsbefragung wurden auch Angaben zur Anzahl der Beschwerden, die im formalen Verfahren bearbeitet wurden, abgefragt. Die Ergebnisse zeigen, dass die Anzahl der bearbeiteten Beschwerden in einem Kalenderjahr je Einrichtung relativ gering ist. In 57 % der Einrichtungen gingen bis zu fünf Beschwerden innerhalb eines Jahres ein. Bis zu zehn Beschwerden gingen in 24 % der Einrichtungen ein und in 19 % waren es mehr als zehn Beschwerden. Die Befragungsergebnisse zeigen somit, dass sich Befürchtungen hinsichtlich einer zu erwartenden „Beschwerdeflut" durch die Implementierung strukturell abgesicherter Verfahren und das damit verbundene Werben für Beschwerden nicht in den Daten bestätigt finden. Die ganz überwiegende Zahl von Unstimmigkeiten und Kritikpunkten scheint also weiterhin im Alltag geklärt zu werden. Strukturell verankerte Beschwerdeverfahren sind somit eher als ergänzende Angebote zu sehen, die im Einzelfall aber dennoch genutzt werden. Interessant ist, dass Beschwerden und Anregungen in ähnlicher Anzahl in die Verfahren eingegeben wurden. Das heißt, dass durch die Schaffung entsprechender Verfahren auch Impulse für Verbesserungsvorschläge und Ideen von jungen Menschen aufgenommen werden konnten.

Hinsichtlich der Themen, die inhaltlich Gegenstand der bearbeiteten Beschwerden sind, zeigt sich im Rahmen der Befragung, dass mit über einem Viertel der Nennungen das Thema „Regeln" das größte Konfliktpotenzial birgt. Mit etwa einem Fünftel der Nennungen folgen Konflikte zwischen jungem Menschen und einer Fachkraft sowie Konflikte innerhalb der Gruppe der jungen Menschen. Etwa 12 % der eingegangenen Beschwerden betreffen die materielle Ausstattung der Gruppen. Mit unter 10 % der Nennungen folgen Beschwerden, die Konflikte zwischen jungem Menschen und Jugendamt zum Gegenstand haben, sowie Beschwerden von Seiten der Eltern.

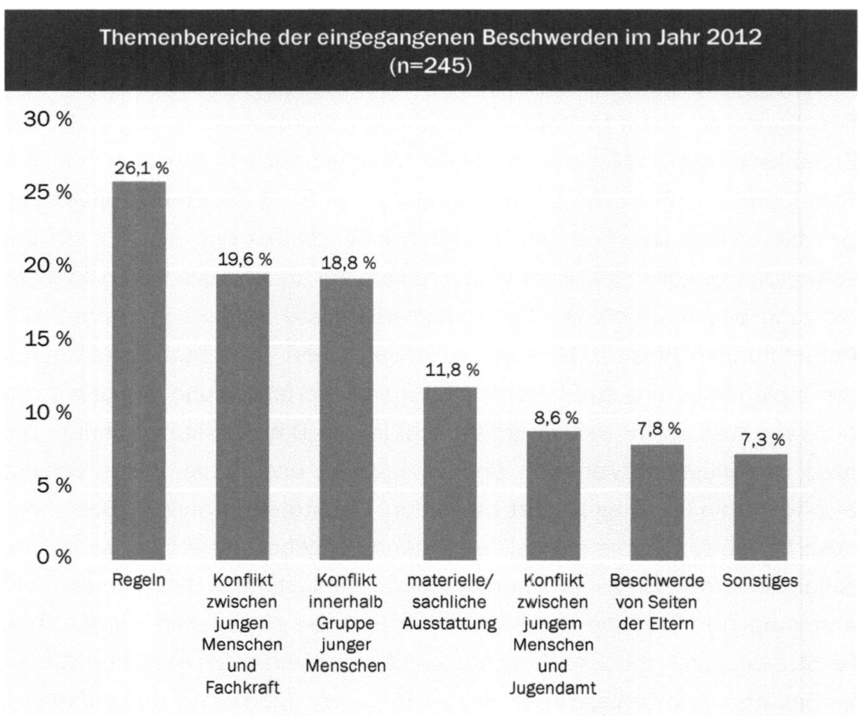

4.8 Beschwerdeverfahren aus Perspektive von Jugendlichen

Um Einschätzungen zu den in den Modelleinrichtungen umgesetzten Beschwerdeverfahren aus Perspektive der betreuten jungen Menschen zu erhalten, wurden insgesamt fünf leitfadengestützte Telefoninterviews mit Mädchen und Jungen durchgeführt. Auswahlkriterium war, dass die Beschwerden der Jugendlichen im Rahmen des Verfahrens bearbeitet wurden. Darüber hinaus fließen Ergebnisse der Beteiligungswerkstatt „Ich will was loswerden – Anregung und Beschwerde in der Heimerziehung“ vom 30. November 2013 in die Auswertung ein. Die für Jugendliche relevanten Aspekte hinsichtlich einer gelingenden Beschwerdepraxis werden im Folgenden dargestellt. Die kursiven Aussagen sind Zitate der Mädchen und Jungen.

4.8.1 Betreuer und Betreuerinnen sind bei Beschwerden erste Ansprechpersonen

Die in den Wohngruppen arbeitenden Fachkräfte sind und bleiben für die jungen Menschen die ersten Ansprechpersonen bei Problemen. In der Regel versuchen die Mädchen und Jungen Konflikte unmittelbar dort zu klären, wo sie auftreten. *„Halt einfach generell mit den Betreuern reden, weil die der erste Ansprechpartner sind." (J4, RZ 253)* Das Beschwerdeverfahren wird als Möglichkeit in Betracht gezogen, wenn Klärungsversuche im Gruppenkontext nicht erfolgreich waren. *„Für mich wäre der erste Weg (...) persönlich mit der Betreuerin zu reden. Wenn das nichts bringen würde, dann würde ich vielleicht mit dem Bezugsbetreuer reden. Wenn es da wiederum nichts bringen würde, würde ich zum Herrn F. (Beschwerdebeauftragter) gehen." (J5, RZ 302)* Auch innerhalb der Wohngruppe werden somit neben der unmittelbaren vom Konflikt betroffenen Person alternative Ansprechpersonen, wie etwa Bezugsbetreuer und -betreuerinnen gesehen, die unterstützend hinzugezogen werden können. Das offizielle Beschwerdeverfahren ist somit eine ergänzende Option, die die alltägliche Interaktion nicht schwächt.

4.8.2 Einschätzungen zum Mehrwert eines Beschwerdeverfahrens

Anlässe zur Nutzung des Beschwerdeverfahrens werden von Seiten der Jugendlichen zum einen dann gesehen, wenn sich junge Menschen mit ihren Anliegen im Gruppenkontext nicht hinreichend gehört fühlen. *„Ich habe gewusst, wenn ich mich so bei den Erziehern beschwere, dass es kaum einen Ausschlag hat auf die Situation (...). Dann habe ich den Zettel ausgefüllt mit der Hoffnung, dass da sich dann was ändert." (J4, RZ 19)* Mit der Eingabe in das Verfahren wird die Hoffnung verbunden, dass das Anliegen ernsthafter bearbeitet wird. Zudem heben Jugendliche hervor, dass die Nutzung des Beschwerdeverfahrens nichts Alltägliches ist und dass durch die Verschriftlichung ein Unterschied zu alltäglichen kritischen Äußerungen markiert wird, der die Bedeutung des Anliegens erhöht. Beschwerden im Verfahren sind somit aus Sicht der Mädchen und Jungen wichtige Aspekte, denen auch von Seiten der Fachkräfte eine höhere Bedeutung beigemessen wird. *„Ich glaube, mit dem Beschwerdebrief ging das schneller. Da wurde halt gesehen, dass* *ich das eher so ernst meine, weil wenn man darüber redet, wird einem nicht immer direkt geglaubt. Beschwerdezettel wird nicht jeden Tag geschrieben." (J3, RZ 82)* Ein Mehrwert wird somit darin gesehen, dass die Relevanz und Ernsthaftigkeit der Beschwerden im Verfahren höher eingeschätzt wird sowie eine Klärung der jeweiligen Situation herbeigeführt oder aber beschleunigt werden kann.

Zum anderen wird das Verfahren genutzt, wenn Jugendliche Anliegen bereits mehrfach geäußert haben und Veränderungen zugesagt wurden, diese aber nicht bzw. nicht in dem Maße umgesetzt werden, wie zugesichert oder erwartet. *„Doch. Ich habe schon öfter mit den Betreuern geredet, die haben gesagt, das würde sich ändern, alles, aber es ist halt nicht so geändert worden, wie wir es wollten. Deswegen habe ich gesagt, okay, ich fülle den Zettel mal aus, weil ich wusste nicht, was passiert und dann wusste ich auch, was passiert." (J1, RZ 48)* Neben der alternativen Beschwerdemöglichkeit wird hervorgehoben, dass bei Beschwerden, die in das Verfahren eingegeben werden, klarer ist, in welchen Schritten und zeitlichen Abläufen an einer Klärung gearbeitet wird. Bei alltäglichen Äußerungen wird in Abgrenzung dazu in der Regel nicht klar vereinbart, wie die Klärung und Rückmeldung erfolgen. Dies hängt im alltäglichen Kontext somit relativ stark von der Person ab, mit der der junge Mensch gesprochen hat. Ein Mehrwert wird somit auch in der Verbindlichkeit der Beschwerdebearbeitung gesehen.

4.8.3 Bedeutung von Ansprechpersonen außerhalb der Gruppe und Vertrauen in diese

Der erhoffte bzw. erlebte Mehrwert der Beschwerdeverfahren wird aus Perspektive der Mädchen und Jungen in starker Abhängigkeit von der Person bzw. den Personen erlebt, die für die Beschwerdebearbeitung verantwortlich ist bzw. sind. So ist für die jungen Menschen zentral, dass es sich um eine neutrale Person handelt, die außerhalb der Gruppe steht. *„Ich würde den gleichen Weg gehen, wenn es (...) dazu kommen sollte, weil das hat bis jetzt immer geklappt und das ist sehr vertraut auch, das geht ja direkt zu N. (Beschwerdebeauftragter), nicht an die Betreuer." (J1, RZ 112)* Da der erste

Lösungsversuch zumeist innerhalb der Gruppe mit den Betreuungskräften erfolgt, ist es bedeutsam, einen weiteren Schritt gehen zu können, wenn der Klärungsversuch im alltäglichen Kontext als nicht hilfreich erlebt wurde. Die Mädchen und Jungen erleben Betreuungskräfte im Umgang mit alltäglicher Kritik, daher ist es für sie schwierig, wenn dieselben Personen auch für die „unabhängige" Beschwerdebearbeitung zuständig sind. *„Dass man versucht als Betreuer, einem Jugendlichen auch das Gefühl zu geben, dass etwas verändert wird. Weil oftmals war es hier, dass es gehießen hat, ja, mach das, also füll mal den Zettel aus und dann ändert sich vielleicht was. Das ist ein bisschen entmotivierend, wenn man dann irgendwie sich beschwert, weil einem was nicht passt und dann sozusagen weiß, dass sich eigentlich nichts ändern kann. (...) Ja, viel schlimmer noch. Ich habe ja gesagt gekriegt, dass sich wahrscheinlich durch den Zettel nichts ändert, nur dass das eher so formell ist." (J4, RZ 303)* Wichtig ist, dass die beschwerdebearbeitende Person von Seiten der Jugendlichen mit einem „Mehr an Durchsetzungsvermögen" erlebt wird, so dass zu erwarten ist, dass diese Person positive Klärungsprozesse initiieren kann und mit den entsprechenden Handlungsspielräumen ausgestattet ist, Anliegen förderlich zu klären. Denn das Vertrauen in die beschwerdebearbeitende Person erwächst vor allem auch daraus, dass entsprechende Erfahrungen mit ihr gemacht werden. *„Weil ich der Frau C. vertraue. (...) Weil ich schon mal dort war und hab mich beschwert und alles und die hat das alles geregelt und aber auch für sich behalten." (J2, RZ 69)* Dass vertrauliche Inhalte lediglich im engen Rahmen der Beschwerdebearbeitung thematisiert werden und Informationen nur nach Absprache mit dem Betroffenen weitergegeben werden, wird als vertrauensfördernd betont. Zudem werden positive Erfahrungen mit der für die Beschwerdebearbeitung verantwortlichen Person innerhalb der Gruppen weitergegeben. Die befragten Jugendlichen berichten davon, dass sie Empfehlungen an andere Mitbewohner und Mitbewohnerinnen aussprechen und so ist ein positiver Ruf der beschwerdebearbeitenden Person, wichtig hinsichtlich des Vertrauens in das Verfahren.

4.8.4 Sicherstellung von vertraulichen und geschützten Zugängen

Neben der Neutralität und dem Vertrauen in die beschwerdebearbeitende Person ist von zentraler Bedeutung, dass die Kinder und Jugendlichen niedrigschwellige Zugänge zum Verfahren und zur Person haben. Prinzipiell ist die Vertraulichkeit von Beschwerden über Beschwerdebögen gesichert, wenn sie lediglich von der dafür verantwortlichen Person eingesehen werden. So wird von Seiten der befragten Jugendlichen positiv wahrgenommen, dass Betreuungspersonen den Beschwerdebogen lediglich entgegen nehmen und weiterleiten und ihn nicht öffnen und lesen.

Neben den schriftlichen Zugängen zum Beschwerdeverfahren betonen die Jugendlichen aber auch die Bedeutung von regelmäßigen Besuchen in der Gruppe und Sprechzeiten durch die beschwerdeverantwortliche(n) Person(en). Die Mädchen und Jungen halten es für wichtig, dass die Person(en) Präsenz zeigt/zeigen und einen Bezug zu den Gruppen und den einzelnen Kindern und Jugendlichen hat/haben. Denn es gibt auch Situationen, in denen das unmittelbare Gespräch zur Erläuterung ihrer Situation für die jungen Menschen von großer Bedeutung ist und eine schriftliche Beschwerdeeingabe für sie nicht passend ist. *„Ich finde ein persönliches Gespräch wäre irgendwie besser. (...) Wir hatten die Befürchtung, dass wenn es kein persönliches Gespräch geben würde, dass sie die Betreuerin vielleicht nur warnen würden und sagen würden, was sie vielleicht anders machen sollte, und ich weiß nicht, bei einem persönlichen Gespräch kann man vieles deutlicher rüber bringen, als auf einem Zettel. (...) Weil wir Angst gehabt haben, dass die Betreuerin uns dann noch schlechter behandeln würde." (J5, RZ 75)* Wenn Befürchtungen hinsichtlich einer Verschlechterung der Situation durch das Offenlegen der Beschwerde im Raum stehen, dann ist eine Absicherung dieser Ängste durch das gemeinsame Klären des Vorgehens mit den Betroffenen Voraussetzung, um Vertrauen ins Verfahren zu gewinnen. Die persönliche Ansprechbarkeit der Person(en) ist somit auch aus Sicht der jungen Menschen neben den schriftlichen Eingabewegen von zentraler Bedeutung.

Zudem ist relevant, dass die Jugendlichen Gesprächsgelegenheiten mit der/den beschwerdebearbeitenden Person(en) haben, ohne dass Betreuungskräfte der Gruppe anwesend sind. *„Also ich hätte die Idee, dass vielleicht mal das Beschwerdemanagement runter kommt, halt ohne Betreuer, falls wir ein Anliegen haben, dass wir das dann unter den Jugendlichen in der Gruppe klären, also dass zum Beispiel nicht der Einfluss von den Betreuern da ist, dass wir auch frei reden können.(...) Ich denke, dass es schon einen Einfluss darauf hat, wie man redet, wenn die Betreuer, um die es geht, dabei sind." (J5, RZ 42)* Besonders wichtig ist ein solch geschützter Rahmen, wenn es um Beschwerden geht, die eine Fachkraft aus der Gruppe betreffen.

4.8.5 Nicht offen legen von Beschwerden aufgrund von erlebter Machtlosigkeit und Angst vor negativen Konsequenzen

Trotz bestehendem Beschwerdeverfahren und aktivem Werben für die Nutzung des Verfahrens kann es Situationen geben, in denen die Hürde, eine Beschwerde zu äußern, für Jugendliche sehr hoch sein kann und so grenzverletzendes Verhalten von Seiten der Fachkräfte oder anderer junger Menschen über längere Zeit nicht offen gelegt wird. *„Die Betreuerin hatte sozusagen Lieblingskinder gehabt. Und ich hatte keine Probleme mit ihr gehabt, nur die anderen, also so ziemlich alle aus der Gruppe hatten Probleme mit ihr. Und ich wusste halt nicht, was ich machen soll, weil, keine Ahnung, ich habe zu ihnen gesagt, dass sie sich dafür einsetzen sollen. Sie sollen ihre Probleme ansprechen, dass es auch gelöst werden kann. Aber es hat irgendwie nie irgendjemand gemacht, die hatten alle Angst vor ihr gehabt. (...) Die wussten nicht, was sie machen sollen. Die waren einfach überfordert." (J5, RZ 264)* Durch das Angewiesensein im Alltag auf die Person, die die Beschwerden betreffen, kann eine Gruppenatmosphäre entstehen, die ein Offenmachen der Situation von Seiten der Jugendlichen sehr erschwert. Verstärkt wird die Hürde, wenn die Kritik bereits bei anderen Betreuungskräften des Teams geäußert wurde, deren Lösungsversuche aber keine positive Situationsänderung gebracht, sondern das negative Verhalten verstärkt haben. *„Ich habe auch mitgekriegt, dass manche versucht haben, mit ihr zu sprechen, aber es hatte halt keinen Sinn gehabt und die Betreuerin wurde dann halt noch aggressiver. (...) Also wir haben auch schon mal mit den Betreuern geredet (...) Doch das Vertrauen war gut, die Betreuer haben die auch angesprochen.*

Die haben auch wirklich mit ihr gesprochen, mit der Betreuerin und aber irgendwie hat es halt nichts gebracht." (J5, RZ 119) Nach der Erfahrung, dass durch die geäußerte Kritik negative Konsequenzen folgten und die anderen Fachkräfte des Teams eher als machtlos erlebt wurden, obwohl sie sich innerhalb des Teams für die jungen Menschen einsetzten, waren im Anschluss daran alternative Beschwerdeoptionen für die unmittelbar Betroffenen erst einmal nicht mehr denkbar. Rückzug erschien als Lösungsstrategie mit geringeren Aus- und Nebenwirkungen. *„Also, die Jugendlichen haben sich sozusagen versteckt, weil sie konnten nicht viel machen, weil, sie hat sozusagen ihre Position ausgenutzt. (...) Dann hatte ich halt die Idee gehabt, dass wir einen Zettel schreiben, aber das war auch irgendwie keine Option und dann wurde das irgendwie fallen gelassen und, keine Ahnung, die haben das dann nicht mehr aufgegriffen und zum Glück hat dann die ehemalige Jugendliche angerufen." (J5, RZ 13)* Das Offenmachen der Beschwerde wurde erst möglich, als das Abhängigkeitsverhältnis nur noch zeitlich befristet bestand, da der Auszugstermin der Jugendlichen bereits festgelegt war. Das Risiko von eventuellen negativen Konsequenzen wurde damit zeitlich stark eingrenzbar.

Eine solche Situation der erlebten Machtlosigkeit scheint insbesondere dann gegeben, wenn mehrere junge Menschen in der Gruppe betroffen sind, die Grenzverletzung von Seiten einer Fachkraft ausgeht, Lösungsversuche innerhalb des Teams der Fachkräfte nicht zur Veränderung der Situation führen und keine zeitnahe Unterstützung von außen von Seiten des Teams angefragt wird. Es bräuchte somit verbindliche Vereinbarungen auf Fachkräfteebene, dass Beschwerden, die Kolleginnen oder Kollegen betreffen, immer gegenüber der Leitungsebene transparent gemacht werden, so dass teaminterne Klärungsprozesse begleitet und ggf. notwendige Schritte von außen eingeleitet werden können. Auf Grund der bestehenden Loyalitäten in Teams sind bestimmte Konflikte schwierig innerhalb des Teams zu klären. Der Außenblick auf Teams sowie eine Positionierung auf Leitungsebene, welches Handeln von Fachkräften als angemessen eingeschätzt wird, sind in solchen Fällen wichtig. Erst durch Impulse von außen kann der Klärungsprozess wieder initiiert werden, der innerhalb des Teams in solchen Fällen oftmals nicht produktiv möglich ist.

4.8.6 Qualität in der Beschwerdebearbeitung

Als ein zentrales Qualitätsmerkmal von Beschwerdeverfahren wurde von Seiten der Jugendlichen hervorgehoben, dass es gesichert mindestens eine Person gibt, die sich Zeit nimmt und zuhört. *„Dass sie dann auch da sind, wenn es Probleme gibt, dass man jemandem zum Reden hat." (J2, RZ 305)* Betont wurde die Bedeutung des „guten" Zuhörens, damit die Beweggründe der jungen Menschen nachvollzogen werden können. Das erlebte ernsthafte Interesse am Problem und an der Lösungsfindung war zudem sehr wichtig. *„Ich habe gedacht, das wird bestimmt nichts und so weiter, aber ich finde es gut, dass die sich zusammensetzen mit einem, dass die mit einem reden, dass die alles möglich machen, was auch möglich ist." (J1, RZ 228)* Das aktive Suchen des Gesprächs, das Eingehen auf das Gesagte sowie das Abwägen möglicher Lösungsoptionen werden positiv hervorgehoben. *„Dass eigentlich alle Einzelnen angesprochen wurden und das Problem auch wirklich gelöst wurde, also dass auf unsere Aussagen auch eingegangen wurde." (J5, RZ 397)* Umgekehrt wird sehr negativ eingeschätzt, wenn diese Ernsthaftigkeit des Verfahrens von Seiten der jungen Menschen nicht erlebt wird und das Beschwerdeverfahren als etwas Formales ohne Wirkung erlebt wird. *„Ich weiß nicht, für was der Bogen da sein soll. Das ist eher was Formales. Geändert hat sich, glaube ich, durch den Bogen noch nichts. Das ist eher mal so, du schreibst das mal da auf und dann vielleicht schaut es sich jemand an." (J4, RZ 167)* Fehlt die gesicherte Reaktion auf benannte Kritikpunkte, so sinkt die Motivation der Jugendlichen, das Verfahren zu nutzen, weil eben die aktive Suche nach einer Lösung nicht erkennbar ist.

Als weitere Gelingensfaktoren der Beschwerdebearbeitung wurde von den Jugendlichen die Abklärung der möglichen Schritte und des passenden Rahmens zur Klärung des Problems angesprochen. Zum einen kann so Sicherheit vermittelt werden, dass das Anliegen im Sinne der beschwerdeführenden Person bearbeitet wird und *„keine Aktionen ohne Rücksprache erfolgen".* Eine Eigendynamik der Beschwerdebearbeitung soll vermieden werden, so dass ein gemeinsamer Klärungsprozess möglichst ohne Missverständnisse entstehen kann. Zum anderen kann es wichtig sein, mit den jungen Menschen konkret zu klären, wer zu welchem Zeitpunkt bei Gesprächen anwesend sein soll. *„Erstens ist die runter gekommen, um mit uns persönlich darüber zu reden, dann hat sie uns gefragt, ob es in Ordnung ist, ob Betreuer dabei sind oder nicht und sie hat auch alle Probleme aufgeschrieben und hat auch Einzelgespräche aufgesucht. Ja, das war eigentlich das Gute daran, finde ich." (J5, RZ 338)*

Als ein weiteres Qualitätskriterium bei der Bearbeitung von Beschwerden wurde zudem der Faktor Zeit hervorgehoben. Alle befragten jungen Menschen wünschen sich, dass Beschwerden immer möglichst schnell bearbeitet werden. Positiv wurde gewertet, wenn Klärungen zeitnah erfolgen konnten. *„Ich war da zufrieden, weil es ging schnell." (J1, RZ 78)* Als angemessene Zeiträume wurden Klärungen innerhalb einer Woche angesehen, was aber nicht immer gewährleistet werden konnte. *„So höchstens eine Woche und zu lang wäre dann schon drei Wochen. (...) Ja, manchmal dauert das ein bisschen lang, bis da was geklärt wurde. Manche Sachen will man ja eher direkt klären, weil sie nachher nichts mehr bringen." (J3, RZ 132)*

4.8.7 Ansprechbarkeit der Leitungskräfte für Jugendliche

Als Ergänzung zu den Verantwortlichen im Beschwerdeverfahren wünschen sich Jugendliche, dass Leitungskräfte der Einrichtung für sie niedrigschwellig ansprechbar sind und ein offenes Ohr für sie haben. *„Für die Leitung jetzt, dass sie eher ansprechbar ist. (...) Einfach die Zugänglichkeit zum Leiter." (J4, RZ 334)* Sind Leitungskräfte einfach erreichbar und persönlich ansprechbar, dann werden sie auch als ergänzende Beschwerdemöglichkeit wahrgenommen, falls sie nicht ohnehin Teil des Personenkreises sind, der für die Beschwerdebearbeitung auch formal verantwortlich ist. Als vorteilhaft wird beschrieben, wenn eine räumliche Nähe gegeben ist, die die Ansprache erleichtert. *„Also wir müssen nur hochlaufen und klopfen ein paar Mal und dann können wir eigentlich schon rein." (J5, RZ 419)* In sehr großen bzw. dezentral organisierten Einrichtungen sind solche Rahmenbedingungen oftmals nicht einfach herzustellen, dennoch zeigen die Aussagen der jungen Menschen, dass es lohnenswert ist darüber nachzudenken, wie der unmittelbare Kontakt zwischen Leitungskräften und jungen Menschen gestärkt werden kann.

4.8.8 Erwartungen an das und Erfahrungen mit dem Beschwerdeverfahren

Erst einmal haben Jugendliche scheinbar keine hohen Erwartungen an das Verfahren und sind eher skeptisch, was die möglichen Ergebnisse anbelangt. *„Ich habe mir eigentlich nicht so viel erhofft, wenn ich so sagen darf." (J1, RZ 224) „Erwartet hätte ich, also ich hätte von denen erwartet, dass es nicht so ausgegangen wäre, also schlechter, nicht so gut." (J3, RZ 147)* Umso positiver heben sie erzielte Veränderungen hervor und bewerten nach entsprechenden Erfahrungen das Verfahren noch einmal neu. *„Ich habe noch zwei Beschwerden geschrieben. Einmal wegen Gruppenkonsequenzen, die hat auch zum größten Teil funktioniert, außer, dass es halt manchmal Gruppenkonsequenzen geben muss, wenn die ganze Gruppe Scheiße gebaut hat. Aber wenn nur zwei Leute was gemacht haben, gibt es jetzt keine Gruppenkonsequenzen mehr. Und bei der zweiten, das war, weil der Betreuer die ganze Zeit mit seinem Handy rumgespielt hat und dann habe ich geschrieben, dass ich mir wünschen würde, dass er sich mehr um uns kümmern würde und das hat auch alles funktioniert. Deswegen fand ich bis jetzt, dass ein Beschwerdebrief schon relativ viel bringt. (...) Ich wusste nicht, dass unsere Beschwerdehilfe so gut funktioniert." (J3, RZ 50)*

Die Erfahrung der Wirksamkeit von Beschwerden ist somit ein zentrales Moment hinsichtlich der Möglichkeiten zur Einflussnahme durch Jugendliche. Dies wird allerdings geschmälert, wenn Unklarheiten bezüglich des Zusammenhangs von Beschwerde und Veränderung bestehen. *„Also ich weiß nicht, ob das irgendwie mit der Beschwerde zusammenhängt, ich denke eher, dass das gemacht wurde, weil es eh in Planung war. Ich denke nicht, dass es an der Beschwerde lag." (J4, RZ 92)* Die Kommunikation mit den Mädchen und Jungen, warum bestimmte Veränderungen vollzogen werden, ist somit ein wichtiger Aspekt, um die Wirksamkeit des eigenen Handelns aufzeigen zu können. Denn Jugendliche, die das Einbringen einer Beschwerde oder Anregung über ein strukturell verankertes Verfahren als unwirksam erleben, werden diese Möglichkeit nur bedingt ein weiteres Mal in Anspruch nehmen.

4.8.9 Transparenz und Nachvollziehbarkeit von Entscheidungen

Bei entsprechender Erläuterung von Seiten der Fachkräfte berichten die befragten jungen Menschen von einem hohen Maß an Zufriedenheit mit der Beschwerdebearbeitung, auch wenn das ursprünglich erwartete Ergebnis nicht erzielt wird. Transparenz und Nachvollziehbarkeit von Entscheidungen sind diesbezüglich die relevanten Bezugspunkte. *„...dann haben wir geredet, über die Beschwerde, was ich geschrieben habe und dann haben die nicht in dem ganzen Raum da drüber gesprochen, weil das dürfen wir nicht, wegen der Schweigepflicht, aber die haben mir manche Sachen erklärt, was man halt erklären darf und dann habe ich es eingesehen, weil es richtig war und dann, ja.(...) Zufrieden war ich eigentlich schon mit dem Ergebnis." (J1, RZ 70)* Lösungsfindungen können somit teilweise nicht in der Situationsänderung liegen, sondern in der Begründung von Entscheidungen gegenüber Jugendlichen. So kann Ergebniszufriedenheit hergestellt werden, wenn die benannten Gründe nachvollziehbar sind.

Bilanzierend kann festgehalten werden, dass die Bedeutung und der Stellenwert von Beschwerden bei entsprechender Ausgestaltung der Verfahren bei den Jugendlichen ankommen und sie durch Arbeitsprozesse zum Beschwerdethema ermutigt werden, ihre Kritik zu äußern. *„Dass wenn man etwas hat, dass man sich auch beschwert oder anregt, dass man sich beschweren tut, dass man nicht die ganze, dass alles reinstopft, dass man sich auch beschwert, weil es bringt nichts, wenn man eine Beschwerde hat und man sich doch nicht beschwert, weil so merken das die Betreuer nicht, oder die Chefs und dann können sie auch nichts dagegen machen, deswegen sollte man sich beschweren." (J1, RZ 248)* Sind beschwerdeförderliche Haltungen und gelebte Beschwerdepraxis positiv für junge Menschen erlebbar, so kommt der von Seiten der Leitungs- und Betreuungskräfte vermittelte Stellenwert des Themas auch bei den jungen Menschen an. *„Ich finde, das ist denen sehr wichtig, weil die wollen ja auch, dass sie eine gute Arbeit hinlegen und dass wir zufrieden mit ihnen sind." (J1, RZ 257)*

4.8.10 Einschätzungen und Bewertungen zu den bearbeiteten Beschwerden

In den vier Modelleinrichtungen wurden im Projektzeitraum zudem alle Beschwerden evaluiert, die im Rahmen der einrichtungsbezogenen Beschwerdeverfahren bearbeitet wurden. Entlang eines kurzen Fragebogens schätzten sowohl die beschwerdeführende als auch die beschwerdebearbeitende Person ein, wie zufrieden sie mit dem Klärungsprozess und den erarbeiteten Lösungen sind. Dabei muss zunächst angemerkt werden, dass trotz der intensiven einrichtungsbezogenen Arbeitsprozesse zum Thema Beschwerde und Beteiligung auch in den Modelleinrichtungen die Gesamtzahl der im formalen Beschwerdeverfahren bearbeiteten Beschwerden relativ gering ausfiel. Sie streut zwischen zwei und sieben Beschwerden pro Einrichtung pro Jahr. Insgesamt wurden in allen vier Einrichtungen 20 Beschwerden im Rahmen der Beschwerdeverfahren bearbeitet.

Die Beschwerden wurden von Mädchen und Jungen zwischen 10 und 18 Jahren eingebracht, die in stationären Wohngruppen betreut wurden. Eine Beschwerde wurde von einer Mutter eingereicht, die im Rahmen einer Eltern-Kind-Wohngruppe betreut wurde.

Die von Seiten der Einrichtungen festgelegten Fristen zur Rückmeldung und Kontaktaufnahme nach Eingang der Beschwerde mit der beschwerdeführenden Person konnten in allen Fällen eingehalten werden und wurden durch die jungen Menschen in der überwiegenden Mehrheit als zeitlich angemessen eingeschätzt. Bei allen eingegangenen Beschwerden erfolgten die Lösungssuche sowie daran anschließende Vereinbarungen im unmittelbaren Gespräch zwischen jungem Menschen und der beschwerdebearbeitenden Person. Die Gesprächsatmosphäre wurde von zwei Drittel der Jugendlichen als angenehm empfunden. Für ein Drittel der befragten Mädchen und Jungen traf dies (eher) nicht zu.

Hauptmotivation der jungen Menschen zum Einbringen einer Beschwerde war, Hinweise auf Fehler und Probleme geben zu wollen. Die Intention, Verbesserungsvorschläge einzubringen, stand bei vier jungen Menschen im

Fokus. Der Wunsch nach Abbau von Frust, nach Information oder die Erwartung einer Entschuldigung war nur vereinzelt handlungsleitend. Hinsichtlich der Frage, ob sich die mit der Beschwerde verknüpften Erwartungen erfüllt haben, zeigt sich ein relativ heterogenes Bild. So beschrieben acht der 19 Jugendlichen ihre Erwartungen als erfüllt, fünf von ihnen gaben an, dass ihre Erwartungen teilweise erfüllt wurden. Weitere sieben junge Menschen sahen ihre mit der Beschwerde verbundenen Erwartungen als nicht erfüllt an, was zum größten Teil in Zusammenhang damit steht, dass aus ihrer Perspektive nicht ernsthaft nach einer Lösung des Problems gesucht bzw. die erarbeitete Lösung nicht umgesetzt wurde. So gaben neun von achtzehn Jugendlichen, d. h. die Hälfte an, dass die Lösung nicht tatsächlich umgesetzt wurde.

Die Einschätzungen zu dieser Frage aus Perspektive der beschwerdebearbeitenden Fachkräfte variieren hier sehr deutlich. So wird nur bei einer einzigen Beschwerde angegeben, dass die Lösung nicht umgesetzt wurde. Diese Differenzen lassen vermuten, dass es entweder unterschiedliche Vorstellungen zur Umsetzung der Lösung gab, d. h. dass verschiedene Kriterien angelegt wurden, was die Problemlösung anbelangt. Oder aber sind die Informationen zur Umsetzung der Lösung nicht hinreichend bei den jungen Menschen angekommen. Hierzu finden sich auch Hinweise in den im Rahmen der Evaluation durchgeführten Interviews mit Jugendlichen. So sahen sie teilweise keinen Zusammenhang zwischen den von ihnen eingebrachten Beschwerden und initiierten Veränderungen. Ähnliche Differenzen zwischen den Einschätzungen der Mädchen und Jungen und den beschwerdebearbeitenden Personen zeigen sich bei der Frage, ob sich durch die Beschwerde etwas verändert hat. So beantworteten etwa ein Drittel der jungen Menschen, aber die Hälfte der Fachkräfte diese Aussage mit „ja". Für acht von 19 jungen Menschen war keine Veränderung erkennbar. Aus Perspektive der beschwerdebearbeitenden Personen traf dies lediglich für drei Beschwerden zu.

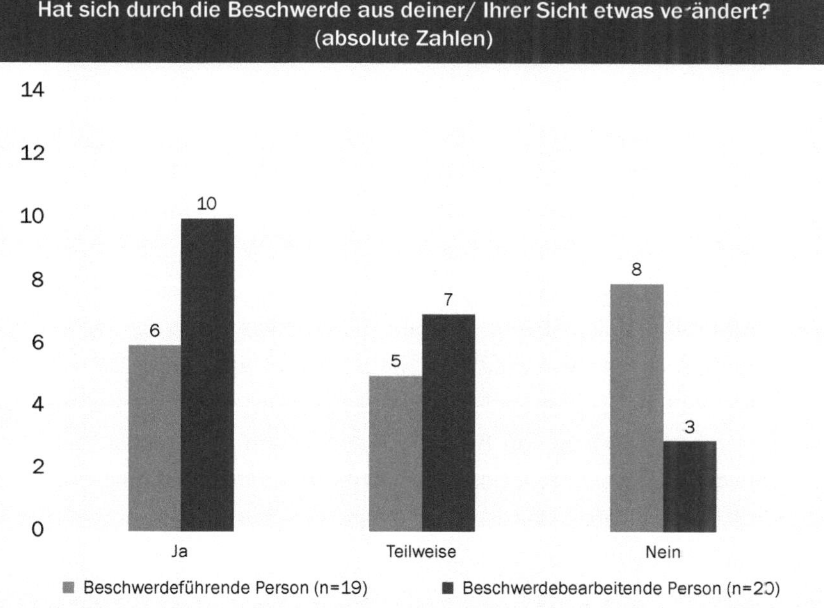

Ausgehend von den beschriebenen Differenzen verwundert es nicht, dass sich auch bei der Frage nach einer Gesamtbilanzierung, wie die Beschwerdebearbeitung insgesamt bewertet wird, Unterschiede in der Einschätzung zeigen. So bewerten die beschwerdebearbeitenden Personen die Prozesse auf einer Schulnotenskala im Durchschnitt mit einer 2,1, was einer guten Einschätzung entspricht. Die jungen Menschen bewerten diese Frage allerdings mit einem Durchschnittswert von 3,1 mit lediglich befriedigend. Die gemeinsame Reflexion und Bewertung von Prozessen der Beschwerdebearbeitung scheint somit eine wichtige Grundlage zur selbstkritischen Betrachtung des Handelns der beschwerdebearbeitenden Personen sowie zur Weiterentwicklung der einrichtungsbezogenen Verfahren zu sein. Denn der Mehrwert formalisierter Beschwerdeverfahren leitet sich daraus ab, wie vie „Wirkmacht" ihnen von Seiten der Adressatinnen und Adressaten zugeschrieben und erlebt wird.

4.9 Zwischenfazit zu adressatennahen Beschwerdeverfahren

Die Ergebnisse der verschiedenen Evaluationszugänge und Arbeitsprozesse zeigen, wie vielschichtig die Entwicklung von Beschwerdeverfahren mit niedrigschwelligen Zugängen für junge Menschen ist. Eine zentrale Erkenntnis ist, dass der frühzeitigen und möglichst hohen Beteiligung von Fachkräften und jungen Menschen einer Einrichtung bei der Entwicklung des Verfahrens besondere Relevanz zukommt. Nur über die breite Mitwirkung beider Personengruppen kann sichergestellt werden, dass ein akzeptiertes und praktikables Verfahren entwickelt wird, das auf die jeweiligen Bedingungen vor Ort zugeschnitten ist und von möglichst vielen mitgetragen wird. Die intensive Auseinandersetzung mit inhaltlichen Fragen von Beschwerdeverfahren auch im gemeinsamen Dialog von Kindern/Jugendlichen und Fachkräften kann maßgeblich dazu beitragen, dass eine fehlerfreundliche Haltung entwickelt werden kann und dass das wechselseitige Vertrauen wächst, gemeinsam tragfähige Lösungen finden zu können.

Hinsichtlich der strukturellen Eckpunkte von Beschwerdeverfahren hat sich gezeigt, dass solche Modelle als zieldienlich angesehen werden können, bei denen für die Beschwerdebearbeitung zwei Personen verantwortlich sind, die akzeptiert sind und denen Kompetenz zur konstruktiven Lösungsfindung zugeschrieben wird. Wichtig ist, dass diese Personen für die jungen Menschen persönlich bekannt und ansprechbar sind und als vertrauenswürdig eingeschätzt werden. Zudem ist bedeutsam, dass die beschwerdebearbeitenden Personen zumindest in dem Maße außenstehend sind, dass sie nicht in der Gruppe tätig sind, in der die Kinder bzw. Jugendlichen betreut werden, um Abhängigkeitsverhältnisse durch die alltägliche Betreuung auszuschließen.

Im Hinblick auf die Zugänge zu Beschwerdeverfahren hat sich gezeigt, dass es wichtig ist, möglichst keine Vorbedingungen zu formulieren. Was eine Beschwerde ist, die im Rahmen des formalen Beschwerdeverfahrens bearbeitet werden soll, definieren diejenigen, die die Beschwerde einbringen. Darüber hinaus sollte es zeitnah möglich sein, unmittelbar Kontakt zur beschwerdeverantwortlichen Person aufnehmen zu können, ohne Umwege über Dritte gehen zu müssen.

Bezüglich der Beschwerdebearbeitung hat sich gezeigt, dass durch formale Verfahren im Vergleich zum alltäglichen Umgang mit Beschwerden die Verbindlichkeit der Bearbeitung erhöht werden kann und das auch so bei den jungen Menschen ankommt. Dabei sind eine zeitnahe Rückmeldung zum Eingang der Beschwerde und ein schnellstmöglicher Gesprächstermin wichtige Signale hinsichtlich des ernsthaften Umgangs mit Beschwerden. Innerhalb des Gesprächs sind dann die Anerkennung des Anliegens, die ernsthafte Suche nach Lösungen im gemeinsamen Dialog aller Betroffenen sowie verbindliche Absprachen und die Umsetzung der getroffenen Vereinbarungen zentrale Aspekte für wirkungsvolle Beschwerdeverfahren.

Leitungskräften kommt unabhängig davon, ob sie eine formal zugewiesene Funktion im Beschwerdeverfahren haben, immer auch eine das Beschwerdeverfahren ergänzende Aufgabe und wichtige Rolle als Ansprechperson für Anliegen und Beschwerden zu. So wünschen sich die jungen Menschen unmittelbaren Kontakt zu Leitungskräften und damit verbundene Möglichkeiten des Gesprächs.

Formale Beschwerdeverfahren sind somit ein Mosaikstein im Gesamtspektrum von Beteiligungs- und Beschwerdemöglichkeiten einer Einrichtung, dem in jedem Fall zentrale Relevanz zukommt, der aber nicht für sich alleine stehen kann. Es braucht immer (wieder) flankierende Arbeitsprozesse, die das Verfahren einbetten und aufzeigen, welche alltäglichen Formen der Zusammenarbeit und des Umgangs miteinander gestärkt werden müssen, damit das formale Verfahren möglichst selten zum Einsatz kommen muss. Im Umkehrschluss bedeutet dies aber nicht, dass keine Beschwerden im Verfahren automatisch bedeuten, dass gute Arbeit geleistet wird, sondern es könnte auch ein Reflexionsanlass sein, in einem solchen Fall zu thematisieren, inwiefern das Verfahren bei den Adressatinnen und Adressaten noch bekannt, aber auch in der gesamten Struktur der Einrichtung präsent und mit Leben gefüllt ist.

5. Anforderungen an Beschwerdeverfahren und Beteiligungsstrukturen in anderen Hilfeformen

Entgegen dem Projekttitel „Prävention und Zukunftsgestaltung in der Heimerziehung in Rheinland-Pfalz – Ombudschaften“ beschränkte sich die Auseinandersetzung mit diesem Thema im Rahmen des Projekts nicht auf die stationären Hilfen zur Erziehung. So konnten in diesem Kontext zwar nur einige andere Hilfeformen exemplarisch betrachtet werden, allerdings zeigte sich bei den aufgeführten Beispielen bereits, wie wichtig es ist, dass jede Hilfeform explizit hinsichtlich der Passung der erarbeiteten Beteiligungs- und Beschwerdestrukturen reflektiert wird. Um solche Anpassungsbedarfe frühzeitig mitzudenken, hat es sich als zieldienlich erwiesen, wenn bereits bei der Entwicklung und Ausgestaltung der Beteiligungs- und Beschwerdeverfahren aus allen Bereichen und Hilfeformen Fachkräfte und junge Menschen im Arbeitsprozess beteiligt werden, damit sie entsprechende Hinweise geben können. Darüber hinaus bietet es sich im Rahmen einer einrichtungsbezogenen Gesamtauswertung aller Beschwerden eines Jahres an, auch die Frage zu reflektieren, inwiefern Beschwerden aus den verschiedenen Hilfeformen und Gruppenstandorten eingehen und hieraus Fragen zur Weiterentwicklung der Verfahren abzuleiten.

Exemplarisch werden nachfolgend Erkenntnisse zur Stärkung von Beschwerde- und Beteiligungsstrukturen bezogen auf gemeinsame Wohnformen für Mütter/Väter und Kinder nach § 19 SGB VIII, die Pflegekinderhilfe sowie die ambulanten Hilfen zur Erziehung dargestellt.

5.1 Beteiligung und Beschwerde in gemeinsamen Wohnformen für Mütter/Väter und Kinder

Besonderheiten von Hilfen in gemeinsamen Wohnformen für Mütter/Väter und Kinder nach § 19 SGB VIII im Vergleich zu anderen stationären Hilfen zur Erziehung liegen vor allem darin begründet, dass in diesem Hilfesetting immer zwei Generationen im Rahmen der stationären Betreuung im Fokus sind. Somit geht es in diesem Zusammenhang um die Rechte und Beteiligungs- und Beschwerdemöglichkeiten der Mütter und Väter und zugleich um die Rechte der Kinder, die durch ihre Eltern und die Fachkräfte gewahrt werden müssen. Besonders ist auch, dass die Kinder zumeist im Säuglings- oder Kleinkindalter sind und deshalb noch einmal besonders auf den Schutz und die Fürsorge durch Erwachsene angewiesen sind. Zudem besteht in Hilfesettings nach § 19 SGB VIII oftmals ein dahingehender Kontrollauftrag, dass die betreuenden Fachkräfte einschätzen sollen, inwiefern die Mutter/der Vater die notwendige Versorgung und Betreuung des Kindes gewährleisten kann. Aus diesen Rahmenbedingungen erwachsen teilweise besondere Anforderungen an die Ausgestaltung von Beteiligungs- und Beschwerdeverfahren, auf die im Folgenden eingegangen wird.

Drei der vier begleiteten Modelleinrichtungen bieten Hilfen nach § 19 SGB VIII an. Vertiefend thematisiert wurde der Aspekt allerdings nur in einer Einrichtung. Hier wurden in mehreren einrichtungsbezogenen Workshops mit Fachkräften entsprechende Fragen diskutiert. Zudem fand ein Workshop statt, bei dem Mütter und Fachkräfte aus drei weiteren Einrichtungen des gleichen Trägers an der Weiterentwicklung angemessener Beteiligungs- und Beschwerdestrukturen gearbeitet haben. Im Rahmen dieser Prozesse wurden folgende Weiterentwicklungsbedarfe herausgestellt:

- Optimierung der Zugänge zum Beschwerdeverfahren für die Zielgruppe der Mütter/Väter
- Konkretisierung der Kinderrechte für diese Hilfeform
- Anpassungsbedarfe bei Beteiligungsmöglichkeiten
- Wunsch nach spezifischen Austauschforen für Mütter/Väter, die in betreuten Wohnformen leben

Die Ergebnisse zu diesen Punkten werden im Folgenden ausführlicher dargestellt.

5.1.1 Optimierung der Zugänge zum Beschwerdeverfahren

Aufgrund ihrer besonderen Situation brauchen Mütter und Väter im Eltern-Kind-Wohnen spezifisch auf sie zugeschnittene Zugänge, da sie sich oftmals nicht hinreichend von allgemeinen Angeboten für andere stationär betreute Jugendliche angesprochen fühlen. Zudem ergeben sich Zugangsbarrieren daraus, dass die Mütter und Väter zumeist in einer Erprobungs- und Kontrollsituation stehen, in der sie zeigen müssen, inwieweit sie ausreichend Erziehungskompetenzen entwickeln und ihr Kind zuverlässig versorgen und fördern können. Hieraus ergibt sich oftmals eine Orientierung, sich anzupassen und es „recht zu machen". Sich beschweren zu dürfen, steht dem diametral entgegen. So äußern Mütter Befürchtungen, dass sich Beschwerden gegenüber Fachkräften auf die Hilfebeziehung sowie die Einschätzung ihrer Erziehungskompetenzen auswirken können. Diesbezüglich formulierte eine Mutter in einem Workshop: „Wenn ich was falsch mache oder mich beschwere, ist das Kind weg". Auch die im Rahmen des Workshops beteiligten Fachkräfte berichteten davon, dass die Einstellung und Bereitschaft der Eltern, Beschwerden zu äußern, durch die erlebte Bedrohung der Wegnahme des Kindes beeinflusst wird. Deutlich wurde somit, dass es im Rahmen dieser Hilfeform ein besonderes Augenmerk auf das Vertrauensverhältnis zwischen Mutter/Vater und betreuender Fachkraft sowie zur beschwerdeverantwortlichen Person braucht. Wichtig ist, dass für die Mütter/Väter Sicherheit entsteht, dass geäußerte Beschwerden wirklich gewollt sind und daraus keine negativen Konsequenzen für sie erwachsen. Die Thematisierung des Spannungsfeldes zwischen dem Ernstnehmen der Anliegen der betreuten Eltern bei gleichzeitiger Kontrolle ihres Handelns kann im gemeinsamen Dialog von Fachkräften und Müttern/Vätern diesbezüglich zieldienlich sein.

Darüber hinaus wurden weitere Änderungen vorgenommen, um die Zugänge zum Verfahren zu verbessern. So wurden der Informationsbrief sowie die Beschwerdebögen sprachlich angepasst, so dass sich Mütter/Väter explizit angesprochen fühlen. Zudem wurden die überarbeiteten Beschwerdebögen explizit auch in der Eltern-Kind-Wohngruppe ausgelegt. Des Weiteren wurde im Arbeitsprozess deutlich, dass den Müttern und Vätern, die für die Beschwerdebearbeitung verantwortlichen Personen nicht bekannt waren und nicht als Vertrauenspersonen wahrgenommen wurden. Hier wurde vereinbart, dass sich diese Personen stärker bekannt machen und in persönlichen Kontakt mit den Müttern/Vätern treten. Hierzu sollen sie zukünftig regelmäßig auch in die Gruppenbesprechungen der Eltern-Kind-Gruppe kommen.

5.1.2 Konkretisierung der Kinderrechte für diese Hilfeform

In der Diskussion um die Nutzung einrichtungsbezogener Informationen zu den Kinderrechten wurde im Rahmen des Arbeitsprozesses deutlich, dass die für den stationären Bereich erarbeiteten Materialien im Blick auf die gemeinsamen Wohnformen für Mütter/Väter und Kinder anpassungsbedürftig sind. Die Kinderrechte müssen für diese Hilfeform doppelt gedacht und konkretisiert werden, da sie sich auf zwei Generationen beziehen. So sind zum einen analog den Jugendlichen, die in anderen stationären Wohngruppen betreut werden, die betreuten Mütter/Väter Inhaberinnen und Inhaber von Rechten. Zum anderen gelten die Kinderrechte aber auch in gleichem Maße für die Kinder, die in der Regel Säuglinge bzw. Kleinkinder sind. Diese können auf Grund ihres Alters und der damit einhergehenden Kompetenzen ihre Rechte nicht selbst einfordern und sich beschweren. Deshalb ist es wichtig, die Mütter/Väter im Rahmen der Arbeit zu Kinderrechten für die Bedürfnisse und Rechte der Kinder zu sensibilisieren. Deutlich wurde, dass es diesbezüglich altersbezogen konkretisierte Kinderrechte braucht, so dass sie als Orientierungshilfe für angemessenes Erziehungsverhalten dienen können.

Ein entsprechender Rechtekatalog für Säuglinge und Kleinkinder wurde im Rahmen des Arbeitsprozesses erstellt. Die Ergebnisse sind in der Grafik auf der nächsten Seite dargestellt. Vereinbart wurde, dass dieser Rechtekatalog jeweils bei Einzug mit den Müttern/Vätern besprochen wird und in gewissen Zeitabständen im Rahmen von Gruppenbesprechungen erneut diskutiert wird.

Der Grundrechtekatalog für die Bewohner und Bewohnerinnen der Mutter/Vater-Kind-Gruppe wurde hinsichtlich der Inhalte, die für alle stationär betreuten jungen Menschen gelten, kaum verändert. Im Anlesetext wurde auf das Verhältnis der Rechte als Mutter/Vater zu den Rechten der Kinder hingewiesen. Zudem wurde die Anredeform verändert, da in dieser Einrichtung die betreuten Mütter/Väter mit „Sie“ angesprochen werden.

Rechte von Säuglingen und Kleinkindern

Recht auf Unversehrtheit
- Keine körperliche Gewalt z. B. schlagen, pitschen
- Keine verbale Gewalt z. B. beleidigen, anschreien, bedrohen
- Keine seelische und sexuelle Gewalt

Recht auf Liebe
- Kuscheln, küssen, streicheln
- „Ich liebe dich" sagen
- Förderung des emotionalen Ausdrucks

Recht auf Ernährung
- Gesundes Essen und Trinken
- 3x am Tag essen
- 1x warme Mahlzeit

Recht auf medizinische Versorgung
- Medikamente geben
- Zu Ärzten gehen

Recht auf Grenzen
- Kind vor Gefahren schützen z. B. Steckdose, Straßenverkehr etc.
- Wertevermittlung und Höflichkeitsformen (Danke/Bitte)
- Eine Auszeit geben z. B. in den Flur setzen (Kleinkinder)
- Mit Worten ermahnen

Recht auf Schlaf
- Gemütlicher/sauberer Schlafplatz
- Feste Schlafenszeiten (Struktur)
- Abendritual z. B. singen, Spieluhr, vorlesen, kuscheln
- Eigenes Bett/Zimmer

Recht auf Kind sein
- Spielen
- Toben
- Aufmerksamkeit einfordern

Recht auf Körperpflege
- Saubere Kleidung bzw. überhaupt Kleidung
- Frische Windeln
- Zähne putzen
- Baden/waschen
- Nägel schneiden

Recht auf Aufmerksamkeit

Fürsorge und Förderung
- Blickkontakt
- Spielen/loben
- Sich für die Kinder Zeit nehmen
- Interessenvertretung

Recht auf das andere Elternteil/Familie
- Informationen geben
- Beziehungen fördern

5.1.3 Reflexionsbedarfe bei Beteiligungsmöglichkeiten

In der Diskussion mit den betreuten Müttern und den für diesen Bereich verantwortlichen Fachkräften wurde deutlich, dass auch ein Teil der in der Einrichtung angebotenen Beteiligungsmöglichkeiten als nicht passend erlebt wird. So wurde diesbezüglich vor allem die Beteiligung der Mütter/Väter im Rahmen gruppenübergreifender Gremien diskutiert. Generell sollen in diesem Gremium alle Gruppen der Einrichtung vertreten sein. Allerdings sahen die betreuten Mütter/Väter kaum inhaltliche Überschneidungen zu anderen stationären Wohngruppen, so dass eine Mitarbeit in diesem Kontext von ihnen als wenig sinnvoll erachtet wurde. Zudem wurde auf die begrenzten zeitlichen Spielräume der Eltern hingewiesen. So wurde im Rahmen des Arbeits-prozesses reflektiert, in welchen Bereichen bzw. zu welchen Fragen sich die Mütter/Väter in der Gruppe und Einrichtung einbringen möchten und in welchen Bereichen sie die Aufforderung, sich zu beteiligen, als Belastung ansehen. Vereinbart wurde daraufhin, dass für die Mütter/Väter weiterhin das Recht besteht, sich an diesen Gremienstrukturen zu beteiligen, es ihnen aber offen steht, ob sie sich in diesem Kontext einbringen möchten. Als wichtig wurde erachtet, dass diese Vereinbarung gegenüber den anderen stationären Gruppen transparent gemacht wird und so nachvollziehbar ist, wieso die Eltern-Kind-Gruppe aktuell nicht an den Treffen teilnimmt.

Zudem wurde deutlich, dass auch im Rahmen offener Beteiligungsformen, wie etwa bei Befragungen der jungen Menschen oder Beteiligungswerkstätten, jeweils überprüft werden muss, inwiefern die Fragestellungen auch für Eltern-Kind-Gruppen relevant sind bzw. welche inhaltlichen oder auch methodischen Anpassungen es braucht, damit sich die betreuten Mütter/Väter in gleichen Maße einbringen können, wie andere junge Menschen.

5.1.4 Wunsch nach spezifischen Austauschforen für Mütter/Väter, die in betreuten Wohnformen leben

Angeregt durch den Austausch zwischen verschiedenen Eltern-Kind-Wohngruppen unter Beteiligung der Mütter und der verantwortlichen Fach- und Leitungskräfte wurde der Wunsch nach weiteren Treffen dieser Art formuliert. Über den moderierten Dialog zwischen Fachkräften und Müttern sowie die Zusammensetzung der Gruppe entstand ein Freiraum, um Fragen zu Beteiligungs- und Beschwerdemöglichkeiten zu diskutieren. Zudem wurden über den Abgleich der Regeln und konzeptionelle Rahmungen Unterschiede zwischen den verschiedenen Gruppen deutlich, die bezüglich der Vor- und Nachteile diskutiert werden konnten. Ausgehend vom Arbeitsprozess im Rahmen des Projekts wurde vereinbart, dass zukünftig einmal pro Jahr ein entsprechendes Treffen stattfinden soll, da der Austausch von Seiten der Eltern und der Fachkräfte als gewinnbringend für die Zusammenarbeit angesehen wurde. Eine Kombination aus inhaltlichem Austausch und gemeinsamer Freizeitaktivität wurde hierfür als besonders geeignet angesehen.

Angeregt wurde darüber hinaus eine landesweite Beteiligungswerkstatt für die Zielgruppe der Mütter und Väter, die im Rahmen von gemeinsamen Wohnformen mit Kindern nach § 19 SGB VIII betreut werden.

5.2 Beteiligungs- und Beschwerdestrukturen in der Pflegekinderhilfe

Bislang gibt es für die Pflegekinderhilfe keine rechtlichen Anforderungen zur strukturellen Verankerung von Beteiligung und Beschwerde analog dem § 45 SGB VIII. Allerdings verweisen Fachdiskussionen auf die Notwendigkeit einer systematischen Realisierung von geeigneten Beteiligungsformen und damit einhergehenden Beschwerdeverfahren auch für die Pflegekinderhilfe (vgl. IGfH / Kompetenz-Zentrum Pflegekinder 2010, AGJ 2013). Somit stellen sich für diese Hilfeform in gleichem Maße wie für (teil-)stationäre Hilfen, inhaltlich konzeptionelle Umsetzungsfragen.

Um Fragen nach angemessenen Beteiligungs- und Beschwerdestrukturen sowie Zugängen zu ombudschaftlichen Strukturen zu diskutieren, fand im Rahmen des Projekts ein Expertinnen-und Expertenworkshop mit dem Titel „Beteiligungs-, Beschwerde- und Ombudsstrukturen in der Pflegekinderhilfe“ statt. Anhand von verschiedenen Beiträgen aus Wissenschaft und Praxis wurden bereits praktizierte Ansätze aufgezeigt und Weiterentwicklungsbedarfe herausgearbeitet. Im Anschluss an den Expertinnen- und Expertenworkshop hat sich eine Arbeitsgruppe gebildet, die zu einzelnen Aspekten vertiefend weiter gearbeitet hat. Zentrale Erkenntnisse dieser Arbeitsprozesse werden im Folgenden dargestellt.

5.2.1 Beteiligung und Beschwerde innerhalb der jeweiligen Strukturen der Pflegekinderhilfe verankern

Die Rahmenbedingungen, innerhalb derer Vollzeitpflegen erbracht werden, sind in unterschiedlichen Kontexten sehr verschieden. Dies liegt zum einen an der Ausdifferenzierung der Hilfeformen. Je nachdem, ob die Hilfe im Rahmen einer Bereitschaftspflege, einer „klassischen" Pflegefamilie, einer Verwandtschaftspflege, einer Sozialpädagogischen Pflegestelle, einer Erziehungsstelle oder einer Gastfamilie erbracht wird, ergeben sich je nach organisatorischer Anbindung verschiedene Möglichkeiten, Beteiligungs- und Beschwerdestrukturen zu verankern. Zum anderen variieren Qualitätsstandards und personelle Ressourcen zur Begleitung und Unterstützung der jungen Menschen, der Herkunftsfamilie sowie der Pflegefamilie je nach zuständigem Jugendamt stark. Dies hat wiederum Einfluss darauf, wer in welcher Intensität und in welchem Kontext Beteiligungs- und Beschwerdemöglichkeiten befördern und eröffnen kann.

Grundsätzlich ist für die Ausgestaltung von Beteiligungs- und Beschwerdestrukturen wichtig, dass durch die fachliche Begleitung mindestens eine Person, die außerhalb der Pflegefamilie steht, in kontinuierlichem Kontakt zum Pflegekind steht. Durch den regelmäßigen persönlichen Kontakt soll der Aufbau eines vertrauensvollen Verhältnisses befördert werden, so dass im Rahmen von Einzelkontakten die Möglichkeit für vertrauliche Gespräche besteht. So sollen Kontexte geschaffen werden, die es ermöglichen, Anliegen und Themen zu besprechen, die aus Sicht des jungen Menschen nicht innerhalb der Pflegefamilie besprochen und geklärt werden können bzw. bei denen sich der junge Mensch Unterstützung wünscht. Bestmöglich sollte sich ein solches Vertrauensverhältnis nicht nur auf eine Person außerhalb der Familie begrenzen.

Wer eine solche Vertrauensperson sein kann, hängt davon ab, wie Aufgaben- und Rollenklärungen im jeweiligen Hilfekontext beschrieben sind. Je nach Aufgabenprofil des Allgemeinen Sozialdienstes und des Pflegekinderdienstes ist entsprechend zu verorten, wer für die Vorbereitung des Hilfeplangesprächs mit dem Pflegekind verantwortlich ist, wer das Pflegekind über seine Rechte und Beschwerdemöglichkeiten aufklärt sowie im unmittelbaren Dialog mit dem jungen Menschen reflektiert, wie es ihm/ihr in der Pflegefamilie geht. Sind darüber hinaus Fachkräfte freier Träger in die Hilfeerbringung involviert, gilt es diese Aspekte in gleichem Maße zu klären. Ist ein Vormund für den jungen Menschen bestellt, so ist auch bezüglich seines/ihres Aufgabenprofils zu klären, welchen Beitrag er/sie zur Stärkung von Beteiligungs- und Beschwerdemöglichkeiten für das Pflegekind leisten kann.

In der Diskussion im Rahmen des Workshops wurde herausgestellt, dass eine gute fachliche Rahmung und Begleitung des Hilfeprozesses einen wichtigen Beitrag zur Stärkung von Beteiligungs- und Beschwerdemöglichkeiten leisten kann. Es wurde ein enger Zusammenhang zwischen allgemeinen Qualitätsstandards der Pflegekinderhilfe und der Sicherstellung von Mitsprachemöglichkeiten gesehen. Was dies im Einzelnen bedeuten kann, wird im Folgenden näher ausgeführt.

Zur Frage nach strukturell verankerten Beschwerdeverfahren für Pflegekinder konnten im Rahmen der projektbezogenen Arbeitsprozesse noch keine Praxiserfahrungen beschrieben und reflektiert werden. Hierzu müssten modellhaft Erfahrungen gesammelt werden, um Aussagen zu angemessenen Verfahren und einer adäquaten strukturellen Verortung treffen zu können.

5.2.2 Beteiligung im Rahmen der Anbahnung des Pflegeverhältnisses sichern

Als ein wichtiger Qualitätsstandard zur Sicherung von Beteiligungsrechten wurde im Rahmen des Expertinnen- und Expertenworkshops die Phase der Vorbereitung der Hilfe angesehen. Hervorgehoben wurde, dass im Rahmen einer soliden Vorbereitung von Pflegeverhältnissen die Beteiligung des jungen Menschen (dem Alter und der Entwicklung angemessen) und der Herkunftseltern ein zentraler Aspekt sind, um die richtige Familie für den jungen Menschen zu finden. Gelingt es hier, eine gute Passung herzustellen, so wurde dies als förderlich für eine vertrauensvolle Zusammenarbeit angesehen. Mitsprache bei der Auswahl von Pflegeeltern sowie die Beteiligung bei der Vorbereitung des Pflegeverhältnisses sind somit relevante Punkte. Eine Voraussetzung, dass eine solche Beteiligung erfolgen kann, ist, dass sich Herkunfts- und potenzielle Pflegefamilie vor der Hilfeentscheidung kennenlernen und hinsichtlich der wechselseitigen Erwartungen und Wünsche ins Gespräch kommen können. Zudem ist die Rahmung dieses Kennenlernkontextes relevant, so dass für den jungen Menschen und die Eltern klar ist, dass Entscheidungsoptionen offen sind.

Darüber hinaus gehört zur Vorbereitung des Pflegeverhältnisses aber auch die angemessene Vorbereitung der Pflegefamilien. Dies beinhaltet die Begleitung und ‚Ausbildung' der Pflegeeltern im Umgang mit dem Pflegekind und der Herkunftsfamilie. Hier wurde diskutiert, dass inhaltliche Fragestellungen zu Beteiligung und Beschwerde im Qualifizierungs- und Auswahlprozess von Pflegeeltern gestärkt werden sollen. Des Weiteren wurde es als zieldienlich angesehen, wenn bereits vor der Einrichtung des Pflegeverhältnisses weitestgehende Vereinbarungen dazu getroffen werden, in welchem Rahmen die Herkunftseltern im Rahmen der Hilfe beteiligt werden und welche diesbezüglichen Aufgaben von wem ausgefüllt werden. Gleiches gilt für Mitsprachemöglichkeiten des jungen Menschen und Angebote für das Pflegekind außerhalb der Pflegefamilie.

Ein weiterer Aspekt, den es hinsichtlich der Anbahnung von Pflegeverhältnissen unter Beteiligungsgesichtspunkten zu reflektieren gilt, sind so genannte „selbstbeschaffte" Hilfen, bei denen sich Kinder und Eltern ohne professionelle Unterstützung eine Pflegefamilie gesucht haben. Solche selbstorganisierten Lösungen werden aus professioneller Sicht oft kritisch gesehen und deshalb von Seiten der Fachkräfte des Jugendamtes vielfach nicht unterstützt. Da dies von Seiten der jungen Menschen und Eltern zumeist schwer nachvollziehbar ist, erwachsen aus solchen Konstellationen oftmals Klärungsbedarfe und Wünsche nach neutraler Unterstützung, wie Erfahrungen der Ombudsstelle Salomon in Hessen zeigen. Hier gilt es, unterschiedliche Anliegen und Abwägungsaspekte in ein gutes Verhältnis zueinander zu bringen.

5.2.3 Beteiligungsorientierte Hilfeplanung

Auch im Rahmen der Vollzeitpflege ist die Hilfeplanung das zentrale Verfahren zur Sicherstellung von Mitbestimmungsrechten. Strukturell im Sinne der Aufgaben- und Rollenteilung gilt es hier zu klären, wer das Hilfeplangespräch mit dem Kind/Jugendlichen vorbereitet und im Hilfeplangespräch die Perspektive des jungen Menschen stärkt. Grundsätzlich gelten für die Pflegekinderhilfe auch die beteiligungsorientierten Qualitätsanforderungen der Hilfeplanung, wie sie in Kapitel sechs beschrieben werden. Deshalb werden diese Anforderungen hier nicht noch einmal näher ausgeführt.

5.2.4 Beteiligung innerhalb der Pflegefamilie

Das Grundspannungsfeld von öffentlicher Erziehung im privaten Kontext, das die Pflegekinderhilfe insgesamt charakterisiert, zeigt sich auch bei den Themen Beteiligung und Beschwerde. Das heißt, dass es grundsätzlich große familienbezogene Freiheiten in der Ausgestaltung von alltäglichen Beteiligungsfragen gibt, die aber gegenüber Fachkräften, die die Familie begleiten, öffentlich gemacht und reflektiert werden müssen. Der im Alltag wichtigste Kontext für die Beteiligung des Pflegekindes ist das unmittelbare Miteinander in der Pflegefamilie. In der Ausgestaltung des Familienalltags gibt es unzählige Fragen und Anlässe, bei denen die Anliegen des jungen Menschen berücksichtigt werden können. So etwa bei Fragen hinsichtlich der geltenden Regeln, der Freizeitgestaltung, bei Essenswünschen oder der Gestaltung des Zimmers des jungen Menschen. Generell ist es eine Frage des persönlichen Erziehungsstils und der Entwicklungsanforderungen des jungen Menschen, wie viel Mitsprachemöglichkeiten Kindern ab welchem Alter eröffnet werden. Hier setzen die Pflegeeltern als Personen Maßstäbe in ihrem privaten Umfeld. Allerdings müssen diese privaten Freiräume so ausgestaltet werden, dass sie den Anforderungen öffentlicher Erziehung entsprechen.

Naturgemäß erfolgen Klärungen und Regelungen innerhalb von Familien eher informell über den gelebten Alltag und kommunikative Aushandlungen und sind somit in der Regel wenig formal gefasst. Es gibt aber auch (Pflege-) Familien, die sich selbst Beteiligungsstrukturen geben. So berichtete eine Pflegemutter im Rahmen des Expertinnen- und Expertenworkshops, dass sie einen wöchentlichen „Familienrat" mit festem Ablauf abhalten, um alle wichtigen Fragen gemeinsam zu klären. Die Entscheidung, in welcher Form Beteiligung gelebt werden soll, muss jeweils innerhalb der Familie getroffen werden. Allerdings können im Rahmen der fachlichen Begleitung der Pflegefamilie auch Fragen nach passenden Formen besprochen werden.

Darüber hinaus gilt es jeweils zu klären, inwiefern auch Professionelle innerhalb der Familie präsent sind und dies von Seiten der Familie gewünscht ist. Dies hängt von der konzeptionellen Ausrichtung der Arbeit und von den individuellen Absprachen mit der Pflegefamilie ab. Je nach Rahmung kann es somit also auch Unterstützungsstrukturen durch Fachkräfte von außen innerhalb der Pflegefamilie geben, die Beteiligungs- und Beschwerdeaspekte aufgreifen können. Sind solche Arbeitsprozesse nicht innerhalb der Familie verortet, stellt sich die Frage, welche Rolle sie im Rahmen der fachlichen Begleitung der Hilfe außerhalb der Familie spielen.

5.2.5 Sicherung von Beteiligung und Beschwerde im Rahmen der fachlichen Begleitung des Pflegeverhältnisses

Sowohl die professionelle Begleitung des Pflegekindes als auch die fachliche Unterstützung der Pflegeeltern bieten Anknüpfungspunkte zur Stärkung von Beteiligungs- und Beschwerdemöglichkeiten.

Ausgehend von der Begleitung des Pflegekindes ist der regelmäßige Kontakt zu einer Fachkraft, die nicht Teil der Pflegefamilie ist, ein Beitrag um für den jungen Menschen Kontexte außerhalb des engen Hilfesettings zu schaffen, da hier die Möglichkeit geschaffen werden kann, über die Situation in der Pflegefamilie zu sprechen sowie Anliegen und Wünsche zu äußern. Über thematische Zugänge in Einzelkontakten können die Themen Beteiligung und Beschwerde darüber hinaus in solchen Zusammenhängen bewusst befördert werden – so etwa im Rahmen der Biografiearbeit mit dem jungen Menschen, durch die Bearbeitung der Kinderrechte oder das Thematisieren der Frage, wie der junge Mensch mit Beschwerden umgehen kann, wenn dazu Anlass in der Pflegefamilie oder in Arbeitszusammenhängen mit Fachkräften besteht.

Ergänzend zur individuellen Begleitung des Pflegekindes sind Gruppenangebote für Pflegekinder eine weitere Möglichkeit, um Beteiligungs- und Beschwerdeaspekte zu thematisieren und zu bearbeiten. Einzelne Pflegekinderdienste und Träger bieten solche Treffen für die in ihrer Zuständigkeit betreuten Pflegekinder regelmäßig an. Sie dienen als Austauschforum für die jungen Menschen und können einen Freiraum für Themen schaffen, die den jungen Menschen wichtig sind. Je nach methodischer Ausgestaltung können solche Gruppenangebote eine ähnliche Funktion wie Beteiligungswerkstätten haben.

All diese benannten Arbeitsprozesse können allerdings erst dann ausgestaltet werden, wenn die Pflegekinder sich entsprechend sprachlich verständigen können. Säuglinge und Kleinkinder sowie junge Menschen mit Beeinträchtigungen, die in ihrer Wahrnehmung und Kommunikation eingeschränkt sind, sind auf die verantwortungsvolle Fürsorge von Erwachsenen angewiesen, da sie selbst lediglich in eingeschränktem Maße für die Wahrung ihrer Rechte eintreten können. Aber auch hier muss das Wohlergehen der Kinder über die professionelle Ausgestaltung der Hilfe gesichert werden.

Im Rahmen der fachlichen Begleitung der Pflegefamilien bieten sich ebenfalls Ankerpunkte, um die Themen Beteiligung, Kinderrechte und Umgang mit Beschwerden zu stärken. Deutlich wurde, dass dies zum einen im Rahmen der Vorbereitung von Pflegeeltern erfolgen kann, aber auch im Kontext der kontinuierlichen individuellen Begleitung sowie durch Treffen und Seminare, die während der Dauer des Pflegeverhältnisses stattfinden. Auch sind gemeinsame Seminare für Pflegeeltern und -kinder ein guter Rahmen, um zu den Themen in einen Austausch zu kommen.

Darüber hinaus wurden „Entlastungsfamilien/-personen“ für Pflegekind und -eltern als Unterstützungsstruktur aufgeführt, die in schwierigen Situationen

Auszeiten ermöglichen und in Konfliktsituationen als Ansprechpersonen für den jungen Menschen zur Verfügung stehen können. Betont wurde diesbezüglich, dass für solche Situationen eine möglichst unbürokratische Struktur wichtig ist, die von Seiten des Jugendamtes mitgetragen und unterstützt wird.

Insgesamt wurde deutlich, dass es darum geht, unterschiedliche Optionen und Wahlmöglichkeiten für die jungen Menschen zu schaffen, die Ankerpunkte sowohl innerhalb, als auch außerhalb der Pflegefamilie sichern und (professionelle) Unterstützung bei Bedarf gewährleisten. Denn auch qualitativ hochwertige Verfahren können Interessensgegensätze nie ganz aufheben, weshalb es für den Bedarfsfall gesicherte Beratungs- und Beschwerdeverfahren braucht.

5.2.6 Kinderrechte im Kontext der Pflegekinderhilfe

In der fachlichen Auseinandersetzung mit dem Thema Kinderrechte im Rahmen der Pflegekinderhilfe wurde deutlich, dass es bislang keine Rechtekataloge gibt, die spezifisch auf die Situation von Pflegekindern zugeschnitten sind. Zwar werden in Rechtekatalogen für stationäre Hilfen zur Erziehung teilweise Pflegekinder mit angesprochen (vgl. z. B. www.quality4children.info), allerdings passen nicht alle inhaltlichen Ausführungen zu einzelnen Rechten zur Situation in Pflegefamilien.

Um diese Lücke zu schließen, wurde im Rahmen des Projekts ein Rechtekatalog für Pflegekinder erarbeitet, der im Anhang des Buches vollständig abgedruckt ist. Die Übersicht soll dazu dienen, um mit Pflegekindern in einen Dialog zum Thema Kinderrechte zu treten und mit ihnen gemeinsam zu reflektieren, was die Kinderechte für ihre jeweilige Situation und die Ausgestaltung ihres Alltags bedeuten. Der Katalog soll im Rahmen der Hilfeplanung als Informationsbroschüre ausgegeben und im Rahmen der fachlichen Begleitung des Pflegekindes individuell besprochen werden soll. Zudem ist angedacht, Pflegefamilien anzuregen, die Inhalte auch innerhalb der Familie mit dem jungen Menschen zu besprechen, so dass unterschiedliche Ankerpunkte zur Aufklärung und Reflexion gegeben sind. Darüber hinaus kann der Rechtekatalog aber natürlich auch im Rahmen von Seminaren und Gruppenangeboten genutzt werden.

Um sicherzustellen, dass der erarbeitete Rechtekatalog diesen Anforderungen gerecht werden kann, wurde er im Erarbeitungsprozess von Pflegekindern und Pflegeeltern auf Nutzbarkeit und Verständlichkeit hin überprüft. Insgesamt waren die Rückmeldungen zu den Arbeitsprozessen mit dem Rechtekatalog positiv. Bei der Bearbeitung der Kinderrechte hat sich gezeigt, dass die Kinder und Jugendlichen die Ausführungen zu einzelnen Rechten mit ihrer eigenen Lebenssituation in Verbindung bringen und mit konkreten Erfahrungen abgleichen konnten. Einige der jungen Menschen brauchten Unterstützung, um einzelne Aspekte zu verstehen. Mehrheitlich wurden die erarbeiteten Rechte aber als gut verständlich bewertet. Nach Einschätzungen der Fachkräfte und Pflegeeltern sind produktive Gespräche entstanden, die Fragen der jungen Menschen aufgreifen konnten. Bei einem Teil der jungen Menschen, mit denen die Materialien besprochen wurden, hat sich gezeigt, dass sie nicht wissen, an wen sie sich im Beschwerdefall außerhalb der Pflegefamilie wenden können, um sich Unterstützung einzufordern. Dies verweist noch einmal auf den Bedarf entsprechender Informationsweitergabe. Auch Pflegeeltern haben rückgemeldet, dass das Durchsprechen der Rechte mit den Pflegekindern auch für sie eine gute Möglichkeit zur Reflexion war.

5.2.7 Ombudsstellen als Unterstützungsstrukturen in der Pflegekinderhilfe

Neben den aufgezeigten Möglichkeiten zur Stärkung von Beteiligung und Beschwerde im Rahmen der Ausgestaltung einer Vollzeitpflege, wurde im Expertinnen- und Expertenworkshop auch der Bedarf an unabhängigen ombudschaftlichen Strukturen für die Pflegekinderhilfe diskutiert. So zeigten die Ausführungen des „Projekts Salomon“, einer spezifischen Ombudsstelle für Pflegekinder des Instituts für Vollzeitpflege und Adoption (IVA) e. V. in Hessen, dass ein entsprechender Bedarf besteht. Die Auswertung der in diesem Rahmen bearbeiteten Anliegen hat gezeigt, dass vor allem Konflikte mit dem Jugendamt zu Fragen der Hilfegewährung im Mittelpunkt der Arbeit standen. Zur Frage der angemessenen Bearbeitung von Konflikten innerhalb von Pflegefamilien wurde die Einschätzung vertreten, dass diese in der Regel angemessener im Rahmen der fachlichen Begleitung der Hilfe bearbeitet werden können.

Unabhängige Ombudsstrukturen können somit eine ergänzende Struktur für die Pflegekinderhilfe bieten, die in besonderem Maße auch die Schnittstelle zum öffentlichen Träger fokussiert. Detailliertere Ausführungen zu Chancen und Grenzen der Arbeit sowie Möglichkeiten der strukturellen Verankerung entsprechender Strukturen finden sich im Kapitel zu ombudschaftlichen Strukturen.

5.3 Beteiligung und Beschwerde im ambulanten Bereich

Im Vergleich zu (teil-)stationären Hilfen zur Erziehung sind im Rahmen ambulanter Hilfen die institutionellen Einflüsse auf das Hilfesetting geringer ausgeprägt, da die Hilfen in der Regel im alltäglichen Lebensumfeld der jeweiligen Familie erbracht werden und die zeitliche Intensität der Intervention oftmals auf einige Stunden pro Woche begrenzt ist, so dass auch hierdurch der Einfluss der Fachkraft begrenzt ist. Im Mittelpunkt ambulanter Hilfen steht stark das Handeln einer einzelnen Fachkraft in Interaktion mit den Familienmitgliedern. Die Eltern bleiben diejenigen, die die Erziehung des Kindes maßgeblich im Alltag gestalten. Die Fachkraft unterstützt die Familienmitglieder je nach Auftrag der Hilfe darin, Alltagsprobleme zu bewältigen, begleitet und unterstützt bei Erziehungsproblemen und gibt Hilfestellung bei der Lösung von Konflikten und Krisen. Der Hauptfokus der Arbeit liegt somit in der familienunterstützenden Arbeit.

Für ambulante Hilfen zur Erziehung gibt es bislang keine besonderen rechtlichen Vorgaben zur strukturellen Absicherung von Beteiligungs- und Beschwerdeverfahren, analog dem § 45 SGB VIII. Dennoch gelten natürlich die allgemeinen Beteiligungsprämissen der Kinder- und Jugendhilfe. Aus fachlichen Überlegungen heraus scheint es konsequent, die Frage nach Beschwerdemöglichkeiten für Adressatinnen und Adressaten auch für diese Hilfeart zu stellen. Zwei der vier Modelleinrichtungen, die im Rahmen des Projekts begleitet wurden, bieten ambulante Hilfen an und haben im Arbeitsprozess entsprechende Aspekte reflektiert. Deutlich wurde bereits im Rahmen der Bestandsaufnahme des ersten Workshops, dass die ambulanten Hilfen im geltenden Beschwerdeverfahren der Einrichtung bislang nicht impliziert waren oder sie formal als Zielgruppe zwar aufgeführt waren, aber in der realen Praxis des Verfahrens nicht berücksichtigt wurden. Aufgrund der spezifischen Rahmenbedingungen von ambulanten Hilfen zur Erziehung wurden Anpassungsbedarfe deutlich. Diesbezügliche Diskussions- und Arbeitsergebnisse aus den beiden Einrichtungen werden im Folgenden dargestellt.

In der Diskussion der Frage, worüber sich Familienmitglieder im Rahmen ambulanter Hilfen im formalen Beschwerdeverfahren beschweren können, wurde deutlich, dass die Arbeitsbeziehung zwischen Fachkraft und Familie im Mittelpunkt der Sensibilisierung für Beschwerdeanlässe stehen soll. In Abgrenzung zu (teil-)stationären Hilfen wurden die Kinderrechte als Orientierungspunkt für beschwerdewürdiges Verhalten als weniger passend angesehen. Diese Einschätzung resultiert daraus, dass eben die Eltern für die Umsetzung vieler Kinderrechte innerhalb der Familie verantwortlich sind. Somit wurden die Kinderrechte zwar als wichtiger Orientierungspunkt für angemessenes Erziehungsverhalten gesehen, allerdings wurde es als passender eingeschätzt, das Handeln der Fachkraft als Bezugspunkt für Beschwerden zu fokussieren. Es stellt sich diesbezüglich die Frage, welche Arbeitsweisen und Formen der Beziehungsgestaltung in ambulanten Hilfen angemessen sind.

Erarbeitet wurde, dass deshalb Eltern und junge Menschen verstärkt darüber aufgeklärt werden sollen, was sie im Rahmen der ambulanten Hilfe von der Fachkraft erwarten dürfen. Deutlich wurde, dass es dazu Transparenz gegenüber den Adressatinnen und Adressaten braucht, welche Aufträge und Standards der Arbeit Grundlage des Handelns sind. Diese Bezugspunkte des Handelns lassen sich aus zwei Referenzsystemen, nämlich den familienbezogenen Vereinbarungen aus der Hilfeplanung sowie den professionellen Standards ambulanter Hilfen, ableiten. Im Rahmen der Hilfeplanung werden ausgehend von den Zielsetzungen der Hilfe Aufträge für die in der Familie tätigen Fachkraft erarbeitet. Diese Aufträge markieren den Handlungsbereich der Fachkraft im Rahmen der Hilfe und innerhalb der Familie. Die Frage nach Hilfe und Kontrolle innerhalb der Familie ist ein grundsätzliches Spannungsfeld ambulanter Hilfen. Sind im Rahmen der Hilfe Fragen zur Einschätzung der Gefährdung des Kindeswohls zu klären, so können weiterreichende Kontrollbefugnisse für die Fachkraft vereinbart werden, als dies in anderen Hilfekontexten angemessen ist. Transparenz hinsichtlich solcher Kontrollaufträge innerhalb der Familie wurde als hilfreiche Rahmung für die Ausgestaltung der Arbeitsbeziehung angesehen. Daneben ergeben sich Bezugspunkte für das angemessene Handeln der Fachkraft aus professionellen Standards, die sich aus fachlichen Diskussionen sowie den Qualitätsstandards, denen sich der Träger verpflichtet, speisen. So sind diesbezüglich Haltungsfragen und methodische Kompetenzen relevant, die in der Begleitung und Unterstützung des jungen Menschen und seiner Familie zum Tragen kommen, aber auch Standards der professionellen Reflexion sowie Vereinbarungen dazu, wie Familien hinsichtlich ihrer Rechte und Beschwerdemöglichkeiten aufgeklärt werden.

In den Arbeitsprozessen mit den Modelleinrichtungen wurde zur Weitergabe von Informationen zu Standards für ambulante Hilfen vereinbart, dass diese den Familien zu Beginn der Hilfe vermittelt werden und in diesem Kontext auch Informationen zum Anregungs- und Beschwerdemanagement weitergegeben werden. Entsprechende schriftliche Materialien sind erarbeitet worden. Darüber hinaus wurde diskutiert, inwiefern die Standards nach einem gewissen Zeitraum noch einmal explizit mit der Familie thematisiert und reflektiert werden sollen.

Bei der Reflexion der Frage, wer im Rahmen ambulanter Hilfen im Verfahren für die Beschwerdebearbeitung verantwortlich sein soll, wurde deutlich, dass Familien, die in ambulanten Hilfen betreut werden, in der Regel kaum den Träger oder die Einrichtung wahrnehmen, bei der die Fachkraft beschäftigt ist. Die im Beschwerdemanagement verantwortlichen Personen für die Gesamteinrichtung sind bei Kindern und Eltern, die im Rahmen ambulanter Hilfen betreut werden, nicht bekannt. Somit stellte sich die Frage, wer für die Familien als bekannte Ansprechperson fungieren kann, aber nicht unmittelbar in die Hilfeerbringung involviert ist. In den Arbeitsprozessen an den beiden Modellstandorten kamen die Fachkräfte zur Einschätzung, dass diese Aufgabe am besten durch die für den ambulanten Bereich verantwortliche Leitungskraft ausgefüllt werden kann, da diese im Rahmen von Hilfeplangesprächen im unmittelbaren Kontakt zur Familie steht und dadurch in einem gewissen Maße bekannt ist.

Inwiefern diese Veränderungen verbesserte Zugänge zum Beschwerdeverfahren für ambulant betreute Familien bringen, konnte in der Projektlaufzeit nicht evaluiert werden, sondern muss sich im weiteren Umsetzungsprozess der Einrichtungen zeigen.

Die Ausführungen zu den Anpassungsbedarfen in den ausgewählten Hilfeformen machen deutlich, dass es lohnenswert ist, für jedes Hilfeangebot, das innerhalb einer Einrichtung angeboten wird, unter Beteiligung der dort tätigen Fachkräfte zu reflektieren, inwiefern die Zugänge zum Beschwerdeverfahren gesichert sind und welche Anpassungen es gegebenenfalls braucht.

6. Beteiligung stärken – ausgewählte Ansätze und Methoden

In den vorangegangenen Kapiteln zu Beschwerdeverfahren ist bereits deutlich geworden, dass die Beteiligung junger Menschen ein zentrales Qualitätsmerkmal bei der Entwicklung strukturell verankerter Beschwerdeverfahren ist. Zudem bilden unterschiedliche Beteiligungsformen einen wichtigen Erfahrungsraum für junge Menschen, der für die Nutzung von Beschwerdeverfahren zentral ist. So können sie im Rahmen von Beteiligungsprozessen erleben, dass ihre Anliegen wichtig und Veränderungen möglich und gewollt sind. Darüber hinaus gibt es einzelne Bausteine, wie etwa Arbeitsprozesse zur handlungsorientierten Konkretisierung von Kinderrechten, die einerseits ein Element zur Stärkung der Beteiligung von jungen Menschen in den Hilfen zur Erziehung sind und andererseits einen maßgeblichen Orientierungsrahmen für Beschwerdeverfahren bilden. Es gibt somit eine Reihe von Wechselwirkungen von Beteiligungs- und Beschwerdestrukturen.

Jeder Beteiligungsbaustein kann allerdings auch unabhängig von Beschwerdeverfahren einen wichtigen Beitrag zur Befähigung und Ermächtigung der Adressatinnen und Adressaten der Hilfen zur Erziehung leisten und hat somit immer auch einen eigenständigen Stellenwert. Die im Folgenden aufgeführten Partizipationsmöglichkeiten können alle ergänzend zueinander umgesetzt werden. Zugleich soll damit aufgezeigt werden, wie vielfältig Beteiligung von Kindern und Jugendlichen ermöglicht und gestaltet werden kann.

Zunächst wird auf Informationsmaterialien für junge Menschen eingegangen, die auf Beteiligungsmöglichkeiten hinweisen und Verfahren transparent machen. Anschließend werden Beteiligungsmöglichkeiten im Kontext des für alle Hilfen zur Erziehung verbindlichen Hilfeplanverfahrens vorgestellt, gefolgt von Beteiligungsansätzen im Kontext von Gruppenbesprechungen, die in vielen Heimeinrichtungen üblich sind. Sowohl die Gestaltung von Hilfeplanungsprozessen als auch Gruppenbesprechungen wurden im Rahmen der Prozessbegleitung in den Modelleinrichtungen hinsichtlich der Stärkung von Partizipation reflektiert und weiterentwickelt. Die hieraus gewonnenen Praxisimpulse werden nachfolgend beschrieben. Darüber hinaus werden Beteiligungsformen aufgegriffen, die bisher nur vereinzelt in Einrichtungen umgesetzt wurden, denen aber die jungen Menschen eine hohe Bedeutung beigemessen haben. Möglichkeiten, Beteiligung über die Auseinandersetzung mit dem Thema Kinderrechte zu stärken, wurden bereits in Kapitel 4.4 ausgeführt.

6.1 Informationsmaterialien als Grundlage für Beteiligung

Eine Grundvoraussetzung, um sich beteiligen zu können, ist die Information darüber, welche Rechte und Mitbestimmungsmöglichkeiten es für Mädchen und Jungen in (teil-)stationären Hilfen gibt. Im Rahmen der Einrichtungsbefragung wurde erhoben, hinsichtlich welcher Aspekte von Beteiligung und Beschwerde schriftliche Informationen für Kinder und Jugendliche vorliegen. Unter Beachtung, dass die Vermittlung bestimmter Inhalte in der unmittelbaren face-to-face Kommunikation von zentraler Bedeutung ist, wird dennoch von der Annahme ausgegangen, dass die Ergänzung verbal vermittelter Inhalte durch schriftliche Informationen den Stellenwert und die Verbindlichkeit des Besprochenen unterstreicht. In mehr als zwei Drittel der Einrichtungen werden schriftliche Informationen zu Kinderrechten und Beteiligungsmöglichkeiten im Rahmen der Hilfeplanung an Kinder und Jugendliche weitergegeben. In etwas mehr als der Hälfte der Einrichtungen gibt es Informationsmaterial zu Beteiligungsmöglichkeiten im Allgemeinen, zum Beschwerdemanagement sowie zur Mitbestimmung bei Regeln. Es zeigt sich, dass in den Einrichtungen, die explizit zum Thema Kinderrechte gearbeitet haben, eher auch schriftliches Material diesbezüglich vorliegt. Gleiches gilt für Einrichtungen, die bereits ein Beschwerdemanagement implementiert haben. Entwicklungsspielraum zeigt sich hinsichtlich der Weitergabe von schriftlichen Informationen bei den Themen Mitbestimmungsmöglichkeiten in der Einrichtung, bei Gruppenregeln sowie der Beteiligung im Rahmen der Hilfeplanung. Anzustreben wäre, dass möglichst alle Kinder und Jugendlichen in den Hilfen zur Erziehung auch schriftlich darüber informiert werden, inwiefern sie in welchem Kontext mitbestimmen können.

6.2 Beteiligung im Rahmen der Hilfe- und Erziehungsplanung

Wie bereits die Beteiligungsbefragung im Jahr 2010 gezeigt hat, messen Kinder und Jugendliche dem Hilfeplanungsverfahren einen sehr hohen Stellenwert bezüglich ihrer Beteiligung zu (Moos 2012, S. 48). So steht die Hilfeplanung aus Sicht der Kinder und Jugendlichen an Platz eins der Nennungen zu den für sie wichtigsten Beteiligungsmöglichkeiten. Daraus lässt sich ableiten, dass das zentrale Verfahren zur Aushandlung der Zielperspektiven der Hilfe und deren Ausgestaltung bei den jungen Menschen angekommen ist und als relevant erachtet wird. Allerdings zeigen die Daten eine deutliche Abhängigkeit der positiven Bewertung von der Umsetzung zentraler Beteiligungsstandards. Hierzu sind vor allem die Vorbereitung des Hilfeplangesprächs mit den Mädchen und Jungen, die partizipative Ausgestaltung des Gespräches sowie die Weiterarbeit an den Zielen im Rahmen der Erziehungsplanung gemeinsam mit den jungen Menschen zu nennen. Bevor auf diese drei Aspekte näher eingegangen wird, soll noch kurz auf eine grundsätzliche Frage, die im Rahmen des Projekts diskutiert wurde, eingegangen werden.

6.2.1 Alters- und entwicklungsgerechte Anpassung von Hilfeplanungsinstrumenten

Die Auswertung der bisherigen Beteiligungspraxis in einzelnen Einrichtungen hat gezeigt, dass die Beteiligung von Mädchen und Jungen im Kindergarten- und Grundschulalter im Rahmen der Hilfeplanung teilweise eingeschränkt ist, weil die Kinder auf Grund ihres Alters nicht am Hilfeplangespräch teilnehmen. Durch die Diskussion dieses Aspekts wurden die Fachkräfte ermutigt, auch diese Altersgruppe verstärkt in die Hilfeplangespräche einzubinden. Die Instrumente zur Vorbereitung von Hilfeplangesprächen wurden für die jüngeren Kinder sprachlich vereinfacht und durch leicht zu verstehende Symbole ergänzt.

Zudem wurden ergänzende Materialien für die Vorbereitung genutzt, bei denen zum Beispiel mit farblichen Markierungen zum Befinden in einzelnen Kontexten gearbeitet wurde

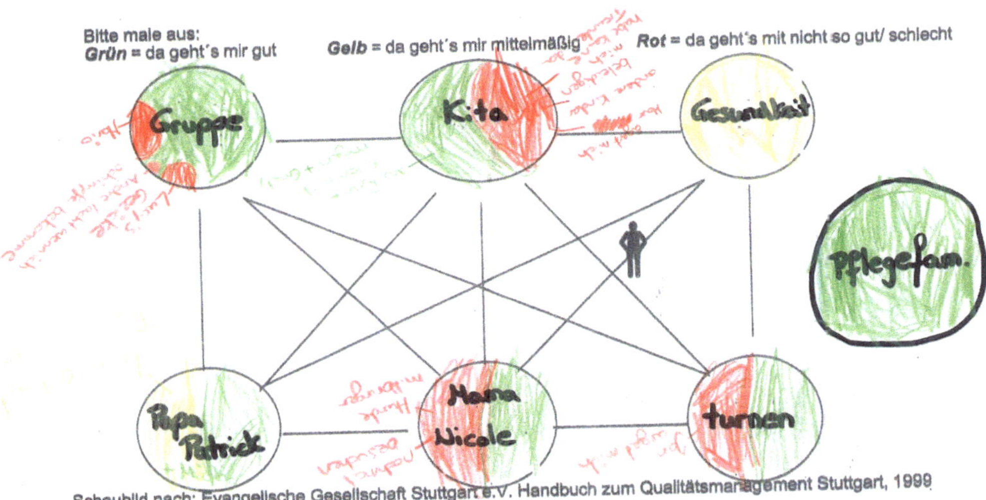

Schaubild nach: Evangelische Gesellschaft Stuttgart e.V. Handbuch zum Qualitätsmanagement Stuttgart, 1999

Die Praxiserfahrungen zeigen, dass es auch für jüngere Kinder wichtig ist, beim Hilfeplangespräch dabei zu sein und zu einzelnen Aspekten eine Einschätzung abgeben zu können.

6.2.2 Stärkung der Beteiligung durch Vorbereitung von Hilfeplangesprächen

Die Beteiligungsmöglichkeiten von jungen Menschen im Hilfeplangespräch können durch eine entsprechende Vorbereitung gefördert werden. Diese zielt darauf, Kinder und Jugendliche zu befähigen, dass sie ihre Ziele benennen und in Aushandlungsprozessen vertreten können. Für die Vorbereitung hat sich ein explizit darauf ausgerichtetes Gespräch einer dafür zuständigen und vertrauten Fachkraft mit dem jungen Menschen bewährt. In diesem geschützten Rahmen geht es darum, den Hilfeverlauf seit dem letzten Hilfeplangespräch zu reflektieren und gemeinsam zu besprechen, inwiefern Ziele erreicht werden konnten und was diesbezüglich förderlich bzw. erschwerend war. Von dieser Bilanzierung ausgehend können Themen, Fragestellungen und Anliegen erarbeitet werden, die aus Perspektive des Mädchens/Jungen im Hilfeplangespräch angesprochen und geklärt werden sollen. Als förderlich hat sich erwiesen, die benannten Aspekte im Anschluss an das Vorbereitungsgespräch in einer so genannten Vorab-Information im Original-Ton der jungen Menschen schriftlich festzuhalten und zur Vorbereitung des Gesprächs möglichst allen am Hilfeplangespräch Beteiligten zur Verfügung zu stellen (vgl. Moos/Schmutz 2005). Ist die Vorab-Information nach Perspektiven differenziert aufgebaut, d. h. es ist jeweils aus der Sicht der zuständigen Fachkraft der Einrichtung, der Eltern sowie des jungen Menschen beschrieben, wie der Verlauf der Hilfe und die Fortschritte eingeschätzt werden, so ist auch transparent, welche Informationen von wem an das Jugendamt gehen. Auf diese Weise wissen Kinder und Jugendliche bereits im Vorfeld der Hilfeplangespräche was in Vorab-Berichten über sie steht.

Unter Beteiligungsgesichtspunkten hat es sich darüber hinaus als hilfreich erwiesen, wenn vor dem Hilfeplangespräch die zu klärenden Aspekte aus den verschiedenen Perspektiven in der Tagesordnung zusammengeführt werden und somit für alle transparent sind. Darüber hinaus kann es Sicherheit geben, wenn bekannt ist, wer am Gespräch teilnimmt, und wenn von Seiten der jungen Menschen mitbestimmt werden kann, wo das Hilfeplangespräch stattfinden soll. Zudem beschreiben die Mädchen/Jungen, dass sie es als hilfreich erleben, wenn sie eine vertraute Person als Unterstützung mit ins Hilfeplangespräch nehmen dürfen. Diese können im Bedarfsfall auch eine Fürsprecherfunktion übernehmen, falls es Aspekte gibt, die der junge Mensch sich nicht traut selbst anzusprechen.

Inwiefern die Erwartungen an die Förderung der Beteiligung der jungen Menschen durch eine solche Vorbereitung erfüllt werden, kann wiederum nur durch die Mädchen und Jungen selbst eingeschätzt werden. So hat eine der Modelleinrichtungen eingeführt, dass zum Abschluss des Vorbereitungsgesprächs immer die Reflexionsfrage: „Fühlst du dich im Hilfeplanungsprozess gut beteiligt?“ gestellt wird und so noch einmal gemeinsam überprüft wird, ob der junge Mensch sich durch die Vorbereitung und die Ausgestaltung des Gesamtprozesses ausreichend gestärkt fühlt, die eigenen Aspekte im Hilfeplangespräch einzubringen.

6.2.3 Partizipative Ausgestaltung von Hilfeplangesprächen

Eine weitere Chance der Vorbereitung von Hilfeplangesprächen liegt darin, dass im begrenzten zeitlichen Rahmen des Hilfeplangesprächs überhaupt hinreichend Raum und Zeit für Aushandlungsprozesse mit jungen Menschen und ihren Eltern zur Erarbeitung von Zielen bleibt. Denn durch die schriftliche Vorab-Information aus Perspektive des jungen Menschen, der Eltern sowie der Fachkraft der Einrichtung kann auf ausführliche Schilderungen im Rückblick auf das letzte halbe Jahr zu Beginn des Gesprächs weitgehend verzichtet werden. Ein Anknüpfen an die aktuelle Situation wird fokussierter möglich und so entstehen Freiräume zur Aushandlung von Zielen. Wie die Erfahrungen der Praxis zeigen, kann über die Fokussierung auf den Aushandlungsprozess im Gespräch die Beteiligung des Adressatinnen und Adressaten gestärkt werden.

Damit eine solche Aushandlung erfolgen kann, sind neben dem zeitlichen Freiraum aber noch weitere Aspekte relevant. So ist eine Moderation des Gesprächs, die auf Beteiligung und hinreichende Redeanteile des jungen Menschen und der Eltern achtet, bedeutsam. Nur über das aktive Einbringen und Abwägen der Anliegen der Adressatinnen und Adressaten, können Ziele erarbeitet werden, die für sie relevant sind. Das explizite Zurückgreifen auf die von den jungen Menschen benannten Themen aus der VorabInformation bietet hierfür den inhaltlichen Kontext. Zudem betonen Kinder und Jugendliche im Rahmen von Beteiligungswerkstätten immer wieder, dass für sie eine einfache und verständliche Sprache wichtig ist, um dem Gespräch folgen zu können. Auch für Erfolge gelobt zu werden und eine Wertschätzung für ihre Anstrengungen im Hilfeprozess und im Hilfeplangespräch zu erfahren, beschreiben sie als relevant. Darüber hinaus bewerten sie es als hilfreich, wenn bei ihnen das Erstrederecht bezüglich der Einschätzung einzelner Sachverhalte liegt und die Bewertungen der Erwachsenen erst im Anschluss folgen (vgl. Moos 2012, S. 24 ff sowie Dokumentationen der Beteiligungswerkstätten).

6.2.4 Erziehungsplanung unter Beteiligung der jungen Menschen

Durch die Erziehungsplanung soll ein zielgerichtetes Arbeiten im Alltag der Hilfe befördert werden. Ausgehend von den erarbeiteten Zielen im Hilfeplan geht es darum, diese alltagsbezogen zu konkretisieren und zu klären, welche individuelle Begleitung und Unterstützung der junge Mensch benötigt. Analog den Prämissen des Hilfeplanungsprozesses sollte diese Konkretisierung wiederum unter Beteiligung der jungen Menschen erfolgen. Allerdings zeigen Ergebnisse der Einrichtungsbefragung in Rheinland-Pfalz aus dem Jahr 2010, dass der Beteiligung der jungen Menschen im Rahmen der Erziehungsplanung noch nicht der gleiche Stellenwert beigemessen wird, wie im Rahmen von Hilfeplangesprächen. Lediglich 62 % der Einrichtungen gaben im Rahmen der Befragung an, dass die Erstellung der konkreten Erziehungsziele und Umsetzungsschritte unter Beteiligung der Jungen und Mädchen erfolgt. Dies bedeutet, dass Hilfe- und Erziehungsplanung noch nicht in allen Einrichtungen stringent miteinander verknüpft sind und in gleichem Maße beteiligungsorientiert ausgestaltet werden (vgl. Moos 2012, S. 48).

Um den roten Faden zwischen Hilfe- und Erziehungsplanung sowie die kontinuierliche Beteiligung bei der Konkretisierung der Ziele zu stärken, ist die unmittelbare Nachbereitung des Hilfeplangesprächs mit dem jungen Menschen von Bedeutung. Dazu gehört unter anderem, dass die Kinder und Jugendlichen den Hilfeplan mit den dort vereinbarten Zielen möglichst zeitnah nach dem Gespräch erhalten. So kann ein gemeinsamer Bezugspunkt zur Weiterarbeit entstehen. Die Ziele des Hilfeplans bilden die Grundlage, um wiederum im Gespräch mit der verantwortlichen Fachkraft der Einrichtung herauszuarbeiten, was mit welcher Priorität bearbeitet werden soll und wie Ziele in Teilziele heruntergebrochen werden können. Daraus können sodann Aufgaben und Handlungsschritte abgeleitet werden. Damit kann ein konkretes Bild entstehen, was durch wen getan werden muss. Denn nur über das konkrete Handeln, kann auf ein Ziel hingearbeitet werden. Zudem ist es hilfreich und motivierend, sich der vorhandenen Ressourcen und Kompetenzen zu vergewissern und daran anknüpfend den Arbeitsprozess auszugestalten. Dazu gehört auch herauszuarbeiten, was das Mädchen/der Junge selbst zur Zielerreichung beitragen kann, und gleichzeitig zu klären, wo Unterstützung von Seiten der Fachkräfte bzw. anderen benötigt wird. Ein solcher Arbeitsprozess kann methodisch z. B. durch das im Folgenden skizzierte ZAP-Modell (vgl. Poss 2005) befördert werden. Dieses Verfahren wurde in einzelnen projektbeteiligten Einrichtungen ausprobiert und als beteiligungsförderlich eingeschätzt.

Der ZAP(Zukünftige Alternativen Planen)-Prozess

Die acht Schritte des ZAP-Prozesses

1. Den Traum berühren – der „Polarstern“.
2. Sich des Ziels bewusst werden.
3. Sich in die gegenwärtige Situation vertiefen.
4. Menschen identifizieren, die helfen können.
5. Mittel und Wege erkennen, die helfen, Kraft zu sammeln.
6. Die Handlungsschritte für die nächsten Monate planen.
7. Die Arbeit des kommenden Monats planen.
8. Den ersten Schritt gehen.

Das ZAP-Prozess-Schaubild

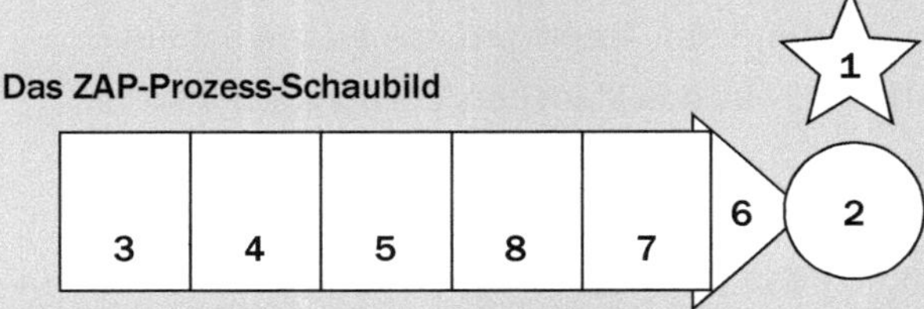

Die ZAP-Prozess-Fragen

1. Notiere einige Vorsätze, die du für dich gefasst hast.
   Schreibe die Antriebskräfte und Stärken, die dich auszeichnen, jeweils an die Zacken des Sterns, der mit der Nummer 1 gekennzeichnet ist.
2. Bestimme ein erreichbares Ziel aus deiner gedachten Liste an guten Vorsätzen, welches du innerhalb der nächsten sechs Monate erreichen willst und schreibe es in den mit 2 gekennzeichneten Kreis.
3. Was tust du im Augenblick dafür, dich deinem Ziel zu nähern? (Feld 3)
4. Welche Leute können dir dabei behilflich sein, dich deinem Ziel zu nähern? (Feld 4)
5. Welches neue Wissen, welche neuen Fertigkeiten benötigst du, um dein Ziel zu erreichen? (Feld 5)
6. Was musst du am Ende der drei Monate geschafft haben, um sicher sein zu können, dass du die Hälfte des Weges zu deinem Ziel zurückgelegt hast? (Achtung Feld 6!)
7. Was möchtest du am Ende des ersten Monats erreicht haben? (Feld 7)
8. Was ist der erste Schritt, den du in Richtung deines Ziels einschlagen wirst, wenn dieses Gespräch heute beendet ist? (Feld 8)

Um an den konkretisierten Teilzielen kontinuierlich weiterarbeiten zu können, braucht es wiederum regelmäßige Gespräche zwischen Kind/Jugendlichem und betreuender Fachkraft. Regelmäßig heißt in den meisten Modelleinrichtungen, dass solche Reflexions- und Planungsgespräche einmal monatlich stattfinden. Über solche Rahmungen kann sichergestellt werden, dass jeweils mit dem jungen Menschen geplant wird und nicht für ihn.

6.3 Beteiligungsorientierte Ausgestaltung von Gruppenbesprechungen

In den allermeisten Einrichtungen sind Gruppenbesprechungen der zentrale Ort, an dem Alltagsfragen, Belange der Gruppe, aber auch Anliegen einzelner, die die Gruppe betreffen, angesprochen und geklärt werden. Es geht darum, Regeln und Aktivitäten mit den Fachkräften der Gruppe zu verhandeln sowie Konflikte des Alltags miteinander zu besprechen und zu lösen. Gruppenbesprechungen bieten somit, bei entsprechender Ausgestaltung, die Chance, alltagsnahe Beteiligungs- und Beschwerdemöglichkeiten zu eröffnen und Aushandlungsprozesse zu initiieren, um die verschiedenen Interessen innerhalb einer Gruppe bestmöglich in Einklang zu bringen.

Darüber hinaus werden Gruppenbesprechungen aber auch vielfach als Ort für inhaltliche Arbeitsprozesse mit der Gruppe genutzt. So wurden in diesem Kontext im Rahmen der Arbeitsprozesse der Modelleinrichtungen, Kinderrechte mit den jungen Menschen alltagsnah konkretisiert oder gruppenübergreifende Beteiligungsmöglichkeiten vorgestellt. Auch bei der Entwicklung der Beschwerdeverfahren waren die Gruppenbesprechungen wichtige Informations- und Diskussionsorte. So wurden hier die angedachten Verfahren vorgestellt und diskutiert. Die entsprechenden Instrumente wurden in diesem Rahmen eingeführt. Zudem haben sich die für die Beschwerden verantwortlichen Personen in der Regel in den Gruppenbesprechungen explizit vorgestellt und besuchen diese in regelmäßigen Abständen, um für die jungen Menschen präsent und persönlich ansprechbar zu sein.

Zudem zeigen die Ergebnisse der Einrichtungsbefragung, dass Gruppenbesprechungen häufig als Möglichkeit genutzt werden, um Kinder und Jugendliche offen, das heißt ohne inhaltliche Vorgaben, zu ihren Befindlichkeiten,

Wünschen und Anliegen zu befragen. So gaben 83 % der befragten Einrichtungsleitungen an, dass innerhalb der letzten beiden Jahre offene Zugänge zu Einschätzungen und Bedarfen der jungen Menschen im Rahmen von Gruppenbesprechungen eröffnet wurden.

Einzelne Einrichtungen nutzen Gruppenbesprechungen aber auch für Gespräche zwischen den jungen Menschen und Leitungskräften bzw. für Beteiligungs- und/oder Beschwerdeverfahren verantwortliche Personen, um explizit ohne Fachkräfte der Gruppe mit den jungen Menschen darüber zu sprechen, wie sie das Klima und den alltäglichen Umgang in der Gruppe erleben und wie sie ihre Beteiligungs- und Beschwerdemöglichkeiten einschätzen. Solche Gruppengespräche in bewusst anderer Zusammensetzung werden in diesen Einrichtungen ein- bis zweimal jährlich durchgeführt und können als ein weiterer Mosaikstein zur Öffnung von Gruppen nach außen im Sinne der Stärkung von Beteiligung und Beschwerde angesehen werden.

Werden Gruppenbesprechungen als Beteiligungskontext ausgestaltet, so schreiben auch die jungen Menschen diesem Ort eine wichtige Funktion zu. So beschreiben sie im Rahmen der Beteiligungswerkstatt zum Thema „Ich will was loswerden – Anregung und Beschwerde in der Heimerziehung", dass es bei ihnen in der Einrichtung besonders gut funktioniert, etwas loszuwerden oder etwas zu verändern, wenn Anliegen *„bei der Gruppensitzung besprochen"* werden oder *„ich beim Gruppenabend mit der gesamten Gruppe und den Erziehern rede"* und *„Unterstützung durch die anderen Gruppenmitglieder da ist"*.

Damit solche positiven Effekte von Gruppenbesprechungen ausgehen können, konnten im Rahmen der einrichtungsbezogenen Arbeitsprozesse Rahmenbedingungen und methodische Vorgehensweisen herausgearbeitet werden, die eine gelingende Ausgestaltung befördern.

6.3.1 Zieldienliche Rahmenbedingungen für beteiligungsorientierte Gruppenbesprechungen

Gruppenbesprechungen sind in vielen Einrichtungen einer der zentralen Kommunikationsorte, wo Anliegen, Befindlichkeiten und Fragen, die die

Gruppe betreffen, besprochen und verhandelt werden können. Zumeist finden solche Treffen wöchentlich oder 14-tägig statt. Ein solch regelmäßiger Turnus kann sicherstellen, dass Themen zeitnah besprochen werden können. Die Kinder und Jugendlichen haben auf die Bedeutung von möglichst wöchentlichen Treffen hingewiesen, so dass so bei Bedarf Themen schnell geklärt werden können. Zudem war es ihnen wichtig, dass die Treffen nicht nur dann einberufen werden, wenn es konkreten Klärungsbedarf bzw. Kritik gibt.

Zur Stärkung der Beteiligung der jungen Menschen im Rahmen von Gruppenbesprechungen hat sich gezeigt, dass Mitbestimmung auch schon bei den Themen beginnt, die im Rahmen der Gruppenbesprechung bearbeitet werden. So wurde in einzelnen Einrichtungen der Aufforderungscharakter für die jungen Menschen, aktiv Themen einzubringen, z. B. über einen Zettel an einer Pinnwand erhöht, wo Themen, die unter der Woche als besprechungswürdig auftauchen, festgehalten werden. Über solche unterstützenden Verfahren kann sichergestellt werden, dass klar ist, welche Themen besprochen werden sollen und diese nicht einseitig von Seiten der Fachkräfte bestimmt werden.

Hinsichtlich der methodischen Strukturierung der Treffen selbst haben sich folgende Aspekte als hilfreich herauskristallisiert:

- An den Anfang jedes Treffens eine positive Feedback- oder Anerkennungsrunde zu stellen, haben einzelne Einrichtungen gezielt eingeführt, um nicht nur problematische und zu klärende Aspekte in den Vordergrund der Besprechungen zu stellen, sondern gezielt das Augenmerk auch darauf zu richten, was in der vergangenen Woche gut gelaufen ist, und Lob sowie positive Rückmeldung zu stärken.
- Daran anschließend werden die Vereinbarungen aus dem letzten Treffen in Erinnerung gerufen und entsprechende Rückmeldungen und Einschätzungen diesbezüglich gegeben.
- Darauf folgend werden anstehende Themen bearbeitet und Planungen konkretisiert, um wiederum zu Vereinbarungen zu kommen, die festgehalten werden.

- Das Ende des Treffens wird oftmals über eine kurze Feedbackrunde oder Wünsche für das nächste Treffen gerahmt.

Erfahrungen zeigen, dass über solche methodischen Strukturierungen das Arbeits- und Gruppenklima positiv beeinflusst werden kann. Eine entsprechende Moderation kann diesbezüglich auch einen wichtigen Beitrag leisten. In einzelnen Einrichtungen übernehmen Mädchen und Jungen mit entsprechender Anleitung die Moderation von Gruppenbesprechungen. Als weitere wichtige Rahmenbedingung haben Kinder und Jugendliche betont, dass es aus ihrer Perspektive wichtig ist, dass genügend Zeit für die Treffen zur Verfügung steht.

Darüber hinaus kristallisierte sich die Erstellung eines kurzen Protokolls zur Gruppenbesprechung als unterstützendes Moment heraus. Sowohl Fachkräfte als auch Mädchen und Jungen beschrieben mehrere Effekte, die dadurch erreicht werden, dass die wichtigsten Vereinbarungen und zu klärende Aspekte festgehalten werden. Zum einen kann darüber die Transparenz gestärkt werden, da über ein Protokoll der Informationsfluss zu Kindern und Jugendlichen sowie Fachkräften der Gruppe sichergestellt werden kann, die an einer Gruppenbesprechung nicht teilnehmen konnten. Zum anderen kann über ein Protokoll aber auch die Verbindlichkeit gestärkt werden, da auf Vereinbartes zurückgegriffen werden kann. Zudem ist wichtig zu klären, wie Inhalte der Gruppenbesprechung, die nicht im Rahmen der Gruppe entschieden werden können, in die entsprechenden Gremien bzw. zur verantwortlichen Person gelangen, um Klärungsprozesse verbindlich auszugestalten. Zur Transparenz und Rahmung von Gruppenbesprechungen gehört des Weiteren, dass klar ist, welche Entscheidungsbefugnisse die Gruppenbesprechung hat, welche Aspekte mit dem Fachkräfteteam der Gruppe jeweils rückbesprochen werden müssen bzw. über welche Wege Anliegen aus der Gruppenbesprechung geklärt werden.

Gezeigt hat sich, dass über eine angemessene Rahmung von Gruppenbesprechungen sowie die Unterstützung und Qualifizierung der jungen Menschen durch Fachkräfte, ein Übungs- und Lernfeld eröffnet werden kann, das die wechselseitige Rückmeldekultur sowie produktive Aushandlungsprozesse stärkt und somit alltagsnahe Beteiligung erlebbar macht.

6.4 Gruppensprecher und Gruppensprecherinnen als Unterstützungsstruktur für junge Menschen

Aus Perspektive der im Rahmen stationärer Wohngruppen betreuten Mädchen und Jungen haben Gruppensprecher und Gruppensprecherinnen, die in vielen Einrichtungen gewählt werden, eine wichtige Funktion im Sinne der Fürsprache und Unterstützung für andere Kinder und Jugendliche. Dies wurde zum einen im Rahmen der Beteiligungswerkstätten, aber auch im Rahmen einer Diskussion mit Jugendlichen deutlich, in deren Einrichtung es bislang kein entsprechendes System gibt, die sich aber ein solches wünschen. So wurde von Seiten der jungen Menschen betont, dass sie es grundsätzlich am besten finden, wenn jede und jeder die jeweils persönlichen Anliegen selbst vertritt. Allerdings gibt es ihrer Erfahrung nach immer wieder Situationen, in denen es hilfreich ist, wenn eine aus der Gruppe der Kinder/Jugendlichen legitimierte Person in bestimmten Kontexten Fürsprecherfunktion übernehmen kann. So haben die jungen Menschen von Situationen berichtet, in denen sie selbst oder andere sich nicht getraut haben, etwas gegenüber den Fachkräften vorzubringen, und sie es als hilfreich erlebt haben, auf den Gruppensprecher bzw. die Gruppensprecherin zugehen zu können. In solchen Kontexten haben diese dann als *„Sprachrohr zu den Erziehern“* fungiert und Verantwortung für Andere übernommen. So beschreibt eine Gruppensprecherin in einem Interview, dass sie im Namen der gesamten Gruppe eine Beschwerde eingereicht hat: *„Ja, weil die ganze Gruppe sich nicht so getraut hat, weil wir haben auch noch Jüngere, deswegen habe ich es dann gemacht, weil ich bin die Gruppensprecherin von uns“ (J1_RZ 29).* Auch im Rahmen der Beteiligungswerkstätten haben die jungen Menschen darauf verwiesen, dass es ihnen teilweise leichter fällt, sich anderen Kindern/Jugendlichen anzuvertrauen als Fachkräften. Zum anderen werden Gruppensprecher und -sprecherinnen auch in der Verantwortung gesehen, Fachkräfte an bestimmte Vereinbarungen und Zusagen zu erinnern, da ihnen qua Funktion ein „guter Draht“ zu den Fachkräften zugeschrieben wird.

Damit es hinsichtlich der Erwartungen und der Rollenausübung möglichst große Übereinstimmungen gibt, hat es sich als zieldienlich erwiesen, im Vorfeld der Wahl z. B. im Rahmen einer Gruppenbesprechung zu thematisieren, welche Kompetenzen Sprecherinnen und Sprecher (und deren Stellvertreterinnen und Stellvertreter) benötigen und welche Aufgaben sie übernehmen sollen. Für die Mädchen und Jungen war wichtig, dass die Gewählten Vorbildfunktion übernehmen und sie mit dieser Person *„über Probleme reden"* können, *„sie neutral bleibt und keine Partei ergreift"*, und sich genügend Zeit nimmt. Sie sollte aber auch ihre *„Pflichten wahrnehmen"* und *„das Amt nicht missbrauchen"* sowie die *„Schweigepflicht einhalten"*. Gelingt eine solche Aufgabenübernahme, beschreiben Kinder und Jugendliche ihre Gruppensprecherin bzw. ihren Gruppensprecher als *„Verbündete"*, die *„immer für uns da"* sind.

6.5 Gruppenübergreifende Beteiligungsgremien und -strukturen

Zumeist werden mit dem Begriff gruppenübergreifende Beteiligungsgremien einrichtungsbezogene Arbeitsstrukturen beschrieben, in denen gewählte Mädchen und Jungen aus den einzelnen Gruppen zusammenarbeiten. Oftmals heißen diese Gremien Heim- oder Beteiligungsrat bzw. Jugendbeirat. Die Arbeitsinhalte entstehen in der Regel aus Fragestellungen und Themen, die alle bzw. viele Gruppen der Einrichtung tangieren. Zum einen soll über einen Zusammenschluss der jungen Menschen erreicht werden, dass Austauschkontexte geschaffen werden, die Meinungsbildungsprozesse und Interessenvertretung befördern. Zum anderen gibt es über solche Strukturen legitimierte Ansprechpartner und Ansprechpartnerinnen, die stellvertretend für die Gesamtgruppe der jungen Menschen in Arbeitsprozesse und Gremien eingebunden werden können. Das heißt, dass für einen bestimmten Zeitraum repräsentative Stellvertreterinnen und Stellvertreter einer Struktur zusammenarbeiten.

Vereinzelt gibt es aber auch gruppenübergreifende Beteiligungsstrukturen, die auf die Wahl von Vertreterinnen und Vertretern für einen längeren Zeitraum verzichten und jeweils themen- und interessenbezogen Beteiligungsmöglichkeiten eröffnen. Dies erfolgt dann beispielsweise über zwei- bis dreimal jährlich stattfindende Versammlungen, an denen Abgesandte aus den

Gruppen Anliegen vertreten und all diejenigen zusammenkommen, die es zur Klärung der jeweiligen Anliegen und Fragen braucht. In solchen Arbeitsformen setzt sich die Gruppe bei jedem Termin neu zusammen.

In anderen Einrichtungen werden regelmäßig zeitlich befristete Arbeitsgruppen gebildet, die themenspezifisch arbeiten und nach Abschluss des Projekts bzw. Bearbeitung der Fragestellung wieder aufgelöst werden. Es handelt sich somit um gruppenübergreifende Beteiligungsprojekte mit klarer Zielsetzung und Auftrag.

Grundsätzlich sind die benannten gruppenübergreifenden Arbeitsformen miteinander kombinierbar. Die verschiedenen benannten Zugänge bieten die Chance, für möglichst viele junge Menschen Mitsprachemöglichkeiten in unterschiedlichen Arbeitszusammenhängen zu eröffnen. Wichtig ist jeweils, dass der Arbeitsauftrag sowie die Kompetenzen des jeweiligen Gremiums klar benannt sind. Dazu gehört auch, dass ein Verfahren festgelegt wird, das sicherstellt, dass die Anliegen der jungen Menschen ernsthaft in Entscheidungsprozessen berücksichtigt werden und es gesicherte Kommunikationswege zwischen den Gremien bzw. Arbeitsformen der jungen Menschen und den jeweiligen Entscheidungsträgern gibt.

Welche Erkenntnisse im Rahmen der Einrichtungsbefragung und im Kontext anderer Evaluationszugänge hinsichtlich gruppenübergreifender Beteiligungsgremien gewonnen werden konnten, wird im Folgenden dargestellt:

6.5.1 Ergebnisse der Einrichtungsbefragung zu gruppenübergreifenden Beteiligungsgremien

Im Rahmen der Einrichtungsbefragung wurden unter anderem auch Fragen zu gruppenübergreifenden Beteiligungsgremien beleuchtet. So wurde abgefragt, ob es entsprechende Gremien gibt und in welchen Rahmenbedingungen gearbeitet wird. Die diesbezüglichen Ergebnisse werden im Folgenden dargestellt.

In 55 % der befragten Einrichtungen gab es zum Befragungszeitpunkt im Jahr 2013 ein gruppenübergreifendes Beteiligungsgremium. 37 % gaben an, dass ein solches Gremium im Aufbau bzw. in Planung war. Im Vergleich zur

Befragung 2010 zeichnet sich hier eine deutliche Veränderung ab. So gaben im Jahr 2010 lediglich 17 % der rheinland-pfälzischen Einrichtungen (Moos 2012) an, über entsprechende Gremien zu verfügen.

Betrachtet man die Kompetenzen und Begleitungsstrukturen dieser Gremien, so zeigen sich große einrichtungsbezogene Unterschiede. Positiv hervorzuheben ist, dass 94 % der bereits tätigen Gremien durch eine Fachkraft begleitet wurden. Eigenständige Qualifikationsangebote für die in den Gremien tätigen jungen Menschen wurden in lediglich einem Drittel der Einrichtungen angeboten. Betrachtet man, inwiefern die Kommunikationswege zwischen den Beteiligungsgremien und der Einrichtungsleitung sowie den Teams der einzelnen Gruppen geklärt sind, so zeigt sich, dass die Kommunikationswege in über 60 % der befragten Einrichtungen nicht geklärt und schriftlich festgehalten waren. Dies ist jedoch als eine zentrale Voraussetzung anzusehen, damit ein solches Gremium Veränderungsimpulse setzen kann. Auch die Entscheidungsbefugnisse der bestehenden Gremien waren lediglich in der Hälfte der Eirichtungen schriftlich festgelegt. In der konkretisierenden Betrachtung, welche Befugnisse den jeweiligen Gremien zugesprochen werden, wurde deutlich, dass es sich zumeist um Teilnahme- und Vorsprachebefugnisse handelt. So konnten Vertreter oder Vertreterinnen etwa einen Termin mit der Einrichtungsleitung vereinbaren oder in Organisationsgremien vorsprechen. Die Beratung und Entscheidung hinsichtlich des Anliegens wurde im Einzelfall getroffen. Als weitere Befugnisse wurden in der offenen Antwortkategorie das Führen von Schlichtungsgesprächen und die Unterstützung bei der Umsetzung von Grundrechten benannt. Eigenständige Entscheidungsbefugnisse für sach- oder aufgabenbezogene Bereiche wurden nicht aufgeführt. Über ein eigenes Finanzbudget verfügten lediglich 44 % der gruppenübergreifenden Beteiligungsgremien.

Zusammenfassend lässt sich für die bestehenden gruppenübergreifenden Beteiligungsgremien anmerken, dass die Wirkkraft der Arbeit unter den benannten Rahmenbedingungen in etwa der Hälfte der Einrichtungen als ausbaufähig einzuschätzen ist. Durch die Klärung verbindlicher Kommunikationswege, die Festschreibung von Kompetenzen und Entscheidungsbefugnissen, die Stärkung der Qualifizierungsangebote für die jungen Menschen sowie die Bereitstellung von Mitteln könnten die realen Einflussmöglichkeiten der Gremien verbessert werden.

Auch im Rahmen der Beteiligungswerkstatt „Ich will was loswerden – Anregung und Beschwerde in der Heimerziehung“ thematisierten die Jugendlichen und Fachkräfte gruppenübergreifende Beteiligungsgremien. Die Fachkräfte diskutierten in diesem Rahmen unter anderem, wie die Motivation zur Mitarbeit in solchen Gremien geschaffen und aufrechterhalten werden kann. Hierzu wurden insbesondere zwei Gelingensfaktoren herausgestellt. Dies ist zum einen die gemeinsame Klärung mit den jungen Menschen, an welchen Themen oder Projekten sie arbeiten möchten. Zum anderen geht es darum, für die jungen Menschen erfahrbar werden zu lassen, dass sie etwas bewirken können und als Ansprechpersonen fungieren. Auf diese Weise kann Motivation geschaffen werden. Auch die Jugendlichen betonten die Bedeutung, mit ihren Anliegen ernst genommen zu werden und tatsächlich *„was zu entscheiden und einen Etat zur Verfügung (zu) haben“.* Einflussmöglichkeiten werden dann als besonders stark wahrgenommen, wenn ein möglichst unmittelbarer Dialog zwischen den Jugendlichen und den für eine Entscheidung relevanten Personen stattfindet. Eine solche Unmittelbarkeit stellen einzelne Einrichtungen dahingehend her, dass bei Treffen, bei denen es um Entscheidungen geht, all diejenigen teilnehmen, die zur Diskussion verschiedener Lösungsoptionen und zur verbindlichen Vereinbarung notwendig sind. Dies können neben Fachkräften aus den Gruppen, Leitungskräfte oder Mitarbeitende aus der Verwaltung oder Küche sein. Durch solche Zusammensetzungen können die Kinder und Jugendlichen Entscheidungsprozesse unmittelbarer wahrnehmen und bei guter Moderation auch beeinflussen.

Darüber hinaus war für die Mädchen und Jungen bedeutsam, dass in gruppenübergreifenden Gremien Anliegen, Themen und Probleme aller Gruppen besprochen werden und die Vertreterinnen und Vertreter nicht ihre persönlichen Interessen in den Mittelpunkt stellen. Auch die Fachkräfte thematisieren diese Gratwanderung zwischen Interessenvertretung möglichst aller und Durchsetzung eigener Interessen. Als eine Handlungsstrategie im Umgang mit diesem Phänomen wurde beschrieben, dass das Formulieren expliziter Aufträge an die Vertreterinnen und Vertreter aus den Gruppenbesprechungen heraus für die Treffen als hilfreich erlebt wurde. Zudem wurde ein gesicherter Rückfluss des Erarbeiteten wieder in die Gruppenbesprechungen zurück als bedeutsam hervorgehoben, um sicherzustellen, dass im Sinne der Mehrheit der Mädchen und Jungen gehandelt wird. Als weitere Handlungsstrategien wurde benannt, dieses Spannungsfeld im Rahmen der Vorbereitung und Begleitung der jungen Menschen zu thematisieren und immer wieder gemeinsam zu reflektieren, inwiefern es gelingt, die Interessen der anderen zu vertreten.

6.5.2 Einrichtungsbezogene Beteiligungswerkstätten

So genannte Beteiligungswerkstätten sind Workshops mit und für Kinder und Jugendliche, in denen sie (zeitweise) gemeinsam mit Fachkräften themenbezogen arbeiten. Eine Zielsetzung solcher Werkstätten ist der inhaltliche Austausch zwischen Mädchen und Jungen. Findet dieser in einem gruppen- oder einrichtungsübergreifenden Rahmen statt, ergeben sich besondere Impulse aus den Gemeinsamkeiten und Unterschieden der verschiedenen Gruppen- bzw. Einrichtungskontexte. Über eine entsprechende methodische Ausgestaltung können vielfältige Möglichkeiten eröffnet werden, um Fragen des Heimalltags bzw. zu Beteiligungs- und Beschwerdemöglichkeiten zu diskutieren und Ideen zur Weiterentwicklung zu erarbeiten.

In zwei der Modelleinrichtungen konnten solche gruppenübergreifenden Veranstaltungen durchgeführt werden. Anlass war in beiden Einrichtungen der Wunsch vonseiten der Fachkräfte, zu einem bestimmten Thema einerseits die Einschätzungen der jungen Menschen zu hören, um selbst eine erhöhte Handlungssicherheit zu erhalten, und andererseits einen Denk- und Arbeitsprozess gemeinsam mit den Kindern und Jugendlichen anzustoßen, der Bezug zum Gruppenalltag hat. Eingeladen wurden dabei jeweils Kinder und Jugendliche sowie die Fachkräfte der verschiedenen Gruppen der jeweiligen Einrichtung.

In einer der Einrichtungen fand eine Beteiligungswerkstatt zum Thema „Rechte von Kindern und Jugendlichen“ statt. Diese hatte zum Ziel, gemeinsam mit Fachkräften und jungen Menschen daran zu arbeiten, was Rechte von jungen

Menschen im Alltag der Heimerziehung konkret bedeuten. Was bedeutet beispielsweise das Recht auf Privatsphäre für junge Menschen, was bedeutet das aber auch für Fachkräfte der Einrichtung? Was dürfen Erzieherinnen und Erzieher, aber auch andere Kinder und Jugendliche unter Berücksichtigung der Rechte junger Menschen, was dürfen sie nicht? Welches Verhalten ihnen gegenüber definieren Kinder und Jugendliche als richtig, kritisch oder falsch? – Diesen und weiteren Fragen widmeten sich junge Menschen und Fachkräfte im Rahmen der Veranstaltung. Zudem überlegte sich jede Gruppe, was sie für sich aus dem Tag mitnehmen möchte, was sie für ihren Gruppenalltag als besonders relevant einschätzen. Aus den gesamten Ergebnissen des Tages konnte im Anschluss ein von jungen Menschen und Fachkräften gemeinsam getragener und mit allen Gruppen abgestimmter Rechtekatalog für Kinder und Jugendliche der Einrichtung erstellt werden.

In einer weiteren Modelleinrichtung wurde über eine einrichtungsinterne Beteiligungswerkstatt das Thema „‚Komm mir (nicht zu) nah!‘ Nähe, Vertrautheit und Körperkontakt in (Wohn)Gruppen“ aufgegriffen. Anlass dafür war insbesondere eine zunehmende Verunsicherung auf Seiten der Fachkräfte, wie viel Körperkontakt – vor dem Hintergrund der Kinderschutzdebatte – im Gruppenalltag für eine positive Entwicklung von jungen Menschen angemessen und notwendig ist. Zudem wurde die Frage gestellt, welche Wünsche und Bedürfnisse Kinder und Jugendliche hinsichtlich Nähe und Körperkontakt an Fachkräfte haben. Im Rahmen der Beteiligungswerkstatt diskutierten die Mädchen und Jungen, welche Situationen im Gruppenalltag sie als positiven oder schönen Körperkontakt, welche Situationen sie aber auch als komisch, peinlich oder gar eklig und unangenehm wahrnehmen. Auf diese Weise konnten sie zur Sprache bringen, in welchen Situationen sie sich vonseiten der Fachkräfte, aber auch seitens anderer Kinder und Jugendlicher mehr Körperkontakt wünschen, in welchen Situationen sie aber auch keinen Körperkontakt wollen. Mit diesen Ergebnissen arbeitete die Einrichtung intern weiter.

Aus den Erfahrungen der Modellstandorte konnte eine Reihe an Vorteilen dieser Form der themenspezifischen, gruppenübergreifender Beteiligungsstruktur herausgearbeitet werden. So nahmen die Kinder und Jugendlichen die einrichtungsinternen Beteiligungswerkstätten als Möglichkeit wahr, gehört zu werden, die eigene Meinung zu sagen und auf diese Weise an einrichtungsspezifischen Entwicklungsprozessen mitzuwirken. Das bewerteten sie als besonders positiv. Außerdem beschrieben sowohl Fachkräfte, als auch Kinder und Jugendliche den Austausch in solchen Veranstaltungen als besonders wertvoll. Das bezogen sie einerseits auf den Austausch zwischen Fachkräften und jungen Menschen, andererseits aber auch auf den Austausch junger Menschen verschiedener Gruppen sowie von Fachkräften verschiedener Teams untereinander. Die Kinder und Jugendlichen machten zudem darauf aufmerksam, dass für sie der Aspekt „freiwillige Teilnahme", trotzdem aber verbunden mit einer aktiven Werbung für eine Teilnahme durch die Fachkräfte, besonders wichtig ist. Auch wurde deutlich, dass einrichtungsbezogene Beteiligungswerkstätten den Vorteil bieten, dass nicht nur die Gruppensprecherin oder der Gruppensprecher als Vertretung für die gesamte Gruppe erreicht werden kann, sondern – mit der entsprechenden Werbung – viele Kinder und Jugendliche einer Einrichtung. Auch zeigte sich, dass so bestimmte Themen und diesbezügliche Entwicklungsbedarfe unter großer Beteiligung von Fachkräften und jungen Menschen einer Einrichtung der (teil-)stationären Hilfen zur Erziehung bearbeitet und dadurch auch eventuelle Veränderungen gemeinsam getragen werden können. Das leistet wiederum einen Beitrag zur Qualitätsentwicklung.

6.6 Beteiligung bei der Auswahl von Bezugsbetreuern und Bezugsbetreuerinnen

Eine Beteiligung der jungen Menschen bei der Auswahl des für sie verantwortlichen Bezugserziehers bzw. der Bezugserzieherin ist bislang in der Praxis nicht bzw. kaum verbreitet. Allerdings haben Jugendliche in der Diskussion mit Fachkräften im Rahmen eines Workshops diesbezüglich so wichtige Argumente vorgebracht, dass entsprechende Möglichkeiten in dieser Einrichtung nun eröffnet werden sollen. Praktische Erfahrungen können in diesem Rahmen somit noch nicht bilanziert werden, aber die dahinterstehenden Diskussionen und Überlegungen sollen hier dargelegt werden.

Bereits die unterschiedlichen Namen, die in einzelnen Einrichtungen für die Begleitung eines jungen Menschen für die jeweils zuständige Fachkraft der Gruppe gewählt werden, verweisen auf verschiedene Akzente bezüglich der damit verbundenen Aufgaben und des Selbstverständnisses. So heißen Fachkräfte in einer solchen Funktion oftmals Bezugserzieherinnen oder Bezugserzieher, aber auch Patenerzieherinnen oder Patenerzieher, persönlich verantwortliche Erzieherin bzw. persönlich verantwortlicher Erzieher. Die verschiedenen Namen, so haben Diskussionen gezeigt, verweisen auf eine inhaltliche Grundfrage bzgl. des Aufgabenprofils. So suggerieren die Begriffe Bezugserzieherin und Bezugserzieher oder Patenerzieherin und Patenerzieher, dass die Fachkraft vom Anspruch her eine tatsächliche Bezugsperson des jungen Menschen sein soll. Dahingehend verweist der Name. persönlich verantwortliche Erzieherin bzw. persönlich verantwortlicher Erzieher eher darauf, dass er/sie für die administrativen und organisatorischen Belange in der Gruppe und im Hilfeplanungsprozess Verantwortung übernimmt und diese Aufgaben nicht so stark an ein Vertrauensverhältnis mit dem Jungen/Mädchen gebunden sind.

Unabhängig von der Namensgebung werden diese Fachkräfte zumeist zu Hilfebeginn von Seiten des Fachkräfteteams festgelegt und dem jungen Menschen zugeordnet. Die Auswahl erfolgt bislang in der Regel vor allem nach Kapazitäten im Team. Das Grundprinzip bei der Auswahl folgt somit entlang einer gerechten Arbeitsverteilung im Team verbunden mit Überlegungen zur Passung zum Kind/Jugendlichen (z. B. hinsichtlich des Geschlechts oder bezüglich bereits bekannter Interessen). Eine Möglichkeit des Wechsels besteht zumeist nur, wenn nach längerer Anstrengung keine arbeitsfähige Beziehung besteht und die zuständige Fachkraft dies auch so sieht. D. h. in der Realität kommen Wechsel von Bezugsbetreuungen eher selten vor und die reale Beziehung zwischen Fachkraft und jungem Menschen wird zumeist nicht explizit thematisiert und reflektiert.

Die jungen Menschen haben diesbezüglich problematisiert, dass ihrer Erfahrung nach ein Arbeitsprozess mit der Fachkraft zwar möglich ist, dass es sich aber von ihrer Seite aus nicht um eine vertrauensvolle Arbeitsbeziehung handelt, was Klärungsprozesse im Hilfekontext erschwert. Eine junge Frau fasst ihre diesbezüglichen Erfahrungen wie folgt zusammen: das *„Problem ist, wenn man kein Vertrauen hat, muss man trotzdem zusammen arbeiten. Es wäre viel einfacher, wenn man mitbestimmen könnte, wer die Person ist"*. Sie betont im Rahmen des Workshops, dass Themen im Hilfe- und Erziehungsplanungsprozess oftmals sehr persönlich sind und dass es eben gerade nicht nur um eine formale Begleitung geht. In den Gesprächen mit den Fachkräften sollen bzw. müssen die jungen Menschen sich öffnen und da ist das Vertrauen zu dieser Person für sie von zentraler Bedeutung.

Ergänzt man diese Äußerung um die Wünsche, die Jugendliche im Rahmen der einrichtungsübergreifenden Beteiligungswerkstätten an ihre Bezugserzieherinnen und Bezugserzieher formuliert und diskutiert haben, so zeigt sich, dass diesen Fachkräften auch wichtige Aufgaben hinsichtlich der alltäglichen Beteiligung der jungen Menschen zukommen. So wünschen sie sich, dass sich die für sie verantwortliche Fachkraft mehr Zeit für sie nehmen soll. Im Rahmen dieser Zeit geht es zum einen um gemeinsame Unternehmungen. Vor allem geht es aber darum, dass er/sie den Kindern und Jugendlichen zuhört, mehr mit ihnen diskutiert und aushandelt und nicht über Jugendliche spricht, sondern mit ihnen und im Sinne der Beteiligung der jungen Menschen mehr Verantwortung abgibt. Darüber hinaus wünschen sich die Mädchen und Jungen, dass ihnen ihre Bezugserzieherinnen oder Bezugserzieher Mut machen und ihnen das Gefühl geben, wichtig zu sein und zu ihnen zu stehen. Dazu gehört für sie auch, dass das Vertrauen im Sinne der „Schweigepflicht" nicht missbraucht wird und die Fachkraft aktiv Probleme klärt und Personen auf Missstände anspricht, damit nicht die Gruppe leidet. Bezugserzieherinnen bzw. Bezugserzieher sind für die Mädchen und Jungen wichtige Personen, von denen sie Vorbildfunktion erwarten. Ist eine positive Beziehung gewachsen, so ist eine größtmögliche Betreuungskontinuität in dieser Rolle als wichtig hervorgehoben worden. Umgekehrt haben die Jugendlichen im Rahmen der Beteiligungswerkstatt aber auch auf die Bedeutung der Möglichkeit eines Wechsels hingewiesen, wenn eine vertrauensvolle Zusammenarbeit aus Sicht des jungen Menschen nicht möglich scheint.

Im Rahmen der fachlichen Abwägung der Fachkräfte, wie eine solche Wechseloption realisiert werden kann, wurden folgende Aspekte herausgearbeitet: Da es als wichtig erachtet wurde, dass bereits bei Aufnahme des jungen Menschen in die Gruppe eine verantwortliche Person benannt ist, soll die Praxis, dass erst einmal eine Zuordnung von Seiten der Fachkräfte erfolgt, bestehen bleiben. Allerdings soll die Wechseloption bei Nicht-Passung bereits zu Beginn der Hilfe mit den jungen Menschen explizit besprochen werden. Implementiert wird ein Bezugssystem, bei dem nach ca. drei Monaten mit dem Mädchen/Jungen ein explizites Gespräch stattfinden, in dem geprüft wird, ob eine tragfähige Arbeitsbeziehung und inwiefern ein Vertrauensverhältnis entstanden ist, das eine förderliche Ausgestaltung des Hilfeprozesse nicht behindert.

Von Seiten der an der Diskussion beteiligten Fachkräfte wurde die Vermutung geäußert, dass Wechselwünsche wahrscheinlich gar nicht so oft vorkommen werden, da über gemeinsame Arbeitsprozesse und Aktivitäten zu Hilfebeginn auch Beziehung und Vertrauen wachsen kann. Das aktive Eröffnen der Möglichkeit, wurde aber als wichtig erachtet. Bislang nicht abschließend diskutiert sind die Fragen, wie weit bei einem Wechselwunsch das Mitspracherecht der jungen Menschen bei der Auswahl der neuen Bezugsperson reichen soll (freie Wahl oder Vorschlag von Alternativen durch das Fachkräfteteam) und wie mit den Konsequenzen für die Gesamtarbeitsteilung im Team umgegangen wird, wenn Bezugsbetreuungen ungleich verteilt sind.

6.7 Beteiligung bei der Einstellung von Fachkräften sowie beim Einzug neuer Kinder/Jugendlicher

Das Wohlfühlen in der Einrichtung und ein gutes Verhältnis zu den anderen jungen Menschen sowie zu den Fachkräften der Gruppe sind aus Perspektive der Kinder und Jugendlichen wichtige Voraussetzungen zur Beteiligung im Kontext der Hilfe (vgl. Moos 2010, S. 13). Das Gruppen-klima und das unmittelbare Miteinander innerhalb der Wohngruppen sind somit wichtige Rahmungen, um sich aktiv einbringen zu können und zu wollen. Ausgehend von diesem Wissen stellt sich die Frage, inwiefern die Beteiligung der Mädchen und Jungen bei der Auswahl von Fachkräften und neuen Mitbewohnern und Mitbewohnerinnen einen Beitrag zur förderlichen Gruppenzusammensetzung leisten kann.

Auch diese Beteiligungsmöglichkeit scheint bislang noch relativ wenig verbreitet zu sein. Das Beispiel einer Einrichtung zeigt allerdings, wie es praktisch umgesetzt werden kann und welchen Beitrag die Einschätzungen der jungen Menschen leisten können. So hospitieren in dieser Einrichtung Fachkräfte vor der letztendlichen Entscheidung zur Einstellung, aber z. B. auch für ein Praktikum in der Gruppe. Von Seiten der Einrichtungsleitung werden im Anschluss an diese Hospitation explizite Rückmeldungen der jungen Menschen eingeholt, wie die Mädchen und Jungen die Person fanden. Die Gruppenmitglieder geben somit eine personenbezogene Einschätzung ab. Die bisherigen Erfahrungen resümierend, formuliert die Einrichtungsleitung: *„Das ist ganz interessant und unsere Erfahrung ist auch, wenn man es wieder reflektiert, Kinder haben da manchmal auch ein feines Gespür dafür, was passt und was nicht passt." (L1-RZ588)*

Ähnliches praktiziert diese Einrichtung auch vor Aufnahme neuer Mädchen/ Jungen in eine Gruppe. So besteht zum einen bei einem Informationstermin vor Aufnahme die Möglichkeit, die Gruppe kennenzulernen. Ältere Kinder und Jugendliche können für zwei bis drei Tage in der Gruppe Probewohnen. In diesen Zusammenhängen *„wird schon intensiv gesprochen mit dem Neuen und auch hinterher gesprochen, nicht nur im Betreuerteam, sondern auch in der Wohngruppe unter den Jugendlichen beim Abendessen. Was der Neue reingebracht hat und wo man Bedenken hat oder wo man wirklich dann einfach auch einverstanden ist. Es scheint sinnvoll zu sein, wenn man da auch bei den Jugendlichen und bei den Kindern ein Einverständnis zu der Aufnahme von einem Neuen erreichen kann, nicht nur bei den Betreuern." (L1-RZ598)*

6.8 Beteiligung durch thematisch offene Zugänge

Ein weiterer Beteiligungszugang zielt auf die Schaffung von Kontexten, in denen Kinder und Jugendliche offen, das heißt ohne inhaltliche Vorgaben zu ihren Befindlichkeiten, Wünschen und Anliegen, befragt werden. Im Rahmen der im Projekt durchgeführten Befragung gaben 85 % der befragten Leitungskräfte an, innerhalb der letzten beiden Jahre solche offenen Zugänge zu Einschätzungen und Bedarfen für junge Menschen in ihrer Einrichtung geschaffen zu haben. Der meistgenannte Ort zur offenen Thematisierung von Einschätzungen und Anliegen ist die Gruppenbesprechung. Hier wurde für 83 % der befragten Einrichtungen angegeben, dass die Möglichkeit eröffnet wurde, entsprechende Punkte zur Sprache zu bringen. In 41 % der Einrichtungen wurden Befragungen, in 36 % Workshops für Mädchen und Jungen durchgeführt. In 12 % der Einrichtungen wurden gruppenübergreifende Beteiligungsgremien als Ort für offene Abfragen von Anliegen benannt.

Die Erfahrungen aus der Begleitung von Einrichtungen zeigen, dass durch das Schaffen von explizit thematisch offenen bzw. inhaltlich breiten Zugängen Entwicklungsimpulse zur Stärkung von Beteiligung und Beschwerde von Seiten der jungen Menschen, aber auch von Seiten der Fachkräfte gesetzt werden können. Über die Durchführung von Befragungen, Vollversammlungen oder Workshops besteht zudem die Möglichkeit, dass sich alle bzw. möglichst viele Kinder und Jugendliche äußern und Einschätzungen zu ihrer Lebenssituation im stationären Kontext geben. Durch die Bearbeitung übergreifender Themen kann der Blick geweitet werden und darüber können Aspekte zur Sprache kommen, die im Alltag in der Regel nicht thematisiert werden. So können Anlässe, bei denen explizit nach Einschätzungen zu Beteiligungs- und Beschwerdemöglichkeiten, zu Fragen der Weiterentwicklung von Regeln, zum Wohlfühlen in der Gruppe oder hinsichtlich ungerecht erlebter Situationen gefragt wird, wichtige Hinweise geben, um ausgehend von den Ergebnissen Arbeitsprozesse zur Weiterentwicklung zu initiieren. Ein Teil der Modelleinrichtungen führt entsprechende Befragungen alle zwei Jahre durch. Einrichtungsbezogene Workshops mit offenen inhaltlichen Zugängen finden jährlich statt. Über solche bilanzierenden Reflexionspunkte können dann immer wieder neu zu bearbeitende Fragestellungen oder Projekte entstehen, die den wechselseitigen Dialog und die Suche nach bestmöglichen Lösungen für alle im Rahmen der Hilfe Beteiligten befördern.

7. Konzeptionelle und strukturelle Verankerung von Beteiligung und Beschwerde

Durch das Bundeskinderschutzgesetz ist eine kontinuierliche Qualitätsentwicklung in allen Bereichen der Kinder- und Jugendhilfe verpflichtend geworden. Dabei geht es vor allem auch um die Entwicklung, Anwendung und Überprüfung von Standards für die Sicherung der Rechte von Kindern und Jugendlichen in Einrichtungen und für ihren Schutz vor Gewalt. Im § 45 SGB VIII, der die Erlaubnis für den Betrieb einer Einrichtung regelt, wurde deshalb verankert, dass zur Sicherung der Rechte von Kindern und Jugendlichen in Einrichtungen geeignete Verfahren der Beteiligung sowie der Möglichkeit der Beschwerde in persönlichen Angelegenheiten Anwendung finden müssen. Zudem ist dort festgelegt, dass Einrichtungen eine Konzeption vorzulegen haben, die auch Auskunft über Maßnahmen zur Qualitätsentwicklung und -sicherung gibt. Somit ist eine konzeptionelle und strukturelle Verankerung von Beteiligung und Beschwerde Voraussetzung zum Betrieb einer (teil-)stationären Einrichtung der Hilfen zur Erziehung.

Neben den gesetzlichen Vorgaben, sprechen aber auch viele fachliche Argumente dafür, Beteiligung und Beschwerde verbindlich zu verankern. Denn nur durch eine dauerhafte Umsetzung können die mit den beiden Themen verbundenen pädagogischen und inhaltlichen Zielsetzungen erreicht werden. Denn „Partizipationsprozesse müssen ein für alle Beteiligten gleichermaßen verbindliches, transparent geregeltes und nachhaltiges Angebot darstellen. Insbesondere der Aspekt der Nachhaltigkeit spricht für eine Formalisierung im Sinne einer verbindlichen Verankerung von Partizipationsangeboten in den Einrichtungsstatuten." (Babic 2010, S. 225). Daraus erwächst die Anforderung, Standards zu erarbeiten und dafür Sorge zu tragen, dass diese umgesetzt werden. Die Schaffung eines verbindlichen Rahmens bietet für Fachkräfte Orientierung, da hierdurch Erwartungen an die Ausgestaltung von

Arbeitsprozessen mit jungen Menschen und ihren Familien festgehalten werden. Zudem können einrichtungsbezogene Vorgaben Handlungsanleitung für die praktische Umsetzung geben und somit die Handlungssicherheit stärken. Des Weiteren wird über die Schaffung entsprechender Strukturen versucht, eine größtmögliche Unabhängigkeit von Personen zu erreichen, obwohl bestimmte Personen an Schlüsselpositionen Verfahren prägen. Durch die Erarbeitung und verbindliche Vereinbarungen von Standards wird fachliches Handeln auch verstärkt überprüfbar, so dass der Frage, inwiefern pädagogischer Anspruch und praktische Umsetzung von Beteiligung und Beschwerde im Alltag zueinander passen, nachgegangen werden kann. Welche Vorgehensweisen sich diesbezüglich im Rahmen der Begleitung der Modelleinrichtungen als zieldienlich erwiesen haben, wird im Folgenden aufgezeigt.

7.1 Beteiligung und Beschwerde als Ausgangspunkt für Qualitätsentwicklungsprozesse

Ausgehend von einem Qualitätsentwicklungsverständnis, das auf einem zirkulären Prozess basiert, wird deutlich, dass es im ersten Schritt zur (Weiter-) Entwicklung von Beteiligungs- und Beschwerdemöglichkeiten in den Hilfen zur Erziehung eine einrichtungs- bzw. angebotsbezogene Bestandsaufnahme braucht, um zu bilanzieren, welche Standards bislang gelten und wie sie aktuell umgesetzt werden. Darauf folgend schließt sich die Bewertung der einzelnen Standards an, woraus dann Handlungsbedarfe zur Fortentwicklung der Strukturen und Verfahren abgeleitet werden können. Sind die Entwicklungsbedarfe herausgearbeitet, gilt es den Arbeitsprozess zur Umsetzung entsprechender Verbesserungsmaßnahmen zu planen, Verantwortlichkeiten festzulegen und sicherzustellen, dass das Geplante zur Umsetzung kommt.

In der Regel braucht es auch eine Auseinandersetzung damit, welche Rahmenbedingungen und Maßnahmen es zur Gewährleistung der angestrebten Qualität notwendig sind, so dass die Standards realistisch umgesetzt werden können. Daran anschließend gilt es wiederum, mit der Auswertung und dem Ableiten von Konsequenzen zu beginnen. So entsteht im Idealfall ein Kreislauf, der dazu führt, dass sich ein kontinuierlicher Arbeitsprozess entwickelt, der unter Beteiligung der Fachkräfte sowie der jungen Menschen und ihrer Familien dazu führt, dass Beteiligungs- und Beschwerdeverfahren stetig optimiert und die Ausgestaltung von Hilfen für die Adressatinnen und Adressaten passgenauer werden.

Als Ausgangspunkt einer einrichtungsbezogenen Bestandaufnahme hat es sich als zieldienlich erwiesen, eine Bilanzierung unter Beteiligung der Mitarbeitenden aus möglichst allen Gruppen und Arbeitsbereichen der Einrichtung durchzuführen. Zur Strukturierung der Einschätzungen zum Umsetzungsstand von Beteiligung und Beschwerde bieten sich die folgenden Beteiligungsbausteine an:

- □ Kontinuierliche Arbeit an einer von Vertrauen und Wertschätzung geprägten Kultur der Beteiligung
- □ Beteiligung an Alltagsthemen der Gruppe
- □ Beteiligung bei der Erstellung und Weiterentwicklung von Gruppen- und Einrichtungsregeln
- □ Aufbau und partizipative Ausgestaltung von gruppenbezogenen und -übergreifenden Beteiligungsgremien
- □ Beteiligung im Rahmen der Hilfe- und Erziehungsplanung
- □ Informationsvermittlung und Arbeit zum Thema Kinderrechte
- □ Aufbau eines Beschwerde- und Verbesserungsmanagements
- □ Umsetzung von Beteiligungsprojekten
- □ Offene Zugänge zu Einschätzungen und Bedarfen der Beteiligung durch junge Menschen

Entlang dieser Beteiligungsbausteine kann eingeschätzt werden, in welcher Qualität und Verbindlichkeit in den verschiedenen Gruppen und Hilfeformen die einzelnen Aspekte umgesetzt werden und inwiefern diesbezüglich Weiterentwicklungsbedarfe gesehen werden. Als bedeutsam hat sich erwiesen, dahingehend zu differenzieren, was bereits als verbindlicher Standard in der alltäglichen Arbeitspraxis gelebt wird und welche Beispiele guter Praxis sich in den einzelnen Gruppen herausgebildet haben. Ausgehend von solch gelingenden Erfahrungen, können Übertragspotenziale deutlich werden.

Soll das strukturell verankerte Beschwerdeverfahren einer Einrichtung vertiefend bilanziert werden, so hat sich eine detaillierte Analyse einzelner Qualitätsanforderungen bewährt. Einschätzungen zur Bekanntheit des Verfahrens sowie zur gelebten Beschwerdepraxis können Hinweise zu Weiterentwicklungsbedarfen geben. Beurteilungen im Rahmen der Arbeitsprozesse mit den Modelleinrichtungen wurden diesbezüglich zu folgenden Punkten erarbeitet:

- □ Es gibt einen handlungsorientiert konkretisierten Rechtekatalog, der schriftlich fixiert ist.
- □ Der Rechtekatalog wurde beteiligungsorientiert mit Kindern und Jugendlichen sowie Fachkräften erarbeitet.
- □ Es gibt einen Konsens im Team und in der Einrichtung über die Rechte von Kindern und Jugendlichen.
- □ Es ist geklärt, wie Kinder und Jugendliche sowie Fachkräfte über ihre Rechte aufgeklärt werden.
- □ Das Verfahren des Beschwerdemanagements ist strukturiert, transparent und schriftlich fixiert.
- □ Es ist ein Ansprechpartner/eine Ansprechpartnerin benannt, der/die eine umfassende Zuständigkeit für alle Arten von Beschwerden in der Einrichtung hat.
- □ Der Zugang zum Beschwerdeverfahren ist klar geregelt.

- ☐ Ansprechpersonen für Beschwerden sind präsent und pflegen den persönlichen Kontakt aktiv.
- ☐ Beschwerden werden zeitnah bearbeitet.
- ☐ Nach Eingang der Beschwerde wird aktiv nach Lösungen gesucht (Gespräche initiieren, Optionen gemeinsam sondieren etc.).
- ☐ Die beschwerdeeinbringende Person bekommt innerhalb eines benannten Zeitrahmens eine Rückmeldung zum Bearbeitungsstand.
- ☐ Eingegangene Beschwerden werden dokumentiert und evaluiert, um interne Qualitätsentwicklungsprozesse anstoßen zu können.
- ☐ Das Beschwerdeverfahren wird regelmäßig überprüft und qualifiziert weiterentwickelt.

Ausgehend von den Einschätzungen zu den jeweiligen Aspekten wurden im Arbeitsprozess Weiterentwicklungsbedarfe herausgearbeitet, die dann wie im idealtypischen Qualitätsentwicklungsprozess dahingehend konkretisiert wurden, welche Themen und Fragestellungen mit welcher Priorität und in welcher Form bearbeitet werden sollen. Durch diese Festlegungen wurde die einrichtungsbezogene Arbeitsplanung zur Verbesserung der Mitbestimmungs und Beschwerdemöglichkeiten ausgestaltet. Bei jedem neuen Treffen der gebildeten Arbeitsgruppe wurde dann bilanziert, welche Schritte umgesetzt wurden und welche Erfahrungen sich in der praktischen Umsetzung zeigten, um daran anschließend weitere Entwicklungsbedarfe oder neue Aspekte zu konkretisieren.

Eine umfassende Bilanzierung des Umsetzungstandes innerhalb einer Einrichtung bietet neben den Ansätzen zur Qualitätsentwicklung auch die Grundlage zur Erstellung eines Konzeptes zur Umsetzung und Sicherung von Beteiligung und Beschwerde. Über die Darstellung der umgesetzten Standards entlang der Beteiligungsbausteine sowie die Vereinbarungen zur Absicherung und Weiterentwicklung der Methoden und Verfahren können die fachlichen Grundlagen der Arbeit beschrieben werden. Zugleich ist ein solches Konzept Voraussetzung zur Erteilung der Betriebserlaubnis, worauf im Kapitel zur Schnittstelle mit dem überörtlichen Jugendhilfeträger näher eingegangen wird.

An einem Modellstandort wurde ein solches Beteiligungs- und Beschwerdekonzept exemplarisch unter Beteiligung von Fach- und Leitungskräften erarbeitet. Ausgehend von einer Bestandsaufnahme, wie sie eingangs des Kapitels beschrieben wurde, wurden zu den unterschiedlichen Aspekten in Kleingruppen Textbausteine verfasst, die anschließend von einer Leitungskraft zusammenfassend beschrieben wurden. Der inhaltliche und redaktionelle Arbeitsprozess zur Erstellung der Konzeption wurde von Seiten der Fachkräfte als relativ mühselig eingeschätzt, da um Formulierungen gerungen wurde und immer wieder der Frage nachgegangen wurde, worüber der jeweilige Aspekt in der praktischen Umsetzung abgesichert werden kann. Allerdings wurde positiv hervorgehoben, dass über den Arbeitsprozess die Inhalte der Konzeption breit diskutiert und damit angeeignet wurden, da bislang die entsprechenden konzeptionellen Papiere oftmals nur auf Ebene der Leitungskräfte bekannt waren. Durch die Auseinandersetzung wurde somit die Identifikation mit dem Konzept befördert.

7.2 Unterstützendes zur strukturellen Verankerung von Beteiligung und Beschwerde

Um die strukturelle Verankerung von Beteiligung und Beschwerde innerhalb einer Einrichtung kontinuierlich vorantreiben zu können, hat sich die Klärung der personellen Verantwortung für die Ausgestaltung entsprechender Verfahren und Maßnahmen der Qualitätssicherung als relevant erwiesen. So braucht es mindestens eine Person, die die Arbeits- und Umsetzungsprozesse verantwortlich koordiniert und dafür Sorge trägt, dass der begonnene Prozess präsent bleibt. Dazu gehört auch, dass auf die Einhaltung der vereinbarten Standards geachtet und sichergestellt wird, dass die notwendigen Rahmenbedingungen zur Umsetzung der Standards gegeben sind. Zudem hat sich in der Begleitung der Modelleinrichtungen auch gezeigt, dass es zieldienlich ist, wenn die verantwortliche Person auch dahingehend auf Verfahrensqualitäten achtet, dass aus den eröffneten Beteiligungsformen Prozesse erwachsen, die zu sichtbaren und erlebbaren Veränderungen führen.

Strukturell bietet es sich je nach Größe und Organisationsform einer Einrichtung an, die beschriebenen Aufgaben entweder auf Leitungsebene zu verorten oder sie bei der für Qualitätsentwicklung verantwortlichen Person anzusiedeln. Als weitere Möglichkeit kann eine Fachkraft speziell mit dieser Aufgabe betraut werden, die dann im Sinne einer Beteiligungsbeauftragten oder eines Beteiligungsbeauftragten bestimmte Stundenkontingente zur Umsetzung der Aufgaben zur Verfügung hat. Teilweise wurden spezifische Ressourcen zur Bearbeitung der Themen Beteiligung und Beschwerde im Rahmen der Qualitätsentwicklungs-, Leistungs- und Entgeltvereinbarungen nach § 78 SGB VIII ausgehandelt. So gaben 15 % der im Rahmen der Einrichtungsbefragung befragten Einrichtungen an, für die Bearbeitung der Themen Beteiligung und Beschwerde gesonderte Ressourcen ausgehandelt zu haben. In anderen Einrichtungen werden die benötigten Ressourcen über Vereinbarungen zu allgemeinen gruppenübergreifenden Aufgaben bereitgestellt. Werden Beteiligungs- und Beschwerdeverfahren qualitativ neu ausgestaltet, so gilt zu prüfen inwiefern die dazu benötigten Ressourcen zur Verfügung gestellt werden können. Vielfach hat sich gezeigt, dass Arbeitsprozesse durch eine beteiligungsorientierte Ausgestaltung lediglich in einer anderen Art und Weise umgesetzt werden, was aber nicht immer mit einem vermehrten Ressourcenaufwand einhergeht. Die je spezifischen Rahmenbedingungen vor Ort sowie die gewählten Umsetzungsmodelle von Beteiligungs- und Beschwerdeverfahren haben jeweils Einfluss drauf, welche Ressourcen benötigt werden.

Als weiterer Beitrag zur strukturellen Verankerung kann die Thematisierung von Haltungsfragen im Rahmen von Qualifizierungsprozessen angesehen werden. So hat sich im Projektkontext abermals gezeigt, dass die Implementierung von Beteiligungs- und Beschwerdestrukturen in einem engen Zusammenhang mit Einstellungen und Handlungsprämissen der Fachkräfte steht. Einen Beitrag zur Entwicklung beteiligungsförderlicher und fehlerfreundlicher

Einstellungen können einrichtungsbezogene Entwicklungs- und Qualifikationsprozesse leisten, die entsprechenden Raum für Diskussion und Reflexion lassen. Zudem können durch positive Erfahrungen Haltungen geprägt werden, so dass eine einrichtungsbezogene Beteiligungskultur in der sich die Mitarbeitenden selbst in einer aktiv beeinflussenden Position erleben, eine wichtige Rolle spielen. Im Versuch, eine entsprechende Philosophie beschreibbar zu machen, wurden in den projektbeteiligten Einrichtungen unterschiedliche Strategien verfolgt. So sind in Einleitungen zu Informationsmaterialien, im Leitbild der Einrichtung oder im jeweiligen Konzept der Einrichtung bzw. Gruppe entsprechende Passagen zu Beteiligung und Beschwerde verfasst worden. Darüber hinaus wurden zum Beispiel Selbstverpflichtungserklärungen für Mitarbeitende erarbeitet, die festhalten, wie Fachkräfte mit den jungen Menschen und ihren Familien im Rahmen der Hilfen zur Erziehung umgehen möchten. Die verschiedenen Ausführungen beschreiben Haltungsfragen und Grundprämissen der pädagogischen Arbeit. Beispiele finden sich im Anhang dieses Buches. Solche fachlichen Beschreibungen von Einstellungen und Haltungen können als weiterer Baustein zur strukturellen Verankerung von Beteiligung und Beschwerde angesehen werden.

Darüber hinaus wurde von Seiten der Fachkräfte als hilfreich eingeschätzt, wenn Arbeitsergebnisse zu Standards in Prozessbeschreibungen münden, die deutlich machen, was es zur Umsetzung der Standards konkret im Arbeitsalltag zu tun gilt. Zudem wurde hervorgehoben, dass es zur Umsetzung einzelner Standards in die Praxis teilweise Anleitung und Unterstützung für die Fachkräfte braucht, so z. B. bezüglich der Moderation und methodischen Ausgestaltung von Gruppenbesprechungen oder der beteiligungsorientierten Vorbereitung von Hilfeplangesprächen. Zum umfassenden Ansatz eines Qualitätsentwicklungsprozesses gehören somit auch entsprechende Qualifizierungs- und Fortbildungsangebote sowohl für Fachkräfte als auch die jungen Menschen. Die Verortung der Themen Beteiligung und Beschwerde in der Fortbildungsplanung ist somit ein weiterer Punkt, der zur strukturellen Verankerung beitragen kann.

Ein anderer Beitrag zur strukturellen Verankerung sind Festlegungen, in welchem Kontext und in welcher Regelmäßigkeit die erarbeiteten Beteiligungs- und Beschwerdemöglichkeiten reflektiert werden. Als angemessener Turnus wurden in den Modelleinrichtungen zwei Ankerpunkte pro Jahr erachtet, um das Erarbeitete kritisch zu beleuchten und die Verfahren dauerhaft mit Leben zu füllen. Grundsätzlich können zwei unterschiedliche Zugänge zur Reflexion von Beteiligungs- und Beschwerdeverfahren unterschieden werden. Zum einen kann dies über datenbasierte Auswertungen erfolgen, zum anderen über kommunikative Auswertungen. Als datenbasierte Zugänge der Reflexion bieten sich z. B. Befragungen der Adressatinnen und Adressaten und/oder der Fachkräfte an. So führt ein Teil der Modelleinrichtungen alle zwei Jahre eine schriftliche Befragung der betreuten Kinder und Jugendlichen durch. Ein weiterer datenbasierter Zugang kann über die systematische Auswertung aller eingegangenen Beschwerden im formalen Verfahren erfolgen. So wurden im Projektzeitraum in allen beteiligten Einrichtungen Evaluationsbögen eingesetzt, die aus Perspektive der beschwerdeeinbringenden und beschwerdebearbeitenden Person bewerten, wie die Beschwerdebearbeitung verlaufen ist, und Einschätzungen zur Zufriedenheit mit der gefundenen Lösung geben. Über solche Zugänge können Hinweise zur Weiterentwicklung von Strukturen und Verfahren deutlich werden. Kommunikative Zugänge der Auswertungen können z. B. im Rahmen von Treffen und Beteiligungswerkstätten bzw. in Gremien wie z. B. dem Heimrat oder bei Vollversammlungen erfolgen. Über die Diskussion und Reflexion entsprechender Fragestellungen zur Umsetzung von Beteiligung und Beschwerde können Hinweise zur Fortentwicklung erarbeitet werden. Wichtig ist, dass ausgehend von den jeweiligen Einschätzungen ein einrichtungsbezogener Lernprozess gestaltet wird, der zur stetigen Anpassung der Strukturen und Verfahren führt.

8. Einrichtungsbezogene Veränderungen, die durch die Arbeitsprozesse zu Beschwerde und Beteiligung angestoßen wurden

Nach der Darstellung der Erkenntnisse und Erfahrungen, die im Entwicklungs- und Umsetzungsprozess zu Beschwerde- und Beteiligungsverfahren gewonnen werden konnten, soll im Folgenden bilanziert werden, welche Veränderungen durch die einrichtungsbezogenen Arbeitsprozesse angestoßen werden konnten. Diesbezüglich stellt sich die Frage, welche Auswirkungen die veränderten Arbeitsweisen auf das professionelle Selbstverständnis der Fachkräfte und den Alltag stationärer Hilfen zur Erziehung haben. Was durch den einrichtungsbezogenen Entwicklungsprozess, erreicht werden konnte, wurde im Rahmen eines Abschlussworkshops an jedem der vier Modellstandorte aus Perspektive der Fachkräfte eingeschätzt. Zudem wurde in Interviews mit Leitungskräften nach Veränderungen gefragt, die aus den Arbeitsprozessen zu Beschwerde und Beteiligung resultieren. Die zentralen Ergebnisse dieser Auswertungen werden im Folgenden dargestellt.

Fachkräfte erleben Beteiligung

Die beteiligungsorientierte Ausgestaltung der einrichtungsbezogenen Weiterentwicklungsprozesse zu Beteiligung und Beschwerde wurde von Seiten der Fachkräfte als eine für sie bedeutsame Erfahrung eingeschätzt, da es für sie wichtig war, Teil des Prozesses und aktiv eingebunden zu sein. Durch ihre Mitwirkung ist für sie die Akzeptanz der erarbeiteten Veränderungen sowie des Beschwerdeverfahrens gestiegen. Das bedeutet, dass die Beteiligung der Mitarbeitenden ein wichtiger Schlüsselprozess zur Implementierung der Verfahren war. Relevant war aus Perspektive der Mitarbeitenden zudem, dass ein einheitliches Konzept für verschiedene Gruppen gemeinsam erstellt wurde. Darüber hinaus wurde rückgemeldet, dass durch die Beteiligung am Prozess Entscheidungsfindungen für die Fachkräfte erleichtert wurden, da sie sich in ihrer Eigenverantwortung gestärkt sahen. Die Erfahrungen im partizipativen Entwicklungsprozess haben somit auch Auswirkungen auf das Rollen- und Aufgabenverständnis der Fachkräfte in pädagogischen Kontexten.

Erweiterung des fachlichen Wissens und der Methodenkompetenz

Eine weitere Veränderung, die von Seiten der Fachkräfte wahrgenommen wurde, war die Steigerung ihrer fachlichen Kompetenz im Thema Beteiligung und Beschwerde. Durch den fachlichen Input von außen sowie den gruppenübergreifenden Austausch geben die Fachkräfte an, dass sie Denkanstöße zu Veränderungen von Strukturen und Prozessen in der Gruppe erhalten haben. Vor allem wurden Qualitätsverbesserungen hinsichtlich der Beteiligung bei Gruppen- und Hilfeplangesprächen benannt. So wurde hervorgehoben, dass der Hilfeplanungsprozess durch die umgesetzten Veränderungen für das Team wichtiger, strukturierter und klarer geworden ist. Als ein diesbezüglicher Teilaspekt wurde benannt, dass durch die Arbeit im Projekt nun auch verstärkt (jüngere) Kinder in Hilfeplangespräche einbezogen werden und die Kinder und Jugendlichen auf Grund der Anwendung neuer Methoden in der Vorbereitung der Gespräche aktiver erlebt werden. Als eine weitere positive Erweiterung der Methodenkompetenz wurden zudem die Methoden zur beteiligungsorientierten Erziehungsplanung bewertet. Hinsichtlich der Veränderungen bei Gruppengesprächen wurde resümiert, dass diese öfter stattfinden und die Themen Anregung und Beschwerde jeweils als gesonderter Punkt explizit angesprochen werden, was als Weiterentwicklung eingeschätzt wurde. Insgesamt wurde bilanziert, dass sich durch die methodischen Veränderungen das fachliche Handeln der Fachkräfte verstärkt am Bedarf der jungen Menschen orientiert.

Verstärkte Sensibilisierung der Fachkräfte für die Belange der Kinder und Jugendlichen

Durch die intensive Auseinandersetzung mit den Themen Beschwerde und Beteiligung sowie die methodischen Neuerungen hat sich nach Selbsteinschätzung der am Prozess beteiligten Fachkräfte ihre Aufmerksamkeit für die Anliegen und Wünsche der jungen Menschen erhöht. Durch die verstärkte Reflexion und das Infrage stellen eigener Handlungsroutinen geben sie an, dass ihr Blick für die Bedürfnisse der Mädchen und Jungen geschärft wurde und sie dadurch auch mehr Verständnis für die Belange der jungen Menschen entwickelt haben. Anregungen, Wünsche und Beschwerden der jungen Menschen werden somit ernster genommen und die Wertschätzung für die Anliegen der jungen Menschen ist aus Sicht der Fachkräfte gestiegen. Zudem wird eine intensivere Gesprächsbereitschaft als Folge der Arbeitsprozesse benannt, da der Hauptfokus nun darauf ausgerichtet ist, mit den Kindern und Jugendlichen zu sprechen und *nicht nur über sie*. Durch die verstärkte Sensibilisierung und eine damit einhergehende Haltungsänderung sehen Fachkräfte zudem für sich ein gestärktes Mandat, die Interessen der Kinder und Jugendlichen im Hilfeprozess noch besser zu vertreten.

Veränderter Umgang mit Konflikten und gelebtes Beschwerdeverfahren

Die Auseinandersetzung mit Zielen und Qualitätsanforderungen von strukturell verankerten Beschwerdeverfahren hat nach Aussagen von Fachkräften des Weiteren dazu geführt, dass sie ein tieferes Verständnis für die Wichtigkeit, sich beschweren zu können, entwickeln konnten. So wurde vielfach ein verändertes Beschwerdeverständis als Folge des Arbeitsprozesses benannt. Dazu gehört unter anderem auch, Kritik als etwas Positives sehen zu können.

Als weiterer Aspekt wurde hervorgehoben, dass das Wissen über die entwickelten Beschwerdeverfahren nun in breiterem Maße vorhanden ist und die Verfahren stärker mit Leben gefüllt wurden. Dadurch ist das Beschwerdeverfahren für Fachkräfte präsenter geworden. Dies drückt sich für sie dadurch aus, dass die Verfahren einen Raum und ein Gesicht bekommen haben. Effekte wurden auch darüber erzielt, dass die Verfahren nun einfacher ausgestaltet, die Ansprechpartner bekannter und Hinweise zu den Verfahren deutlicher formuliert wurden. Darüber hinaus geben die Mitarbeitenden an, verstärkt auf das Beschwerdeverfahren hinzuweisen. Sie bilanzieren, dass Beschwerden einen offiziellen Charakter und eine höhere Wertigkeit bekommen haben. Denn dadurch, dass etwas schwarz auf weiß vorliegt und es verbindliche Vereinbarungen gibt, müssen nach ihrer Einschätzung Konflikte verstärkt gelebt werden. Zudem erfolgt aus ihrer Perspektive ein verstärktes Hinterfragen von Handlungsabläufen, so dass mehr veränderungsbedürftige Aspekte auffallen. Dies hat nach Einschätzung der Betreuungs- und Leitungskräfte auch Auswirkungen darauf, wie Aspekte innerhalb von Teams diskutiert werden sowie Rückmeldungen unter Kolleginnen und Kollegen gegeben werden. *„Man lernt, sich kollegiale Rückmeldung zu geben auch bei schwierigen Themen, was nicht immer leicht ist. Das ist ein wichtiger Lernprozess, aber wir haben festgestellt, dass wir uns viel leichter tun, einem Kind zu sagen, was richtig und was falsch oder was nicht in Ordnung ist oder was grenzüberschreitend ist, als es einem Kollegen oder Kollegin zu sagen. Da sind wir uns aber einig, dass es richtig ist, wenn wir den Kindern mit Respekt begegnen wollen und Eltern, dass es eben auch dazu gehört, uns selbst auch mal kritisch zu betrachten." (L1, RZ 472)* Durch die Auseinandersetzung mit dem Thema Beschwerden hat sich somit zum einen der Umgang mit Beschwerden an sich verändert. Zum anderen hat dies aber auch Auswirkungen darauf, wie sich Fachkräfte selbst reflektieren und Handlungsweisen im Team kritisch hinterfragen. Veränderungen in der Dialogkultur sind somit auf verschiedenen Ebenen zu beobachten, so dass insgesamt ein konstruktiverer Umgang unter Fachkräften aber auch in der Arbeit mit den jungen Menschen und ihren Familien beobachtet wurde.

Transparenz und Sicherheit durch die erarbeiteten Verfahren

Neben Klarheiten, die über die Konkretisierung der Beschwerdeverfahren entstanden sind, wurde zudem von Seiten der Fachkräfte betont, dass die Auseinandersetzung mit den Themen Kinderrechte sowie den mit den Fragen, was Fachkräfte in bestimmten Situationen tun dürfen und was nicht, zu gestiegener Transparenz geführt hat, was die gemeinsamen Bezugspunkte fachlichen Handelns anbelangt. Diese Diskussionen und Festlegungen haben für einen Teil der Fachkräfte zu mehr Handlungssicherheit im pädagogischen Alltag geführt sowie dahingehend Sicherheit vermittelt, welche Handlungsweisen von Fachkräften kritisch zu betrachten und öffentlich zu reflektieren sind. *„Das würde ich sagen, ist unser Gewinn und wir unterhalten uns über Verhaltensweisen von uns Erwachsenen gegenüber Kindern und Jugendlichen, die in Ordnung sind und die nicht in Ordnung sind. Das gibt auch eine größere Transparenz und im Grunde, wenn wir das gut diskutieren können, gibt es eine größere Sicherheit für alle Beteiligten." (L1, RZ 468)*

Als weiterer Sicherheit gebender Aspekt wird vor allem von Leitungskräften hervorgehoben, dass das formalisierte Beschwerdeverfahren für sie eine entlastende Funktion hat. Dies bezieht sich sowohl darauf, dass die Abläufe und Wege, wie mit einer Beschwerde umgegangen wird, grundsätzlich feststehen, als auch darauf, dass Kompetenzen im Umgang mit Beschwerden gewachsen sind. *„Ich sage mal Leitung bringt das eine ganze Menge an Sicherheit, dass es ein geregeltes Verfahren gibt und uns da nichts entgeht. Mitarbeiter haben tatsächlich und das artikulieren die auch, die können mit Beschwerden besser umgehen, weil sie über das formalisierte Verfahren nicht mehr so persönlich betroffen sind. Uns allen, also wir haben als Einrichtung, glaube ich, eine ganze Menge auch an Kompetenz gewonnen, weil wir da a) gelassener damit umgehen und b) tatsächlich einen einrichtungsinternen Lernprozess angestoßen haben, von dem ich am Anfang als wir es eingeführt haben, nie geglaubt hätte, dass der so wirkt." (L2, RZ 205)*

Kompetenzerweiterungen bei den jungen Menschen

Lerneffekte und Kompetenzerweiterungen sind aber nicht nur bei Betreuungs- und Leitungskräften sowie auf struktureller Ebene zu beobachten, sondern zeigen sich auch bei den jungen Menschen selbst. So haben nach Einschätzungen der Fachkräfte, die Arbeitsprozesse zu Beteiligung und Beschwerde bei den beteiligten Kindern und Jugendlichen zu einer Bewusstseinsstärkung für ihre eigenen Rechte geführt. Dadurch wurden Schwellen abgebaut und die jungen Menschen wurden ermutigt, kritische Dinge anzusprechen. Die Fachkräfte berichten davon, dass sich die Mädchen und

Jungen ernster genommen fühlen und dadurch selbstbewusster auftreten. Gleichzeitig nehmen sich die Jugendlichen selbst ernster und nutzen die Verfahren, wodurch Selbstwirksamkeit erlebt werden kann. Zudem schätzen die Fachkräfte ein, dass das Vertrauen der jungen Menschen sowohl in Personen als auch in Strukturen im Prozess gewachsen ist. Insgesamt wird bilanziert, dass die Mitteilungsfähigkeit der jungen Menschen gestiegen ist, sie mehr Verantwortung für sich und die Gruppe übernehmen und so ein aktiveres Miteinander in der Gruppe entstanden ist.

Höhere Zufriedenheit der jungen Menschen und Fachkräfte

Durch die Stärkung von Beteiligungs- und Beschwerdemöglichkeiten konnte für Fachkräfte zudem die Arbeitszufriedenheit gesteigert werden. An der Auswertung beteiligte Fachkräfte gaben an, dass sie durch die eingeführten Veränderungen eine höhere Zufriedenheit der jungen Menschen erleben, was zu Erleichterungen in der täglichen Arbeit beiträgt sowie die eigene Zufriedenheit steigert. Rückgemeldet wurde, dass verstärkt das Gefühl der Bestätigung, gute Arbeit zu machen, entstanden ist. Dies wurde unter anderem auch darauf zurückgeführt, dass durch den gestärkten Dialog zwischen Fachkräften und jungen Menschen sowie die Einführung systematischer Rückmeldesysteme Möglichkeiten geschaffen wurden, etwas über die eigene Qualität der Arbeit zu erfahren. Alles in allem wurden die initiierten Entwicklungen somit als Beitrag zur Qualitätsverbesserung für passgenauere Hilfen und bessere Hilfeverläufe eingeschätzt.

TEIL IV: BETEILIGUNG UND BESCHWERDE IN VERANTWORTUNG DES ÜBERÖRTLICHEN UND ÖRTLICHEN TRÄGERS DER JUGENDHILFE

9. Beteiligung und Beschwerde an der Schnittstelle zum überörtlichen Jugendhilfeträger

Durch die Änderungen im Bundeskinderschutzgesetz ist der präventive Kinder- und Jugendschutz gestärkt worden, der unter anderem durch den Ausbau von Beteiligungs- und Beschwerdemöglichkeiten befördert werden soll. Diesbezüglich sind unterschiedliche Vorgaben konkretisiert worden, die zum einen Unterstützungsangebote für Einrichtungen zur Umsetzung von Beteiligung und Beschwerde stärken und zum anderen die Verbindlichkeit, mit der entsprechende Strukturen geschaffen werden müssen, festschreiben. Durch die gesetzlichen Vorgaben im § 8b SGB VIII Fachliche Beratung und Begleitung zum Schutz von Kindern und Jugendlichen, im § 45 SGB VIII Erlaubnis für den Betrieb einer Einrichtung sowie im § 47 SGB VIII Meldepflichten ergeben sich neue Anforderungen an der Schnittstelle von Einrichtungen zum überörtlichen Jugendhilfeträger (Landesjungendamt) (vgl. BAG Landesjugendämter 2013). Was dies unter dem Fokus von Beteiligung und Beschwerde bedeutet, wird im Folgenden aufgezeigt.

9.1 Anspruch auf fachliche Beratung

Gemäß § 8b Absatz 2 SGB VIII haben (teil)stationäre Einrichtungen „gegenüber dem überörtlichen Träger der Jugendhilfe Anspruch auf Beratung bei der Entwicklung und Anwendung fachlicher Handlungsleitlinien zur Sicherung des Kindeswohls und zum Schutz vor Gewalt sowie zu Verfahren der Beteiligung von Kindern und Jugendlichen an strukturellen Entscheidungen in der Einrichtung sowie zu Beschwerdeverfahren in persönlichen Angelegenheiten“. Dies bedeutet, dass sich Einrichtungen mit dem Wunsch nach Beratung und Unterstützung an den überörtlichen Träger der Jugendhilfe wenden können, um daran zu arbeiten, Strukturen und Verfahren zur Stärkung von Beteiligung und Beschwerde aufzubauen und zu verankern (vgl. ebd.).

9.2 Beteiligung und Beschwerde im Betriebserlaubnisverfahren

Durch das Bundeskinderschutzgesetz sind die Voraussetzungen zur Erteilung einer Betriebserlaubnis für Einrichtungen neu gefasst worden. So ist die konzeptionelle und strukturelle Verankerung von Beteiligung und Beschwerde für (teil-)stationäre Einrichtungen durch die Vorgaben des § 45 SGB VIII rechtlich bindend geworden. Eine Betriebserlaubnis ist somit (erst) dann zu erteilen, wenn „zur Sicherung der Rechte von Kindern und Jugendlichen in der Einrichtung geeignete Verfahren der Beteiligung sowie Möglichkeiten der Beschwerde in persönlichen Angelegenheiten Anwendung finden" (§ 45 Absatz 2 Satz 2 Nr. 3 SGB VIII). Dies bedeutet, dass nun alle Träger von erlaubnispflichtigen Einrichtungen verpflichtet sind, angemessene Verfahren zu entwickeln und entsprechende Strukturen aufzubauen. So ist über eine entsprechende Konzeption darzustellen, die auch beinhalten soll, welche verbindlichen Standards für Beteiligung und Beschwerde gelten und wie diese umgesetzt und überprüft werden.

Bestehende Betriebserlaubnisse sind zwar weiterhin bestandskräftig, allerdings stehen alle Träger in der Verpflichtung, entsprechende Ergänzungen zu Beteiligungs- und Beschwerdestrukturen in ihren Konzeptionen aufzunehmen, da der Gesetzgeber keine Übergangsfrist für die Erfüllung der Bestimmungen aus dem Bundeskinderschutzgesetz geschaffen hat (vgl. BAG Landesjugendämter 2013, S. 8).

Für die Erstellung einer solchen Konzeption hat das Landesjugendamt Rheinland-Pfalz einen Gliederungsvorschlag erarbeitet, an dem sich Einrichtungen orientieren können. Dieser umfasst folgende Punkte:

- Vorwort
- Informationen zum Träger
- Warum ein Konzept zu Beteiligung und Beschwerdemanagement?
- Grundhaltung des Trägers/der Einrichtung, Stand der Dinge und Prozess

- Umsetzungsbereiche
- Zielsetzung für die kommenden zwei Jahre
- Revisionsdatum

Zur Strukturierung der Umsetzungsbereiche können die Beteiligungsbausteine, wie sie in Kapitel sieben beschrieben wurden, herangezogen werden. Zur Überprüfung der einzelnen Bausteine hinsichtlich ihrer Umsetzung und Verbindlichkeit empfiehlt das Landesjugendamt Rheinland-Pfalz eine Reflexion entlang von Indikatoren. Als Indikatoren sind folgende Aspekte benannt worden:

- Jeder junge Mensch kennt seine Rechte.
- Die jungen Menschen kennen ihre Beteiligungs- und Mitbestimmungsmöglichkeiten und können diese aktiv ausüben.
- Im Alltag der Einrichtung gibt es vielfältige Beteiligungsmöglichkeiten. Die Einrichtung entwickelt diese kontinuierlich weiter und dokumentiert diese Prozesse.
- Die Einrichtung verfügt über passende Beteiligungs- und Mitbestimmungsverfahren. Es gibt verlässliche Orte und Zeiten, an denen Beteiligung und Mitbestimmung auf allen Ebenen der Einrichtung ausgeübt werden können.
- Das Beteiligungskonzept passt zur „Einrichtungsphilosophie“ bzw. zum Leitbild und differenziert zwischen verschiedenen Zielgruppen.
- Träger und Leitung fördern das Beteiligungskonzept aktiv.
- Das Beteiligungs- und Beschwerdekonzept wird mit Ressourcen und klaren Zuständigkeiten hinterlegt.
- Die Umsetzung des Beteiligungskonzeptes (Methoden, Prozesse und Ergebnisse) wird kontinuierlich dokumentiert.
- Die Einrichtung reflektiert die Partizipationserfahrungen regelmäßig und nutzt sie als lernende Organisation i.S. der Qualitätsentwicklung.

- Jeder junge Mensch kann sich beschweren, kennt die Möglichkeiten und Wege, wird im Prozess der Beschwerde begleitet und das Ergebnis der Bearbeitung wird ihm zeitnah mitgeteilt.

Über die Bearbeitung der Indikatoren und eine entsprechende Darstellung in der Konzeption der Einrichtung/Gruppe kann deutlich werden, wie die jeweiligen Arbeitsprozesse zur (Weiter-)Entwicklung von Beteiligung und Beschwerde ausgestaltet werden und wer für welche Schritte verantwortlich ist.

9.3 Meldepflichtige Ereignisse oder Entwicklungen

Um sicherzustellen, dass möglichst frühzeitig Gefährdungssituationen oder negativen Entwicklungen in Einrichtungen entgegengewirkt werden kann, hat der Gesetzgeber auch Veränderungen hinsichtlich der Vorgaben zu meldepflichtigen Ereignissen vorgenommen. So muss der Einrichtungsträger nunmehr gemäß § 47 Nr. 2 SGB VIII auch Ereignisse oder Entwicklungen, die geeignet sind, das Wohl der Kinder und Jugendlichen zu beeinträchtigen, melden. „Gegenüber der bisherigen Rechtslage handelt es sich um eine wesentliche Erweiterung der Meldepflicht. Bislang wurden i. d. R. besondere Vorkommnisse gemeldet, wenn das Wohl der Kinder gefährdet war. Nun sind bereits Entwicklungen anzeigepflichtig, die nicht sofort Folgen haben – wie z. B. eine personelle Unterbesetzung – aber zu einer Beeinträchtigung führen können“ (BAG Landesjugendämter 2013, S. 11). Eine Orientierungshilfe, welche Ereignisse und/oder Entwicklungen dementsprechend meldepflichtig sind, wird in den „Handlungsleitlinien zur Umsetzung des Bundeskinderschutzgesetzes im Arbeitsfeld der betriebserlaubnispflichtigen Einrichtungen nach § 45 SGB VIII“ (BAG Landesjugendämter 2013) gegeben.

Eine Schnittstelle zwischen Beteiligungs- und Beschwerdeverfahren ergibt sich hinsichtlich meldepflichtiger Vorkommnisse bzw. Entwicklungen dadurch, dass bei Beschwerdegründen, die geeignet sind, das Kindeswohl zu gefährden, natürlich auch entsprechende Meldungen zu machen sind. Die Umsetzung dieser Meldepflicht ist im Hinblick auf die Gewährleistung des Schutzes von Kindern und Jugendlichen in Einrichtungen unbedingt sicherzustellen. Über Beteiligungsgremien und -verfahren sowie die Stärkung von Beschwerdemöglichkeiten kann die Aufdeckung entsprechender Ereignisse bzw. Entwicklungen durch die jungen Menschen, ihre Eltern und/oder Mitarbeitende der Einrichtung befördert werden.

10. Beschwerde- und Beteiligungsmöglichkeiten in Verantwortung des öffentlichen Trägers

Die fachlichen Debatten um die Sicherung von Beteiligungs- und Beschwerdestrukturen werden hauptsächlich mit dem Fokus auf den Alltag junger Menschen in den stationären Hilfen zur Erziehung geführt und sind auch nur für diesen Bereich rechtlich verankert worden. Dies ist darauf zurückzuführen, dass ausgehend von den Ergebnissen des Runden Tisches Heimerziehung der 50er und 60er Jahre die Einrichtungen im Mittelpunkt der Aufarbeitungen standen, da dort die „leidvollen Erfahrungen mit Übergriffen, Traumatisierungen usw. gemacht wurden. Es ist jedoch unstrittig, dass man das Thema [...] erst recht auf die Abläufe in den Jugendämtern beziehen muss, tragen sie doch die Steuerungsverantwortung für die Hilfeprozesse" (Wiesner 2013, S. 12). Die Planungs- und Gesamtverantwortung einer jeden Hilfe zur Erziehung obliegt dem öffentlichen Träger der Jugendhilfe, weshalb dieser in einer besonderen Verantwortung zur Profilierung von Beteiligungs- und Beschwerdestrukturen steht. Als Hilfen entscheidende und für die Ausgestaltung des Hilfeprozesses verantwortliche Behörde trägt das Jugendamt Verantwortung dafür, dass sich das fachliche Handeln auf allen Ebenen an diesen zentralen Qualitätsstandards ausrichtet. Dies bezieht sich zum einen darauf, wie Verfahren und Prozesse im Jugendamt in der unmittelbaren Arbeit mit den jungen Menschen und ihren Familien ausgestaltet werden. Zum anderen umfasst die Steuerungsverantwortung des öffentlichen Trägers aber auch Aspekte der Qualitätsentwicklung, die es an der Schnittstelle zu den freien Trägern auch unter dem Fokus Beteiligung und Beschwerde auszugestalten gilt.

Im Projekt „Prävention und Zukunftsgestaltung in der Heimerziehung Rheinland-Pfalz – Ombudschaften" wurde auch der Frage nachgegangen, wie die Jugendämter in ihrem Handlungsbereich Beteiligung und Beschwerde stärken können. Geeignete Anknüpfungspunkte wurden in unterschiedlichen

Projektkontexten (Fachtag „Beschwerde und Ombudschaft in der Jugendhilfe – Perspektiven für Rheinland-Pfalz“, Arbeitstagung „Schwierige Situationen und Beschwerden für das Jugendamt nutzbar machen“, einrichtungsübergreifende Beteiligungswerkstätten) herausgearbeitet. In der Zusammenschau haben sich hieraus vier Handlungsstrategien als wesentlich herauskristallisiert. Dies sind:

- die Stärkung adressatennaher jugendamtsbezogener Beschwerdeverfahren
- die Stärkung der Rolle der fallverantwortlichen Fachkraft als Ansprechperson für junge Menschen
- die Sicherstellung von Beteiligung im Hilfeplanungsprozess
- die Ausgestaltung von Qualitätsentwicklungsprozessen unter dem Fokus von Beteiligung und Beschwerde

Die Erkenntnisse zu diesen Handlungsstrategien werden im Folgenden dargestellt.

10.1 Beschwerden und Beschwerdeverfahren im Jugendamt

Beschwerden sind im Jugendamt Teil der alltäglichen Arbeitspraxis. Gerade in den Hilfen zur Erziehung gibt es vielfach Interessensgegensätze und unterschiedliche Einschätzungen, die es hinsichtlich der Fragen zur Notwendigkeit und bedarfsgerechten Ausgestaltung von Hilfen sowie in Verfahren zur Einschätzung des Kindeswohls abzuwägen und auszuhandeln gilt. Im Vergleich zu den freien Trägern der Jugendhilfe beziehen sich die Beschwerdeanlässe beim öffentlichen Träger auf ein breiteres Spektrum von Beschwerdeanlässen, da sich Beschwerden im Kontext der Hilfen zur Erziehung nicht nur auf laufende Hilfen, sondern auch auf Aspekte der Hilfegewährungspraxis beziehen können. Anregungen und Beschwerden können sich somit auch auf Hilfeformen, nicht gewährte Hilfen, familiengerichtliche Entscheidungen sowie finanzielle Heranziehungen etc. beziehen. Beschwerdeanlässe sowie der Kreis der Personen, die Beschwerden und Anregungen einbringen können, sind somit beim öffentlichen Träger sehr vielfältig.

Jede Verwaltung und so natürlich auch das Jugendamt hat formalisierte Verfahren zum Umgang mit Beschwerden. So besteht immer die Möglichkeit, über die verschiedenen Hierarchieebenen formlos Beschwerde einzureichen oder aber den Weg einer Dienstaufsichtsbeschwerde, den Klageweg oder den Zugang über Petitionsausschüsse zu beschreiten. Das diesen Verfahren zu Grunde liegende Beschwerdeverständnis sowie die Zugangshürden unterscheiden sich allerdings von der Idee adressatennaher Beschwerdeverfahren, die in erster Linie nicht auf die formale Klärung des Anliegens zielen, sondern kommunikative Aspekte der Konfliktlösung in den Vordergrund stellen. So zielen niedrigschwellige Beschwerdeverfahren darauf ab, eine Vermittlungsfunktion auszufüllen. Darüber hinaus soll über die Information und Aufklärung der Adressatinnen und Adressaten über ihre Rechte sowie das aktive Werben um Beschwerden, zum einen die Position der jungen Menschen und ihrer Familien im Hilfeprozess gestärkt werden und zum anderen sollen Qualitätsverbesserungen in der Hilfeerbringung erzielt werden. Es geht somit nicht in erster Linie um die formalrechtliche Klärung des Anliegens über den Verwaltungsweg, sondern um ein bürgernahes Vorgehen, das wechselseitige Verstehensprozesse stärken möchte und im ersten Schritt in der Regel den unmittelbaren Dialog sucht.

Ein auf Beratung, Schlichtung und Beteiligung ausgerichtetes Beschwerdeverfahren im Jugendamt zielt somit darauf ab, junge Menschen und ihre Eltern als zentrale Akteure der Hilfe ernst zu nehmen, sie in ihrer Rolle als Koproduzenten der Hilfe zu stärken und eine produktive Arbeitsbeziehung im Rahmen der Hilfe (wieder) herzustellen. Im Mittelpunkt der Diskussion steht somit die Frage, welche Rolle das Jugendamt für junge Menschen und ihre Familie einnehmen kann, um deren Beteiligungs- und Beschwerderechte insgesamt zu stärken und sich im Sinne der Ausgestaltung von Prävention und

Schutz in Einrichtungen als Anlaufstelle verstärkt zu profilieren. Zielführende Anknüpfungspunkte werden im Folgenden vertiefend beschrieben.

10.1.1 Anforderungen an die Entwicklung jugendamtsbezogener Beschwerdeverfahren

Um für alle Kinder und Jugendlichen und ihre Familien angemessene Beschwerde- und Beteiligungsstrukturen sicherzustellen, ist die Entwicklung eines speziell auf das Jugendamt zugeschnittenen Beschwerdeverfahrens bedeutsam, da hierüber gesichert werden kann, dass im (Vor-)Feld der Hilfen zur Erziehung eine Beratungs- und Unterstützungsstruktur zur Verfügung steht, die im Konfliktfall niedrigschwellig helfend zur Seite stehen kann. Dies ist wichtig, da es Konflikte gibt, die nur im Zusammenwirken von Jugendamt und Adressatinnen und Adressaten geklärt werden können. Darüber hinaus ist die Schaffung einer solchen Struktur relevant, weil es nicht für alle Hilfearten verbindliche Vorgaben zur Schaffung von Beteiligungs- und Beschwerdeverfahren gibt bzw. darüber ergänzende Zugänge geschaffen werden, wenn eine Klärung trotz bestehender Verfahren innerhalb einer Einrichtung nicht möglich ist.

Wie sich im Praxisprojekt „Beraten und Schlichten- Jugendämter auf dem Weg zum Beschwerdemanagement" des LWL –Landesjugendamt Westfalen gezeigt hat, ist es wichtig, dass auch Jugendämter ein jeweils für sie passendes Konzept entwickeln, welches die jeweiligen Bedingungen vor Ort berücksichtigt. Durch jugendamtsbezogene Zielentwicklungen, über die konkretisiert wurde, was mit der Einführung eines Beschwerdemanagements erreicht werden soll, konnten relevante Impulse für die Entwicklungsprozesse gegeben werden. Darüber hinaus wurde deutlich, dass die Haltung der Fach- und Leitungskräfte im Jugendamt ein wesentlicher Faktor für das Gelingen eines Beschwerdemanagements ist. Es geht um die Sensibilisierung für die Anliegen der Familien und jungen Menschen, erst einmal unabhängig davon, ob die Anliegen berechtigt oder unberechtigt sind. Die Erarbeitung einer breiten Akzeptanz des Verfahrens unter Beteiligung der Fachkräfte ist im Entwicklungsprozess bedeutsam (vgl. Pamme 2015).

Zur Entwicklung einer entsprechenden Konzeption, die Qualitätsstandards sowie Prozess- und Verfahrensabläufe beinhaltet, hat es sich als zieldienlich erwiesen, für das jeweilige Jugendamt konzeptionelle Eckpunkte festzulegen. So ist zu klären, für wen das Beschwerdeverfahren konzipiert wird. Nach dem im vorherigen Abschnitt skizzierten Grundverständnis stehen Beschwerden von Leistungsberechtigten, also Kindern, Jugendlichen, jungen Volljährigen, Eltern/Personensorgeberechtigten im Mittelpunkt. Zudem ist zu diskutieren, inwiefern auch Beschwerden von Leistungserbringern und Kooperationspartnern im Rahmen von Hilfen, von Pflegepersonen und Vormündern und/oder Mitarbeitenden des Jugendamtes im strukturell verankerten Beschwerdeverfahren berücksichtigt werden sollen.

Des Weiteren ist zu bearbeiten, welche Handlungsfelder des Jugendamtes in das Beschwerdeverfahren einbezogen werden sollen. Soll das Verfahren auf die Hilfen zur Erziehung begrenzt werden oder werden die Arbeitsfelder der Kindertagesbetreuung, der offenen Kinder- und Jugendarbeit, der Vormundschaften und Beistandschaften etc. in gleichem Maße berücksichtigt?

Als weiterer zentraler Aspekt ist zu klären, wo die Beschwerdestelle strukturell verortet werden soll. Entweder kann ein jugendamtsinternes Verfahren entwickelt werden, bei dem eine verantwortliche Person bzw. mehrere Personen für die Beschwerdebearbeitung verantwortlich ist/sind. Oder es werden im ombudschaftlichen Sinne Strukturen im Jugendamt geschaffen, so dass eine Person für die Beschwerdebearbeitung verantwortlich ist, die nicht im Jugendamt beschäftigt ist. Als weitere jugendamtsbezogene ombudschaftliche Beschwerdestelle sind Organisationsmodelle denkbar, die beim Jugendhilfeausschuss angesiedelt sind, wie es Wiesner im Rechtsgutachten zur Implementierung von ombudschaftlichen Ansätzen in der Jugendhilfe im SGB VIII empfiehlt (Wiesner 2012). Bundesweit gibt es bislang kaum praktische Erfahrungen in der Umsetzung niedrigschwelliger jugendamtsbezogener Beschwerdeverfahren. Dort wo sie allerdings praktiziert werden, gibt es positive Erfahrungen, wie etwa das Beispiel des Jugendamtes Bochum zeigt (vgl. Rößler 2014).

Darüber hinaus sind die hohen fachlichen und kommunikativen Kompetenzen, die an die Ombudsperson gestellt werden, eine zentrale Anforderung, die es im Implementierungsprozess zu berücksichtigen gilt. Es braucht sowohl rechtliches als auch professionelles Wissen, um das Vorgehen und Handeln im Hinblick auf die Leistungsgewährung und -erbringung einschätzen zu können. So muss in jedem Einzelfall abgewogen werden, „ob Rechtsansprüche nicht erfüllt wurden, Verfahrensfehler vorliegen, die Art und Weise der Leistungserbringung nach fachlicher Einschätzung zu beanstanden ist oder ein Kommunikationsproblem zwischen den Beteiligten vorliegt bzw. Ursache des Konfliktes ist. Dabei muss sich die Ombudsperson auf die Rat- und Hilfesuchenden – Kinder, Jugendliche oder Eltern – sowie auf die unterschiedlichen Konfliktfelder mit verschiedenen Beteiligten einstellen. Darüber hinaus ist die persönliche Kompetenz notwendig, gegenüber den Fachkräften vermittelnd bzw. streitschlichtend aufzutreten“ (AGJ 2013, S. 7). Die adäquate personelle Besetzung dieser Stelle ist somit bedeutsam für eine gelingende Umsetzung des Verfahrens.

Zudem gilt es, Qualitätsanforderungen hinsichtlich der Bekanntmachung des Verfahrens sowie bezüglich der Beschwerdebearbeitung zu beachten. Diese sind identisch mit denen, die für einrichtungsbezogene Beschwerdeverfahren gelten. Wichtig ist somit, sicherzustellen ist, dass das Beschwerdeverfahren sowie die verantwortlichen Personen für die jungen Menschen und ihre Familien bekannt sind und ein niedrigschwelliger Zugang hinsichtlich ihrer Erreichbarkeit gewährleistet wird. Des Weiteren sind verbindliche zeitnahe Rückmeldungen zum Eingang der Beschwerde sowie eine Rücksprache mit der beschwerdeeinbringenden Person hinsichtlich der nächsten Schritte zur Klärung des Anliegens zieldienlich. Die Bearbeitung der Beschwerde im engeren Sinne erfolgt dann in Abhängigkeit zum Beschwerdeinhalt. In der Regel finden Gespräche mit den am Konflikt beteiligten Personen statt. Um einen produktiven Klärungsprozess zu befördern, sind darüber hinaus Rückmeldungen zum Klärungsstand sowie verbindliche Festlegungen zur Umsetzung der getroffenen Vereinbarungen hilfreich.

Neben der fall- bzw. anlassbezogenen Klärung sind Vereinbarungen und strukturelle Verankerungen bedeutsam, wie das organisationsbezogene Lernen aus den eingegangenen Beschwerden erfolgen kann, so dass Hinweise auf Verbesserungsmöglichkeiten und -notwendigkeiten von Arbeitsabläufen, Verfahren und Strukturen aufgegriffen und bearbeitet werden können. Strukturelle Schnittstellen zu Qualitätsentwicklungsprozessen des Jugendamtes sind wichtig, um das Potenzial von Beschwerdeverfahren nutzen zu können.

10.1.2 Stärkung der Rolle der fallverantwortlichen Fachkraft als Ansprechperson

Ergänzend zu neu zu schaffenden Strukturen, wie etwa jugendamtsbezogenen Beschwerdeverfahren, scheint es lohnenswert darüber nachzudenken, wie auch bereits bestehende Strukturen verstärkt genutzt werden können, um Beteiligungs- und Beschwerdemöglichkeiten für junge Menschen zu stärken und den Schutz vor Übergriffen in Einrichtungen zu gewährleisten. Eine Person, die über den Hilfeplanungsprozess in regelmäßigem Kontakt zum jungen Menschen steht, ist die fallverantwortliche Fachkraft beim Jugendamt. Sie trägt Verantwortung für die Ausgestaltung der Hilfe und das Wohlergehen des jungen Menschen. Gelingt es, eine vertrauensvolle Beziehung zwischen ihr und dem jungen Menschen aufzubauen, so kann sie eine wichtige Ansprechperson für das Kind bzw. den Jugendlichen sein. Um diese Rolle zu stärken, gibt es Jugendämter, die unabhängig von Hilfeplangesprächen Einzelkontakte zwischen Fachkraft und jungem Menschen hierzu bewusst oder gezielt gestalten. Die Treffen finden explizit ohne Fachkräfte, die den jungen Menschen im Alltag betreuen, statt. Im Mittelpunkt steht das Gespräch zwischen der Fachkraft des Jugendamtes und dem Mädchen bzw. Jungen. Durchgeführt werden solche halbjährlichen Gespräche bislang vor allem bei stationären Hilfen sowie bei Hilfen in Erziehungsstellen und Pflegefamilien.

Jugendliche berichten im Rahmen der Beteiligungswerkstätten davon, dass sie solche „Kontakte ohne Anlass“ sehr schätzen und sie sich Gespräche mit „ihrer“ Fachkraft vom Jugendamt auch außerhalb der Hilfeplangespräche wünschen. Die persönliche Bekanntheit, die Erreichbarkeit der Fachkraft bei Problemen, ein „offenes Ohr“ und das Gefühl, mit Anliegen ernst genommen zu werden, sind wichtige Aspekte für die Mädchen und Jungen, um Vertrauen gewinnen und sich im Bedarfsfall an die Fachkraft des Jugendamtes wenden zu können. Zudem wünschen sich die jungen Menschen eine größtmögliche Kontinuität in der Betreuung durch das Jugendamt, wenn ein Vertrauensverhältnis aufgebaut werden konnte (vgl. Dokumentationen der Beteiligungswerkstätten). Dies bedeutet, dass die Fachkraft des Jugendamtes eine zentrale Ansprechperson für die jungen Menschen sein kann, wenn es zeitliche Spielräume für regelmäßige Kontakte in Ergänzung zu Hilfeplangesprächen gibt und die Fachkraft den Anliegen und Einschätzungen der Jungen und Mädchen hohe Bedeutung beimisst.

Über die Ausgestaltung regelmäßiger Kontakte sowie die Reflexion, ob eine vertrauensvolle Arbeitsbeziehung zwischen dem jungen Menschen und der zuständigen Fachkraft im Jugendamt entstanden ist, auf die im Bedarfsfall zurückgegriffen werden kann, kann ein weiterer Baustein unterschiedlicher Präventionsmechanismen zum Schutz von Kindern und Jugendlichen in Einrichtungen profiliert werden.

10.2 Sicherstellung von Beteiligung im Hilfeplanungsprozess

Regelmäßige Gespräche im Rahmen des Hilfeplanungsverfahrens bieten einen Kontext, um Beteiligung auszugestalten und Beschwerden zu befördern. Damit dieser Rahmen allerdings angemessen von Seiten der Adressatinnen und Adressaten genutzt werden kann, müssen vielfältige fachliche Anforderungen an den Hilfeplanungsprozess erfüllt werden. Dies ist deshalb von zentraler Bedeutung, weil die Beteiligung im Rahmen der Hilfeplanung nach § 36 (1) 3 SGB VIII die zentrale Schlüsselstelle zur fallbezogenen Steuerung von Hilfen ist. Die Feststellungen über den Bedarf, die zu gewährende Art der Hilfe sowie die notwendigen Leistungen können nur im Zusammenwirken mit den einzelnen Familienmitgliedern erarbeitet werden. Dem Jugendamt kommt hinsichtlich der Ausgestaltung des Verfahrens eine besondere Bedeutung zu, da es zum einen für den eigenen Zuständigkeitsbereich zu definieren gilt, wie Beteiligungsstandards umgesetzt werden sollen, und zum anderen in Kooperation mit den freien Trägern erarbeitet werden muss, welche Standards in der Zusammenarbeit gelten sollen, damit Beteiligung angemessen gesichert werden kann. Entlang der Aspekte Informationsvermittlung, Wunsch- und Wahlrecht sowie Instrumente und Abläufe werden im Folgenden Punkte aufgezeigt, die sich in der fachlichen Auseinandersetzung im Rahmen des Projekts zur Stärkung von Beteiligung herauskristallisiert haben.

10.2.1 Informationsvermittlung als Grundlage für Beteiligung und Beschwerde

Gerade zu Beginn einer Hilfe zur Erziehung ist es wichtig, den jungen Menschen sowie ihren Eltern den Sinn und Zweck der Hilfeplanung und ihre Rolle im Prozess transparent zu machen, damit ihnen der Stellenwert des Verfahrens und ihre damit einhergehenden Rechte in diesem Zusammenhang klar werden. So geht es zum einen um Informationen zum Hilfeplanverfahren an sich und zum anderen um Aufklärung über Beteiligungsmöglichkeiten, Kinderrechte im Kontext der Hilfen zur Erziehung sowie Beschwerdeverfahren und Anlaufstellen. Die verstärkte Vermittlung, mit welcher Grundhaltung die Ausgestaltung der Hilfe erfolgen soll und wie wichtig die jungen Menschen und ihre Eltern in diesem Rahmen sind, ist bedeutsam, um Orientierung zu geben und die Position der Adressatinnen und Adressaten zu stärken.

Die Vermittlung dieser Informationen im unmittelbaren Dialog mit dem jungen Menschen und seinen Eltern ist wichtig, um die relevanten Inhalte angemessen weiterzugeben und Rückfragen aufgreifen zu können. In Ergänzung zum persönlichen Gespräch sind verständliche schriftliche Informationen hilfreich, damit die einzelnen Familienmitglieder bei Bedarf noch einmal darauf zurückgreifen können. Wie bereits Pluto im Jahr 2007 darauf hingewiesen hat, gibt es bislang allerding noch wenige Jugendämter, die solche Materialien erarbeitet haben und systematisch verteilen. So besteht weiterhin die Notwendigkeit, „dass Fachkräfte der Kinder- und Jugendhilfe offensichtlich stärker darauf achten sollten, dass notwendige Informationen so weitergegeben werden, dass sie in jedem Fall verstanden werden. Die Schwierigkeiten, in denen sich die Adressatinnen und Adressaten teilweise befinden, sowie die Tatsache, dass ihnen Verfahrensvorgänge häufig fremd sind und sie sich im Jugendhilfesystem nicht auskennen, führen vielfach dazu, dass einmalige Erklärungen zu ihren Rechten und Hilfemöglichkeiten nicht ausreichen. Daher ist es wichtig, dass in den Jugendämtern spezielle Informationsmaterialien für Familien, Eltern sowie für Kinder und Jugendliche zur Verfügung stehen, die sprachlich angemessen aufbereitet und für die jeweiligen Adressatengruppen verständlich sind" (ebd. S. 419). Nur durch eine möglichst umfassende und verständliche Aufklärung bezüglich der Verfahrensschritte im Hilfeprozess, unterschiedlicher Hilfeangebote sowie ihrer Rechte in der konkreten Ausgestaltung einer Hilfe können sie ermutigt und befähigt werden, sich aktiv einzubringen.

10.2.2 Stärkung des Wunsch- und Wahlrechts

Ein zu Hilfebeginn wichtiges Beteiligungsrecht ist das so genannte Wunsch- und Wahlrecht nach § 5 SGB VIII. Hiernach haben die Sorgeberechtigten bei der Auswahl der Hilfe das Recht, mehrere Alternativen zur Auswahl zu haben und eigene Wünsche zu äußern. Diesen Wünschen soll entsprochen werden, wenn sie nicht mit unvertretbaren Mehrkosten verbunden sind. Im § 36 SGB VIII Abs. 1 S. 4 wird das allgemeine Wunsch- und Wahlrecht noch einmal konkretisiert, wenn es um die Wahl einer stationären Einrichtung oder Pflegefamilie geht. Bei dieser wichtigen Entscheidung sollen sowohl die Sorgeberechtigten als auch das Kind bei der Wahl des neuen Lebensortes beteiligen werden. Ihren Wünschen soll unter Beachtung der oben genannten Grenzen entsprochen werden, was einem sehr weitreichenden Beteiligungsverständnis entspricht. Damit Eltern und junger Mensch von ihren diesbezüglichen Rechten allerdings Gebrauch machen können, ist das Jugendamt verpflichtet, auf dieses Recht hinzuweisen und möglichst vollständige und verständliche Informationen über die möglichen Leistungsangebote und deren Unterschiede zur Verfügung zu stellen. Entsprechende Erklärungen und ggf. Besuche vor Ort sind ein wichtiger Beitrag, um eine angemessene Entscheidungsgrundlage zu schaffen.

10.2.3 Entwicklung von beteiligungsorientierten Hilfeplanungsinstrumenten und Abläufen

Zur Ausgestaltung eines beteiligungsorientierten Hilfeplanungsprozesses sind gelingende Kooperationsbeziehungen zwischen öffentlichem und freiem Träger wichtig. Gemeinsam getragene fachliche Haltungen, abgestimmte Instrumente und Verfahren sowie geklärte Rollen und Aufgaben bilden eine wichtige Basis der Zusammenarbeit. Um Partizipation im Hilfeplanungsprozess strukturell zu verankern, sind Instrumente und Verfahren wichtig, die eine solche Ausrichtung befördern und junge Menschen sowie ihre Eltern dahingehend befähigen, dass sie eigene Ziele entwickeln und aktiv im Aushandlungsprozess einbringen können.

Beteiligungsorientierte Hilfeplangespräche sind dadurch gekennzeichnet, dass Kindern bzw. Jugendlichen und ihren Eltern hinreichend Redeanteile zukommen, sie ihre Anliegen und Vorstellungen aktiv einbringen können, sie dem Gesprächsverlauf folgen können und die Vereinbarungen und Ziele von ihnen mitgetragen werden. Um solch voraussetzungsvolle Ansprüche umsetzen zu können, hat sich gezeigt, dass die Vorbereitung von Hilfeplangesprächen mit jungem Mensch und Eltern einen zentralen Beitrag leisten kann. Eine solche Vorbereitung erfolgt im Rahmen eines Gesprächs, das von der fallverantwortlichen Fachkraft des freien Trägers vor dem Hilfeplangespräch durchgeführt wird. Die zentralen Aspekte der Vorbereitung, nämlich die Bilanzierung des Hilfeverlaufs seit dem letzten Hilfeplangespräch sowie die zu klärenden Anliegen für das anstehende Hilfeplangespräch, werden in einer so genannten VorabInformation zusammengefasst. Diese wird vor dem Hilfeplangespräch von Seiten der Einrichtung an das Jugendamt und die Eltern sowie den jungen Menschen weitergegeben. Somit wird für alle Beteiligten eine Vorbereitung des Hilfeplangespräches möglich. Außerdem entsteht Transparenz dahingehend, wie die aktuelle Situation aus verschiedenen Perspektiven eingeschätzt wird und welche Themen im Gespräch besprochen werden sollen. Über ein solches Verfahren entsteht zudem Klarheit dahingehend, welche Informationen über die Familie von Seiten des Hilfeerbringers an das Jugendamt gehen. Über den gleichen Informationsstand zu Beginn des Hilfeplangesprächs, die vorherige Benennung von zu klärenden Aspekten sowie die Erarbeitung von Zielen/Themen, die dem jungen Menschen und/oder den Eltern wichtig sind, kann ihre Beteiligung im Hilfeprozess nachhaltig gestärkt werden. Zudem eröffnet die Erarbeitung der schriftlichen VorabInformation zeitliche Spielräume, die zur Aushandlung von gemeinsam getragenen Zielen genutzt werden kann, da auf ausführliche Situationsbeschreibungen zu den letzten sechs Monaten weitestgehend verzichtet werden kann (vgl. Moos/Schmutz 2005).

Neben beteiligungsförderlichen vorbereitenden Maßnahmen ist eine partizipative Ausgestaltung des Hilfeplangesprächs zentral. Partizipation im Hilfeplangespräch kann gestärkt werden durch eine Moderation des Gesprächs, die auf Beteiligung und hinreichende Redeanteile des jungen Menschen/der Eltern achtet; eine einfache und verständliche Sprache; ein ressourcenorientiertes Vorgehen sowie das explizite Zurückgreifen auf die von den jungen Menschen/den Eltern benannten Themen aus der VorabInformation. Darüber hinaus bewerten es Jugendliche als hilfreich, wenn bei ihnen das Erstrederecht bezüglich der Einschätzung einzelner Sachverhalte liegt und die Bewertungen der Erwachsenen erst im Anschluss folgen. Zudem wird durch eine zeitliche Begrenzung von Hilfeplangesprächen auf ein bis eineinhalb Stunden auch dem Umstand Rechnung getragen, dass die Konzentration und ein aktives Einbringen über einen solchen Zeitraum hinaus in der Regel schwierig für die jungen Menschen ist. (vgl. Moos 2012, S. 24 ff)

Über die Strukturierung von Instrumenten können entsprechende fachliche Aspekte befördert werden, da so Ankerpunkte für Gespräche und Dokumentationen gesetzt werden können, die jeweils in Erinnerung rufen, welche Punkte besonders zu beachten sind. So hat es sich im Blick auf die Ressourcenorientierung als zieldienlich erwiesen, explizite Fragen zu Stärken, positiven Entwicklungen und Erfolgen sowohl im Rahmen der Vorab-Information, als auch im Hilfeplanformular vorzugeben, so dass diese Aspekte in jedem Gespräch thematisiert werden. Werden diese Fragen für den Gesprächseinstieg genutzt, kann damit das Gesprächsklima positiv beeinflusst werden. Zugleich können Erfolge sichtbar werden, was wiederum motivationssteigernd wirken kann.

Darüber hinaus hat sich eine perspektivendifferenzierte Betrachtung und Dokumentation sowohl in der VorabInformation als auch in Hilfeplandokumenten bewährt. Werden Beschreibungen und Bewertungen der Situation sowie der Ziele differenziert aus Sicht des jungen Menschen, der Eltern, des Jugendamtes und des Leistungserbringers erfragt und festgehalten, können die Aussagen der jeweiligen Person zugeordnet werden. Auch können über ein solches Vorgehen Differenzen sichtbar werden, die hinsichtlich ihrer Bearbeitung Relevanz für das Hilfeplanverfahren haben. Zudem kann auch sichtbar werden, wenn eine Person im Prozess nicht beteiligt war bzw. sich bezüglich einzelner Punkte nicht geäußert hat. Dies wahrzunehmen und zu reflektieren, kann unter Beteiligungsgesichtspunkten wichtige Hinweise für den weiteren Arbeitsprozess geben. Als weiterer Aspekt zur Stärkung der Partizipation sollten die Aussagen der jeweiligen Person möglichst in deren eigenen Worten aufgenommen werden. Durch die Niederschrift dessen, was im Originalton gesagt wurde, finden sich die Adressatinnen und Adressaten eher in den Dokumenten wieder als dies der Fall ist, wenn Aussagen im Fachjargon zusammengefasst werden.

Um zeitnah nach dem Hilfeplangespräch mit den Adressatinnen und Adressaten an den erarbeiten Zielen im Rahmen der Hilfe weiterarbeiten zu können, ist es wichtig, dass das Hilfeplandokument zeitnah nach dem Gespräch wiederum allen Beteiligten zur Verfügung gestellt wird. Durch die beteiligungsorientierte konkretisierende Arbeit mit den Hilfeplanzielen im Rahmen der Erziehungsplanung, wie sie in Kapitel sechs beschrieben wurde, schließt sich der Kreislauf, so dass über die Vorbereitung des Hilfeplangesprächs, das Hilfeplangespräch und die Erziehungsplanung ein ineinandergreifender Prozess in Kooperation von öffentlichem und freiem Träger entstehen kann, der kontinuierlich daran arbeitet, dass die Hilfe an dem ausgerichtet ist, was die jungen Menschen und ihre Familien brauchen und mittragen.

10.3 Qualitätsentwicklung unter dem Fokus Beteiligung und Beschwerde

Die Themen Beteiligung und Beschwerde tangieren neben Grundsatzfragen der Qualität von Hilfen zur Erziehung auch auf vielfältige Weise das Verhältnis der Zusammenarbeit von freien und öffentlichen Trägern. So ist es fachlich geboten, dass diese Themen auch Gegenstand gemeinsamer Qualitätsentwicklungsprozesse sind bzw. werden. Es gilt in einem gemeinsamen Arbeitsprozess herauszuarbeiten, was unter guten und qualitativ hochwertigen Beteiligungs- und Beschwerdeverfahren zu verstehen ist und wie die einzelnen Aspekte innerhalb der jeweiligen Institution sowie in der Kooperation umgesetzt und überprüft werden sollen. Es geht darum, gemeinsame Qualitätskriterien herauszuarbeiten und Prozesse zu initiieren, die die Qualität von Beteiligung und Beschwerde fortlaufend sichern und weiterentwickeln.

Das Thema Qualitätsentwicklung wurde auch über die gesetzlichen Neuregelungen im Bundeskinderschutzgesetz gestärkt. So wurde der § 79a SGB VIII neu eingeführt, der den gesetzlichen Auftrag der Kinder- und Jugendhilfe zur Qualitätsentwicklung festschreibt. „Um die Aufgaben der Kinder- und Jugendhilfe nach § 2 zu erfüllen, haben die Träger der öffentlichen Jugendhilfe Grundsätze und Maßstäbe für die Bewertung der Qualität sowie geeignete Maßnahmen zu ihrer Gewährleistung für die Gewährung und Erbringung von Leistungen, die Erfüllung anderer Aufgaben, den Prozess der Gefährdungseinschätzung nach § 8a sowie die Zusammenarbeit mit anderen Institutionen weiterzuentwickeln, anzuwenden und regelmäßig zu überprüfen. Dazu zählen auch Qualitätsmerkmale für die Sicherung der Rechte von Kindern und Jugendlichen in Einrichtungen und ihren Schutz vor Gewalt“ (Pamme 2014, S. 41).

Qualitätsentwicklung ist damit für alle Aufgaben und Leistungen der Kinder- und Jugendhilfe verpflichtend geworden. Vor Inkrafttreten dieses Gesetzes war lediglich für stationäre Hilfen zur Erziehung im § 78b SGB VIII festgelegt, dass für die Kostenübernahme der Abschluss einer Vereinbarung über die Leistungsinhalte und deren Qualität zwischen Einrichtungen und öffentlichen Trägern zu erfolgen hat. Der Auftrag zur Initiierung von Qualitätsentwicklungsprozessen gilt nun für alle Hilfen zur Erziehung sowie die anderen Handlungsfelder der Kinder- und Jugendhilfe.

Die Verantwortung für entsprechende Entwicklungsprozesse und Vereinbarungen obliegt dem öffentlichen Träger, der diese im Dialog mit den freien

Trägern erarbeiten und festschreiben soll. Um angemessene Diskussions- und Arbeitsprozesse zu Qualitätsfragen ausgestalten zu können, braucht es entsprechende Orte bzw. Kontexte, in denen Vertreter und Vertreterinnen von freien und öffentlichen Trägern in einen moderierten Dialog treten können. Hierzu bieten sich handlungsfeldbezogene Arbeitsgruppen an, die für konkrete Leistungsbereiche themenbezogen Grundsätze und Maßstäbe (Qualitätskriterien) für eine „gute" Leistungserbringung festlegen. Die erarbeiteten Qualitätskriterien sollen dann auch zur Einschätzung der Leistungserbringung genutzt werden. Dazu sollen sie über Indikatoren überprüfbar gemacht werden, so dass nachvollziehbar wird, ob Leistungen in der vereinbarten Qualität erbracht werden (vgl. ebd., S. 43 ff).

Zur inhaltlichen Ausgestaltung bietet sich die gemeinsame Bearbeitung der Themen beteiligungsorientierte Standards der Hilfeplanung, Qualität von Beteiligungsverfahren, Stärkung von Beschwerdemöglichkeiten sowie internes Beschwerdemanagement an. Im Kontext dieses Arbeitsprozesses können dann auch z. B. Vereinbarungen dazu getroffen werden, wie mit Beschwerden über den jeweils anderen umgegangen werden soll, welche fallbezogenen Ereignisse im Rahmen der Hilfeerbringung zwingend an das Jugendamt weitergegeben werden sollen und welche fallübergreifenden Vereinbarungen es zur Überprüfung der real erlebten Beteiligungs- und Beschwerdemöglichkeiten aus Perspektive der jungen Menschen und Eltern geben soll. Die Ankerpunkte und Anlässe zur Diskussion über Qualität von Beteiligung und Beschwerde in Kooperation von öffentlichem und freiem Träger sind vielfältig und können in unterschiedlichen Arbeitsformen und Produkten zum Ausdruck kommen, so etwa in verschriftlichten Kooperationsentwicklungsvereinbarungen, in gemeinsamen Fortbildungen zwischen Jugendamt und freien Trägern zu Beteiligung, Kinderrechten und Beschwerde und/oder auch in Qualitätszirkeln, die Arbeitsmaterialien und Instrumente ausarbeiten.

Im Rahmen der Planungs- und Gesamtverantwortung des öffentlichen Trägers kommt dem Jugendamt somit sowohl fallbezogen als auch fallübergreifend eine zentrale Rolle zu, um in der Fachdebatte und hinsichtlich der Strukturbildung vor Ort die Themenbereiche Beteiligung, Kinderrechte, Beschwerde und Ombudschaft zu stärken und weiterzuentwickeln.

TEIL V: LANDESWEITE OMBUDSCHAFTLICHE STRUKTUREN

11. Ombudschaftliche Strukturen für die Kinder- und Jugendhilfe in Rheinland-Pfalz – Handlungsansätze und Umsetzungsstrategien

Der Anspruch im Kontext der Kinder- und Jugendhilfe, bei strittigen Fragen auf unparteiische Beratung und Unterstützung zurückgreifen zu können, ist nicht auf institutionenbezogene Verfahren beschränkt. Um vielfältige Zugänge zu Vermittlungs- und Beschwerdestellen zu sichern, können unabhängige Ombudsstellen wichtige ergänzende Möglichkeiten schaffen. So sind zusätzliche neutrale Alternativen aus unterschiedlichen Gründen bedeutsam. Zum einen variiert bislang die Qualität der im Bereich der (teil-)stationären Hilfen zur Erziehung umgesetzten einrichtungsbezogenen Beschwerde- und Beteiligungsverfahren stark, wie die in den vorangegangenen Kapiteln beschriebenen Ergebnisse zeigen. Zum anderen gibt es für ambulante Hilfen zur Erziehung, Beratungsangebote und das Pflegekinderwesen bislang keine gesetzlich verpflichtenden Vorgaben zur Umsetzung entsprechender Verfahren im Kontext laufender Hilfen. Darüber hinaus sind jugendamtsbezogene adressatennahe Beschwerdeverfahren kaum verbreitet, so dass Beratungs- und Unterstützungsstrukturen für junge Menschen und ihre Familien im (Vor-)Feld der Hilfen zur Erziehung an dieser Schnittstelle vielfach nicht zur Verfügung stehen. Diese Rahmenbedingungen sprechen dafür, eine landesweite neutrale Ombudsstelle für die Kinder- und Jugendhilfe in Rheinland-Pfalz zu schaffen, um die beschriebenen strukturellen Mängel kompensieren zu können und bei Bedarf möglichst allen jungen Menschen und Familien unabhängige Beratung, Begleitung und Unterstützung anbieten zu können. Die Erfahrungen aus anderen Bundesländern, in denen bereits Ombudsstellen eingerichtet wurden, zeigen anhand der Anfragen und Fallzahlen den Bedarf nach solchen Angeboten. (vgl. Urban-Stahl 2012, S. 7)

Bevor auf konzeptionelle Überlegungen zur Ausrichtung einer rheinland-pfälzischen Ombudsstelle eingegangen wird sowie Empfehlungen zur strukturellen Verortung ausgesprochen werden, sollen zunächst inhaltliche und konzeptionelle Eckpunkte bereits tätiger Ombudsstellen der Jugendhilfe sowie aus anderen Kontexten kurz vorgestellt werden. Diese wurden im Rahmen von Fachveranstaltungen vorgestellt und diskutiert, um übertragenswerte Aspekte herauszuarbeiten.

11.1 Ombudsstellen in der Jugendhilfe sowie in anderen Leistungsbereichen

Für den Bereich der Kinder- und Jugendhilfe gibt es im Jahr 2016 bundesweit 12 (vgl. http://www.ombudschaft-jugendhilfe.de) externe unabhängige Ombudsstellen, die entweder als Verein tätig sind und eigens für diesen Zweck gegründet wurden oder von Wohlfahrtsverbänden oder Trägern im Rahmen von Projekten bzw. Initiativen getragen werden. Wie die Ergebnisse von Urban-Stahl (2011) zeigen, variiert der Zuständigkeitsbereich dieser Ombudsstellen sowohl inhaltlich als auch räumlich. So gibt es einzelne, die sich auf Beschwerden gegenüber Jugendämtern begrenzen, andere bearbeiten auch Konflikte, die im Rahmen der Leistungserbringung durch Träger entstehen, wieder andere begrenzen sich auf einzelne Hilfearten (z. B. auf das Pflegekinderwesen). Die Begrenzung der Zuständigkeit kann auf einzelne Träger, eine Stadt, einen Kreis, eine Region oder ein Bundesland bezogen sein. Bei allen überregional tätigen Ombudsstellen hat sich der Bedarf nach regionalen Strukturen gezeigt, da Familien Ansprechpersonen vor Ort brauchen. Allerdings gibt es bislang nicht für alle Bundesländer bzw. Regionen entsprechende Strukturen. Zudem hat sich gezeigt, dass es sich um eine fachlich hoch anspruchsvolle Arbeit handelt, die eine enge Kooperation mit Regelinstitutionen braucht. Die größte Herausforderung für die bisher tätigen Ombudsstellen besteht darin, eine finanzielle und strukturelle Absicherung zu erlangen unter gleichzeitiger Wahrung ihrer Unabhängigkeit. Bislang arbeiten alle Ombudsstellen im Rahmen von zeitlich befristeten Projektförderungen. Die strukturelle Absicherung dieser Angebote ist somit bislang nicht dauerhaft gesichert.

Als Zusammenschluss der Ombudsstellen und -initiativen in Deutschland versucht das Bundesnetzwerk Ombudschaft in der Jugendhilfe die fachliche und jugendhilfepolitische Weiterentwicklung ombudschaftlicher Arbeit voranzutreiben (vgl. http://www.ombudschaft-jugendhilfe.de/). Ausführliche Beschreibungen zu den einzelnen Ombudsstellen finden sich auf der Homepage des Bundesnetzwerkes.

Um die Arbeit sowie die Vor- und Nachteile verschiedener struktureller Verortungen von Ombudsstellen der Jugendhilfe konkreter einschätzen zu können, werden im Folgenden zwei Beispiele vorgestellt, die im Rahmen des Projekts am Fachtag „Beschwerde und Ombudschaft in der Jugendhilfe – Perspektiven für Rheinland-Pfalz" vorgestellt wurden. Dies sind die „Ombudschaft Jugendhilfe Nordrhein-Westfalen" sowie die „Ombudsstelle für Kinder- und Jugendrechte in Hessen". Zudem wird auf strukturell interessante Aspekte der „Kinder- und Jugendanwaltschaft Salzburg" hingewiesen, die hinsichtlich des Aufbaus von ombudschaftlichen Strukturen in Rheinland-Pfalz als interessant eingeschätzt wurden. Darüber hinaus werden bereits bestehende ombudschaftliche Strukturen in Rheinland-Pfalz aus anderen (Leistungs-) Bereichen vorgestellt, um sie hinsichtlich des Übertragspotenzials für die Kinder- und Jugendhilfe zu diskutieren. Vorgestellt werden das „Informations- und Beschwerdetelefon Pflege und Wohnen in Einrichtungen" der Verbraucherzentrale Rheinland-Pfalz sowie das Tätigkeitsprofil und die Arbeitsbedingungen des Bürgerbeauftragten des Landes Rheinland-Pfalz.

Ombudsstelle für Kinder- und Jugendrechte in Hessen

Die „Ombudsstelle für Kinder- und Jugendrechte in Hessen" ist ein Kooperationsprojekt der Caritas-Diakonie-Konferenz in Hessen und wird über drei Jahre von der Aktion Mensch gefördert. Strukturell ist die Ombudsstelle somit bei freien Trägern der Jugendhilfe angesiedelt. Dies hat zum Vorteil, dass durch einrichtungsbezogene Kontakte sehr niedrigschwellige Zugänge zu Kindern, Jugendlichen und ihren Familien möglich sind, die im Rahmen der Hilfen zur Erziehung durch die Träger betreut werden. Nachteilig kann sich die Verortung bei freien Trägern der Jugendhilfe auswirken, da unterstellt werden kann, dass Trägerinteressen bei Beschwerden zu Hilfegewährungsfragen an der Schnittstelle zum Jugendamt eine Rolle spielen können. Darüber hinaus sind die Mitarbeitenden der Ombudsstelle bei dem Träger angestellt, den gegebenenfalls Beschwerden betreffen, die es zu bearbeiten gilt. Auch dies führt zu einem Spannungsfeld, das es im Rahmen der Arbeit kritisch zu reflektieren gilt. Um keiner Zuordnung mehr zu verbandlichen oder administrativen Strukturen zu unterliegen, wurde im März 2016 der Verein „Ombudsstelle für Kinder- und Jugendrechte in Hessen e. V." gegründet. Zudem soll zur Gewährleistung einer Außenperspektive auf die Tätigkeiten der Ombudsstelle ein unabhängiger Beirat die Arbeit begleiten.

Zielgruppe der Ombudsstelle Hessen sind Kinder, Jugendliche und junge Erwachsene, die in der Kinder- und Jugendhilfe betreut werden bzw. bei Verständnisschwierigkeiten und Problemen mit Institutionen Beratung und/oder rechtliche Vertretung im Kontext der Kinder- und Jugendhilfe benötigen.

Inhaltlich zielt die Arbeit der Ombudsstelle darauf ab, Beteiligungsrechte zu stärken, in Konfliktsituationen Beratung und Unterstützung im Dreiecksverhältnis der Kinder- und Jugendhilfe zu bieten sowie Selbstvertretungsstrukturen von Kindern und Jugendlichen zu festigen und zu etablieren. Praktisch umgesetzt werden diese Aufgaben dabei durch verschiedene Bausteine. So geht es zum einen um die Erarbeitung von einfach zugänglichen, altersgerechten Informationsmaterialen wie Flyern, Plakaten, Spielen, Broschüren, insbesondere unter der Nutzung moderner Medien. Zum anderen soll das Thema Beschwerdemanagement durch den Auf- und Ausbau eines ehrenamtlichen Beraternetzwerks und dezentraler Beratungsstellen befördert werden. Des Weiteren sollen Beteiligungsrechte von jungen Menschen über eine Kooperation mit dem Landesheimrat, Veranstaltungen mit den Heimräten und eine enge Zusammenarbeit mit Einrichtungsleitungen gefördert werden. (vgl. http://www.diakonie-hessen.de/fileadmin/Dateien/AAA_DiakonieHessen/Files/Ueber_uns/Arbeitsbereiche/FFJk/projektbeschreibung_ombudsstelle.pdf)

Als übertragenswert für Rheinland-Pfalz wurde vor allem der regelmäßige unmittelbare Kontakt zwischen den in der Ombudsstelle Tätigen und den Kindern und Jugendlichen, die im Kontext der Hilfen zur Erziehung betreut werden, angesehen.

Ombudschaft Jugendhilfe NRW

Die „Ombudschaft Jugendhilfe NRW" ist ein Modellprojekt mit Förderung durch die Aktion Mensch bis zum Jahr 2016. Angestrebt ist, dass daran anschließend eine selbsttragende Finanzierung aus öffentlichen und Eigenmitteln umgesetzt werden kann. Durch die Gründung eines Vereins, in dem die Verbände der Freien Wohlfahrtspflege Mitglieder sind, ist ein unabhängiger Rechtsträger entstanden, der für die Arbeit der Ombudsstelle verantwortlich ist. So soll die Unabhängigkeit von wirtschaftlichen Interessen Dritter, insbesondere freier Träger, gewahrt werden. Auch diese Ombudsstelle wird durch einen Beirat mit Personen der Kinder- und Jugendhilfe begleitet. Zielgruppe der Ombudschaft Jugendhilfe NRW sind Kinder, Jugendliche und Erwachsene, die einen Anspruch auf Leistungen nach dem SGB VIII haben und sich bei der Leistungsgewährung durch einen öffentlichen Jugendhilfeträger oder bei der Leistungserbringung durch einen freien Jugendhilfeträger subjektiv nicht ausreichend beteiligt, beraten, betreut und beschieden fühlen oder sich während der Hilfedurchführung ungerecht behandelt, nicht ausreichend beteiligt und beraten fühlen.

Organisiert wird die Ombudsstelle durch eine professionell besetzte zentrale Anlaufstelle (1,5 VK Fachkräfte, 0,5 VK Sachbearbeitung) und vor Ort tätige ehrenamtliche Ombudsfrauen bzw. -männer als direkte Ansprechpersonen für junge Menschen.

Die zentrale Anlaufstelle mit Sitz in Wuppertal ist insbesondere für folgende Bereiche zuständig:

- Akquisition und Schulung von örtlichen Ombudsfrauen und -männern,
- Aufbau und Pflege des Netzwerkes der örtlich tätigen Ombudsfrauen und Ombudsmänner,
- Fallzuordnung bei zentral eingehenden Beschwerden,

- Co-Beratung und Begleitung der örtlichen Kräfte in Einzelfällen,
- Weiterentwicklung und Qualifizierung konzeptioneller Standards der Beratung,
- fachliche Leitung in Fällen, die eine juristische Vertretung erfordern,
- Aufbau und Pflege des Juristinnen- und Juristennetzwerkes für Vertretung in gerichtlichen Verfahren,
- Evaluation der Arbeit der Ombudschaft Jugendhilfe NRW,
- jährliche Dokumentation und Veröffentlichung der Erkenntnisse der Arbeit,
- Fortbildung für Fachkräfte der Jugendhilfe,
- Öffentlichkeitsarbeit,
- Unterstützung des Beirates in fachlichen Fragen,
- Mitwirkung im bundesweiten Netzwerk Ombudschaft Jugendhilfe,
- Entwicklung eines mittelfristig wirkenden, selbsttragenden Finanzierungskonzeptes.

Die örtlichen Ombudsfrauen und Ombudsmänner sind Fachkräfte der Kinder- und Jugendhilfe mit Berufserfahrung, sie führen ihre Tätigkeit ehrenamtlich (mit Anspruch auf Ersatz ihrer Auslagen) aus, erhalten jedoch bei Bedarf fachliche Begleitung und Unterstützung. Sie arbeiten mit der zentralen Anlaufstelle zusammen und stehen den jungen Menschen als Ansprechpersonen in deren örtlicher Umgebung zur Verfügung. Im Rahmen der Bearbeitung und Klärung einer Beschwerde sollen sie eine kontinuierliche Erreichbarkeit für den jungen Menschen bieten (vgl. Konzeptgrundlagen für eine unabhängige Ombudschaft Jugendhilfe NRW 2011, http://www.ombudschaft-nrw.de/).

Ausgehend von diesem Beispiel stellt sich für Rheinland-Pfalz unter anderem die Frage, inwiefern es ergänzend zu einer zentralen Ombudsstelle regionale Angebote geben soll, um niedrigschwellige Zugänge in hinreichendem Maße sicherstellen zu können. Solche regionalen Angebote müssten gegebenenfalls durch Ehrenamtliche unterstützt werden.

Kinder- und Jugendanwaltschaft Salzburg (kija)

Die „Kinder- und Jugendanwaltschaft Salzburg (kija)“ ist eine weisungsfreie Einrichtung des Landes Salzburg. In der Salzburger Jugendwohlfahrtsordnung sind ihre Weisungsfreiheit sowie ihre Befugnisse und Aufgaben festgeschrieben. So soll garantiert werden, dass die kija Salzburg politisch und inhaltlich unabhängig agieren und somit auf Seite der Kinder und Jugendlichen stehen kann. Ihre Zielgruppe sind Kinder und Jugendliche in dem österreichischen Bundesland Salzburg: Für deren Rechte setzt sie sich ein, sie berät und unterstützt sie bei Problemen. Dabei arbeitet die kija Salzburg mit folgenden Schwerpunkten:

- Information und Prävention: Informationsweitergabe über Kinderrechte in Schulklassenworkshops, Vorträgen und Fortbildungen, Veröffentlichung von Broschüren zu kinderrechtsspezifischen Themen.
- Beratung und Hilfe: Kinder und Jugendliche mit Problemen und Fragen aller Art können sich an die kija Salzburg wenden, die Beratung ist anonym und kostenlos. Dabei betont sie, immer parteilich auf der Seite der Kinder und Jugendlichen zu stehen.
- Sprachrohr und Interessensvertretung: Ziel ist es, strukturelle Verbesserungen für Kinder und Jugendliche in Salzburg zu erreichen, der Fokus liegt dabei insbesondere auf benachteiligten Kindern und Jugendlichen ohne starke Lobby. Dafür werden auch künftige Gesetze und Verordnungen bezüglich ihrer Kinder- und Jugendverträglichkeit geprüft und begutachtet; mit Informationskampagnen, öffentliche Stellungnahmen und dem Dialog mit Entscheidungsträgerinnen und Entscheidungsträgern soll der gesellschaftliche Diskurs zu Kinderrechten lebendig gehalten werden.

Die kija Salzburg verfügt über ein Büro in der Landeshauptstadt, zudem wird einmal pro Woche eine „mobile Sprechstunde“ in der Region veranstaltet (vgl. http://www.kija-sbg.at/).

Als besonders interessant wurde einschätzt, dass die Informationsweitergabe und Arbeit zu Kinderrechten durch die Mitarbeitenden von kija systematisch in Schulklassen erfolgt und somit ein breiter persönlicher Zugang zu allen Kindern und Jugendlichen gegeben ist, der unabhängig vom Kontext der Hilfen zur Erziehung erfolgt.

Informations- und Beschwerdetelefon Pflege und Wohnen in Einrichtungen

Das „Informations- und Beschwerdetelefon Pflege und Wohnen in Einrichtungen“ der Verbraucherzentrale Rheinland-Pfalz bietet eine rechtliche Beratung und Unterstützung von Pflegebedürftigen rund um das Thema Pflege durch kostenlose Informationen, Beratung und eine außergerichtliche Interessensvertretung auf telefonische, schriftliche und elektronische Anfrage. Die Finanzierung erfolgt durch das rheinland-pfälzische Ministerium für Soziales, Arbeit, Gesundheit und Demografie.

Neben der Beratung nimmt das Informations- und Beschwerdetelefon auch Beschwerden zu Einrichtungen entgegen und ordnet sie zu. Im Rahmen der Beschwerdebearbeitung wird mit der Beratungs- und Prüfbehörde LWTG und mit dem Medizinischen Dienst der Krankenkasse zusammengearbeitet. Darüber hinaus übernimmt die Anlaufstelle die Vertretung der Beschwerdeführerin oder des Beschwerdeführers gegenüber der Einrichtung in außergerichtlichen Auseinandersetzungen. (vgl. http://www.verbraucherzentrale-rlp.de/Informations-und-Beschwerdetelefon-Pflege-und-Wohnen-in-Einrichtungen)

Aus Kinder- und Jugendhilfeperspektive wurde als interessant eingeschätzt, dass das Angebot landesgesetzlich verankert ist und die Finanzierung durch das zuständige Ministerium auf Landesebene übernommen wird. Zudem wurde die Bedeutung eines klaren Kompetenzprofils zur Bearbeitung von Beschwerden als relevant hervorgehoben.

Bürgerbeauftragter Rheinland-Pfalz

Das Amt des Bürgerbeauftragten mit Sitz beim Landtag existiert in Rheinland-Pfalz seit 1974. Vom Aufgabenverständnis ist der Bürgerbeauftragte als ein Mittler zwischen den Bürgern und der öffentlichen Verwaltung zu verstehen. Fragen, Anliegen und Beschwerden von Bürgern stehen im Mittelpunkt seiner Tätigkeit. So ist es Aufgabe des Bürgerbeauftragten, den Bürgern zuzuhören, ihre Anliegen zu überprüfen, zu informieren, zu beraten und zu vermitteln. Er möchte einen Ausgleich zwischen Bürgern und der, oft als übermächtig empfundenen, öffentlichen Verwaltung herstellen. Bürger und Bürgerinnen können sich z. B. an ihn wenden, wenn sie den Eindruck haben, dass ihr Anliegen nicht richtig verstanden oder nicht ernst genommen wird, wenn die Bearbeitung ihrer Angelegenheit zu lange dauert oder wenn sie mit Vorgehensweise oder Entscheidungen nicht einverstanden sind. Im Rahmen seiner Tätigkeit prüft der Bürgerbeauftragte, ob rechtlich einwandfrei und fair gehandelt wurde. Sein Dienst ist für alle Bürger und Bürgerinnen zugänglich und kostenfrei. Er bietet Sprechtage in jedem Kreis, in größeren Städten, in Gefängnissen sowie im Mainzer Büro an.

Das Vertrauen der Bürger und Bürgerinnen zu Verwaltungen soll durch die Tätigkeit des Bürgerbeauftragten befördert werden. Durch die Vermittlungstätigkeit und das Aufzeigen von Ermessenspielräumen sollen Verwaltungen für die Bürger gute Lösungen finden. Zudem gehört es zu den Aufgaben des Bürgerbeauftragten, die Verwaltung, den Gesetzgeber und die Regierung über berechtigte Bürgerbeschwerden zu informieren und Verbesserungen anzuregen.

Die Kompetenzen des Bürgerbeauftragten umfassen, dass er alle Verwaltungen des Landes um mündliche und schriftliche Auskünfte, Einsicht in die Akten und Unterlagen sowie Zutritt zu allen öffentlichen Einrichtungen ersuchen kann. Die Landesregierung, alle Behörden des Landes sowie die Körperschaften, Anstalten und Stiftungen des öffentlichen Rechts, die der Aufsicht des Landes unterstehen, haben ihm bei der Durchführung der erforderlichen Erhebungen Amtshilfe zu leisten. Dazu gehört auch, dass die für eine Anfrage oder Beschwerde zuständige Stelle den Bürgerbeauftragten in angemessener Frist oder auf Anfrage über die von ihr veranlasste Maßnahme, den Fortgang oder das Ergebnis des Verfahrens unterrichten. In der Regel wird der Bürgerbeauftrage bei Anliegen von Bürgern tätig, aber er kann auch auf eigene Initiative Untersuchungen durchführen. Verantwortlich ist der Bürgerbeauftragte nur gegenüber dem Parlament.

Grenzen der Unterstützung sind dann gegeben, wenn die Verwaltung nicht der parlamentarischen Kontrolle des rheinland-pfälzischen Landtags unterliegt oder ein Verwaltungsverfahren bereits abgeschlossen, das Anliegen Gegenstand eines laufenden oder abgeschlossenen Gerichtsverfahrens ist oder in der Angelegenheit staatsanwaltschaftlich ermittelt wird. Ausgeschlossen sind zudem private Streitigkeiten. (vgl. www.derbuergerbeauftragte.rlp.de)

Aus Perspektive der Kinder- und Jugendhilfe wurde als besonders interessant eingeschätzt, dass der Bürgerbeauftragte heute schon Beschwerden bearbeitet, die an der Schnittstelle zwischen Bürgern und Jugendamt entstehen. So befasst sich ein kleiner Teil der jährlichen Eingaben bereits mit Themen der Kinder- und Jugendhilfe. Inhaltlich geht es vor allem um Sorge- und Umgangsstreitigkeiten sowie um Beschwerden hinsichtlich der Nichtbewilligung oder Kürzung von Leistungen im Bereich der Kinder- und Jugendhilfe. Im Team der Mitarbeitenden des Bürgerbeauftragten gibt es Personen mit rechtlichen Kenntnissen zum SGB VIII. (vgl. Burgard 2013)

Als übertragenswert auf ombudschaftliche Strukturen für die gesamte Kinder- und Jugendhilfe wurde die inhaltliche und strukturelle Unabhängigkeit sowie die landesrechtliche Verankerung des Bürgerbeauftragten mit klaren Befugnissen angesehen.

In der Zusammenschau der vorgestellten und diskutierten ombudschaftlichen Strukturen sind folgende Aspekte in der fachlichen Auseinandersetzung als besonders relevant eingeschätzt worden, um eine Ombudsstelle für die Kinder- und Jugendhilfe in Rheinland-Pfalz zu konzipieren:

- Inhaltliche und strukturelle Unabhängigkeit der Ombudsstelle (d. h. keine Nähe zu freien oder öffentlichen Trägern der Kinder- und Jugendhilfe)
- Gesicherte neutrale Finanzierung
- Personalausstattung mit professionellen hauptamtlichen und ggf. ehrenamtlichen Mitarbeitenden, um qualitativ hochwertige Beratung und Unterstützung zu sichern

- Verankerter Auftrag und klare Befugnisse zur Bearbeitung von Anliegen und Beschwerden an der Schnittstelle zu Jugendämtern und freien Trägern
- Gute Erreichbarkeit (telefonisch, persönlich, per E-Mail, neue Medien etc.) sowie Schaffung auch regionaler Zugänge
- Gezielte Öffentlichkeitsarbeit, um junge Menschen und ihre Familien im (Vor-)Feld der Hilfen zur Erziehung zu erreichen und über ihre Rechte aufzuklären

Vertiefende konzeptionelle Überlegungen, die das Profil einer entsprechenden Beratungs- und Unterstützungsstruktur für Rheinland-Pfalz aufzeigen, werden im Folgenden dargestellt.

11.2 Konzeptionelle Überlegungen zu Zielgruppe, Zielsetzungen und Aufgaben einer rheinland-pfälzischen Ombudsstelle

Die inhaltlichen und konzeptionellen Ausrichtungen unabhängiger Ombudsstellen variieren, wie eingangs des Kapitels bereits beschrieben wurde. Ausgehend von den verschiedenen Möglichkeiten werden nun Ergebnisse aus den Diskussionsprozessen des Projekts beschrieben, die als Ausgangspunkt zur inhaltlichen Ausgestaltung entsprechender Strukturen für Rheinland-Pfalz dienen können. Beschrieben werden die angedachte Zielgruppe, Zielsetzungen der Arbeit und Aufgabenschwerpunkte sowie Anforderungen an das Qualifizierungsprofil für Mitarbeitende der Ombudsstelle.

Zielgruppe

Hauptzielgruppe der Ombudsstelle sollen Kinder, Jugendliche und Erwachsene sein, die (potenziell) Anspruch auf Leistungen nach dem SGB VIII haben bzw. in diesem Rahmen betreut werden. Im Mittelpunkt der Arbeit der Ombudsstelle sollen Klärungsbedarfe im (Vor-)Feld der Hilfen zur Erziehung stehen. Dies umfasst insbesondere:

- Hilfen zur Erziehung gemäß der §§ 27 ff. SGB VIII
- gemeinsame Wohnformen für Mütter/Väter und Kinder (§ 19 SGB VIII)
- Beratung in Fragen von Partnerschaft, Trennung und Scheidung (§ 17 SGB VIII)
- Beratung bei der Ausübung der Personensorge und des Umgangsrechts (§ 18 SGB VIII).

Bearbeitet werden sollen sowohl Anliegen und Beschwerden gegenüber Jugendämtern, als auch Anliegen und Beschwerden, die freie Träger der Jugendhilfe tangieren. Keine Berücksichtigung sollen Beschwerden finden, bei denen bereits verwaltungsrechtliche bzw. gerichtliche Verfahren eingeleitet wurden. Der Zuständigkeitsbereich der Ombudsstelle soll auf das Land Rheinland-Pfalz begrenzt sein.

Zielsetzungen und Aufgaben

Hinsichtlich der Zielsetzungen und Aufgaben der rheinland-pfälzischen Ombudsstelle ist angedacht, dass als ein Grundpfeiler der Arbeit die Informationsvermittlung an Kinder, Jugendliche und ihre Familien hinsichtlich ihrer Rechte auf Leistungen nach dem SGB VIII (Kinder- und Jugendhilfe) sowie ihrer Rechte im Rahmen der Erbringung einer Hilfe zur Erziehung verankert werden soll. Über die Erstellung und Verbreitung von spezifischen Materialien für die Hilfen zur Erziehung als auch für die Beratung soll die Position der Adressatinnen und Adressaten gestärkt werden. Befördert werden soll ein niedrigschwelliger und einfach verständlicher Zugang zu rechtlichen und fachlichen Informationen.

Die zweite zentrale Säule soll die unbürokratische, kostenlose Unterstützung und Begleitung in Konfliktfällen bilden. Informations- und Klärungsbedarfe, die in der Zusammenarbeit mit dem Jugendamt und/oder dem Leistungserbringer der Hilfe entstehen, sollen aufgegriffen und bearbeitet werden. Im Vordergrund der Tätigkeit soll das rechtlich aufklärende und vermittelnde Handeln stehen. Vorrang soll die gemeinsame Suche nach Lösungen mit allen am Konflikt Beteiligten haben. Durch das Hinzuziehen eines unabhängigen Dritten sollen neue konstruktive Alternativen möglich werden. Bezugspunkte der Lösungssuche sind dabei die Kinderrechte und die Rechte des SGB VIII.

Als dritte Säule sollen Beteiligungs- und Beschwerdestrukturen innerhalb von Jugendämtern und Einrichtungen durch die Ombudsstelle befördert werden, um möglichst viele Konflikte erst gar nicht entstehen zu lassen. Durch landesweite und regionale Veranstaltungen sowie Qualifizierungsprozesse zu Beteiligung und Beschwerde (z. B. Fachtage, Beteiligungswerkstätten, Einrichtungsbesuche) sollen die zentralen Akteure der Jugendhilfe in ihrer Qualitätsentwicklung bzgl. Beteiligung und Beschwerde unterstützt werden.

Darüber hinaus ist angedacht, dass die Ombudsstelle im Sinne einer fachpolitischen Lobby für Kinder- und Jugendrechte in den Hilfen zur Erziehung sowie zur Unterstützung von Kindern und Jugendlichen im Auf- und Ausbau ihrer Selbstvertretungsstrukturen, z. B. durch Peerberatung oder die Unterstützung von Care Leavern, unterstützend tätig wird. Hier kann eine landesweite Ombudsstelle einen anregenden Charakter haben.

Anforderungen an Mitarbeitende der Ombudsstelle und Rahmenbedingungen der Arbeit

Ausgehend von den beschriebenen Zielsetzungen und Aufgaben der Ombudsstelle, wird deutlich, dass die dort tätigen Personen ein breites Qualifikationsprofil ausweisen müssen, welches folgende Aspekte umfasst:

- jugendhilferechtliche Kenntnisse sowie relevantes Wissen zu angrenzenden Rechtssystemen, um Entscheidungsprozesse und strittige Fragen adäquat einschätzen zu können,
- fachliche Kenntnisse und Erfahrungen bzgl. pädagogischen Standards und Prozessen in den Hilfen zur Erziehung, weil es oftmals nicht um rein rechtliche Aspekte geht, sondern um Fragen eines angemessenen Umgangs mit Alltagssituationen,

- Wissen hinsichtlich der Handlungslogiken der beteiligten Institutionen sowie bzgl. der Handlungsspielräume und beteiligungsorientierten Ansätze in der Kinder- und Jugendhilfe, um vermittelnd tätig werden zu können,
- Beratungskompetenzen, die ein ressourcenorientiertes und konstruktives Vorgehen möglich machen,
- neutrale und unabhängige Position zu Jugendämtern und Trägern, damit nicht durch bestehende Arbeitsbeziehungen bzw. Abhängigkeiten Loyalitäten bestehen, die sich negativ auf Klärungsprozesse auswirken können.

Um die beschriebenen Aufgaben adäquat ausfüllen zu können, werden auf Landesebene hauptamtliche Strukturen empfohlen. Die landesweite Struktur soll sowohl eine zentrale Anlaufstelle bieten, als auch regionale Beratungsmöglichkeiten und Angebote bereitstellen. Durch Komm- und Geh-Strukturen sowie vielfältige Kontaktformen (persönlich, telefonisch, per E-Mail etc.) sollen verschiedene Ansprachen der Zielgruppe möglich und niedrigschwellige Zugänge eröffnet werden.

In Ergänzung der hauptamtlichen Struktur könnte perspektivisch über eine Unterstützung durch professionelle ehrenamtliche Personen nachgedacht werden, da so die Präsenz vor Ort gestärkt werden könnte. Der Aufbau regionaler Strukturen könnte über die landesweite Ombudsstelle angeregt und befördert werden.

Eine längerfristige Perspektive in finanziell abgesicherten Strukturen wird empfohlen, um eine kontinuierliche Arbeit möglichst von Beginn an sicherstellen zu können. Ein möglichst auf Dauer angelegter Status der landesweiten Ombudsstelle wird als wichtig erachtet, da der Erwerb der Strukturkenntnisse, der Aufbau tragfähiger Kooperationsbeziehungen sowie das persönliche Bekanntmachen der dort Tätigen bei Kindern, Jugendlichen und Eltern sowie Fachkräften zu Beginn zeitintensiv ist und sich diese Investitionen in der Aufbauphase erst zeitversetzt auszahlen. Zudem werden sich Teile des Arbeitsprofils erst in der konkreten Beratungsarbeit, bedingt durch die eingehenden Anfragen und Qualitätsentwicklungsbedarfe, herausbilden.

11.3 Umsetzungsempfehlungen zur strukturellen Verankerung von ombudschaftlichen Strukturen in Rheinland-Pfalz

Zur strukturellen Verankerung landesweiter ombudschaftlicher Strukturen für die Kinder- und Jugendhilfe in Rheinland-Pfalz werden zwei Umsetzungsstrategien vorgeschlagen. Zum einen wird die Schaffung einer landesweiten Ombudsstelle empfohlen, die sich an den oben beschriebenen Zielperspektiven und Aufgabenschwerpunkten ausrichtet. Hinsichtlich der Frage der strukturellen Verortung einer solchen Struktur werden im Folgenden Empfehlungen ausgesprochen. Zum anderen werden einrichtungsübergreifende Austausch- und Qualifizierungsforen für junge Menschen und Fachkräfte im Sinne von Beteiligungswerkstätten empfohlen, wie sie sich im Rahmen des Projekts bewährt haben. Auch hierzu werden im Folgenden konkretere Hinweise gegeben.

11.3.1 Schaffung einer Ombudsstelle für den Bereich der Kinder- und Jugendhilfe angesiedelt beim Bürgerbeauftragten Rheinland-Pfalz

In der Abwägung und Diskussion von Möglichkeiten der strukturellen Verortung einer landesweiten Ombudsstruktur für Rheinland-Pfalz wurden verschiedene Optionen geprüft. Vor dem Hintergrund der Kriterien Unabhängigkeit, gesicherte Finanzierung, Vermeidung von Doppelstrukturen und Realisierungswahrscheinlichkeit wird die Anbindung der ombudschaftlichen Struktur für die Kinder- und Jugendhilfe an den Bürgerbeauftragten empfohlen. Durch eine Erweiterung des Aufgabenprofils des Bürgerbeauftragten könnte eine Ombudsstelle für die Jugendhilfe als unabhängige Stelle auf Landesebene geschaffen werden, die nur gegenüber dem Parlament verantwortlich ist.

Prinzipiell ist der Bürgerbeauftragte auch heute schon für alle Bürger und Bürgerinnen des Landes, also auch für Kinder, Jugendliche und ihre Familien, zuständig und bearbeitet bislang schon in kleiner Zahl Beschwerden gegenüber Jugendämtern. Von Mädchen und Jungen wird er in der Regel bislang aber nicht als möglicher Ansprechpartner für Anliegen und Beschwerden wahrgenommen. Um die Zugänge zur Zielgruppe der jungen Menschen und ihrer Familien insbesondere im (Vor-)Feld der Hilfen zur Erziehung zu stärken, müssten die explizite Ansprache, der zugehende Charakter sowie die Klärung von Fragen und Beschwerden durch das unmittelbare Gespräch mit den Betroffenen anstelle von schriftlichen Eingaben und Antworten deutlich gestärkt werden.

Durch die bereits bestehende Struktur des Amts des Bürgerbeauftragten ist eine landesgesetzliche Verortung der Aufgabe gegeben. Für die Schnittstelle zu den Jugendämtern gilt bereits jetzt die Einmischungserlaubnis, die das Recht auf Einsicht in Akten und Unterlagen in allen Verwaltungen des Landes gewährt. Im bisherigen Auftrag des Bürgerbeauftragten nicht abgedeckt ist die Zusammenarbeit mit den Einrichtungen der Hilfen zur Erziehung. Diese Schnittstelle könnte über den Abschluss von Ziel- und Kooperationsvereinbarungen mit den Verbänden geklärt werden, um so eine gesicherte Basis für die Zusammenarbeit zu schaffen und dort tätig werden zu können. Für die anstehenden Aufgaben sollte von einem Personalumfang von insgesamt 2,5 Stellen ausgegangen werden. Zu klären wäre, welche Ressourcen aus dem bestehenden Personalpool des Bürgerbeauftragten für eine Ombudsstelle der Jugendhilfe genutzt werden könnten.

Zur Unterstützung der fachlichen Arbeit des Beauftragten wird darüber hinaus ein beratender Beirat als zieldienlich erachtet. Durch ein solches Gremium kann bestehende Expertise im Feld für die unmittelbare Beratungstätigkeit genutzt werden. Ein Beirat bietet aber auch die Chance, Themen zu bearbeiten, die durch die Anfragen deutlich werden und die auf strukturelle Handlungsbedarfe verweisen. Die jeweiligen Schnittstellen und Zusammenarbeitsformen der Akteure des Beirats gilt es zu profilieren, um wechselseitig voneinander zu profitieren und Doppelstrukturen zu vermeiden.

Zusammenfassend lässt sich sagen, dass durch die Profilierung der Aufgaben für Kinder, Jugendliche und Familien für die Hilfen zur Erziehung unter dem Dach des Bürgerbeauftragten die Interessenvertretung und die Durchsetzung von Rechtsansprüchen für diese Zielgruppe deutlich gestärkt werden könnten. Das Gesamtprofil des Bürgerbeauftragten würde erweitert und die Bearbeitungspraxis von Anliegen und Beschwerden dahingehend verändert, dass das unmittelbare Gespräch deutlichen Vorrang vor geschriebenen Stellungnahmen hätte. Das Thema Beteiligung und Beschwerde in den Hilfen zur Erziehung würde als besonderer Schwerpunkt im Aufgabenprofil des Bürgerbeauftragten hervorgehoben.

11.3.2 Strukturelle Absicherung einrichtungsübergreifender Beteiligungswerkstätten

Als weiterer Zugang zur Stärkung von landesweiten Beteiligungsstrukturen für junge Menschen, die im Rahmen von Hilfen zur Erziehung betreut werden, wird die strukturelle Absicherung von einrichtungsübergreifenden Beteiligungswerkstätten empfohlen. Erfahrungen im Projekt haben gezeigt, dass solche Veranstaltungen ein Austausch- und Qualifizierungsforum für junge Menschen bieten, welches von Seiten der Mädchen und Jungen sowie der begleitenden Fach- und Leitungskräfte sehr positiv bewertet wird. Durch den Abgleich und die Reflexion der jeweils unterschiedlichen Beteiligungserfahrungen der jungen Menschen können eigene Erfahrungen verortet werden. Übertragenswerte Praktiken und Modelle aus anderen Einrichtungen bzw. Gruppen bieten Anregungen für die Weiterentwicklung der Beteiligung im eigenen Kontext. Zudem werden in diesem Rahmen Mädchen und Jungen für ihre Rechte im Kontext der Hilfe sensibilisiert und sie werden durch den Austausch mit anderen jungen Menschen in einer ähnlichen Lebenssituation gestärkt. Durch die inhaltliche Auseinandersetzung können die jungen Menschen ihre Positionen und Wünsche klarer benennen und vertreten. Ausgehend vom Arbeitsprozess des jeweiligen Tages können die Teilnehmenden somit Entwicklungsimpulse in ihre Einrichtungen und Gruppen geben, die für die Weiterentwicklung der Heimerziehung relevant sind.

Bislang wurden folgende Themen im Rahmen von Beteiligungswerkstätten auf Landesebene bearbeitet:

- Beteiligung in der Heimerziehung
- Rechte von Kindern und Jugendlichen in der Heimerziehung

- Ich will was loswerden – Anregung und Beschwerde in der Heimerziehung
- Was heißt hier gerecht!? – Gerechtigkeit und Ungerechtigkeit in der Heimerziehung
- Gutes Leben im Heim

Die bisher durchgeführten Beteiligungswerkstätten wurden im Projektstatus realisiert und sind somit nicht strukturell verankert. Um eine Fortführung sicherzustellen, braucht es eine entsprechende Verortung, um das Angebot weiterhin umsetzen zu können, sowie gesicherte Finanzierungsformen. In anderen Bundesländern führen die Wohlfahrtsverbände der freien Jugendhilfe solche Werkstätten durch. Zur strukturellen Absicherung der Beteiligungswerkstätten wäre auch für Rheinland-Pfalz zu überlegen, inwiefern eine solche Verortung zur dauerhaften Sicherstellung beitragen kann. Als Alternative könnten die Veranstaltungen in Verantwortung bzw. Kooperation mit der Ombudsstelle Rheinland-Pfalz durchgeführt werden. Um der großen Nachfrage hinsichtlich der Teilnahme an Beteiligungswerkstätten gerecht werden zu können, scheint es zieldienlich, über regionale Arbeitszusammenhänge nachzudenken, so dass möglichst viele interessierte junge Menschen mitwirken können. Zudem wurde im Projektkontext auch angeregt, analoge Veranstaltungen für das Pflegekinderwesen oder Eltern-Kind-Einrichtungen bzw. andere Hilfeformen bzw. Zielgruppen ins Leben zu rufen.

Unter dem Fokus der Stärkung strukturell abgesicherter Beteiligungsmöglichkeiten scheint es darüber hinaus lohnenswert, entsprechende Veranstaltungen auch für Jugendliche und Fachkräfte zu organisieren, die sich im Rahmen von Heimräten oder einrichtungsbezogenen Jugendparlamenten engagieren, um deren Arbeit zu reflektieren und zu qualifizieren.

TEIL VI: ZUSAMMENFASSUNG DER ERGEBNISSE UND EMPFEHLUNGEN

12. Bilanzierende Einschätzungen zum Umsetzungsstand von Beteiligung und Beschwerde

Durch die Empfehlungen des Runden Tisches Heimerziehung 50er und 60er Jahre und die daraus resultierenden gesetzlichen Neuregelungen des § 45 SGB VIII sind wichtige Impulse zur Weiterentwicklung von Beteiligungs- und Beschwerdestrukturen gesetzt worden. Diese Impulse haben zu Veränderungen geführt, die sich in den Ergebnissen der Einrichtungsbefragung für die stationären Hilfen zur Erziehung in Rheinland-Pfalz für das Jahr 2013 zeigen. So verfügt die ganz überwiegende Zahl der Einrichtungen über ein strukturell verankertes Beschwerdeverfahren bzw. befand sich im Aufbau eines solchen, was deutlichen Steigerungen im Vergleich zum Jahr 2010 entspricht. Ähnliche Tendenzen lassen sich für gruppenübergreifende Beteiligungsgremien, wie Heimräte oder einrichtungsbezogene Jugendparlamente, abbilden. Innerhalb eines relativ kurzen Zeitraums haben die gesetzlichen Anforderungen somit dazu geführt, dass Einrichtungen neue Beteiligungs- und Beschwerdestrukturen für junge Menschen schaffen bzw. geschaffen haben.

Allerdings zeigen die Ergebnisse auch, dass es große qualitative Unterschiede zwischen den verschiedenen Einrichtungen hinsichtlich der konzeptionellen, inhaltlichen und methodischen Ausgestaltung von Beteiligungs- und Beschwerdemöglichkeiten gibt. Die Schaffung eines Verfahrens bzw. eines Gremiums sagt noch nichts darüber aus, inwiefern es zu den Bedürfnissen der jungen Menschen passt und von ihnen in Anspruch genommen wird bzw. inwiefern durch die neuen Strukturen wahrnehmbare Veränderungen befördert werden. So ist es von großer Bedeutung, dass jeweils vor Ort unter Beteiligung der Kinder und Jugendlichen sowie der Fachkräfte überprüft wird, welche Bedeutung und Wirkkraft den entwickelten Verfahren und Strukturen in der gelebten praktischen Umsetzung zukommt.

Die zentrale Bedeutung beteiligungsorientierter Arbeitsprozesse zur Erarbeitung, Implementierung und Fortentwicklung von Beteiligungs- und Beschwerdeverfahren hat sich auch im Rahmen der Begleitung der Modelleinrichtungen gezeigt. So wurde deutlich, dass es nicht ein Verfahren bzw. Modell zur Umsetzung angemessener Beteiligungs- und Beschwerdestrukturen gibt, sondern vielfältige Möglichkeiten der Realisierung bestehen. Je nach bisherigem Umsetzungsstand von und Erfahrungen mit Beteiligung und Beschwerde vor Ort sowie der Haltung und Einrichtungskultur, mit der dem Thema begegnet wird, braucht es einen Entwicklungsprozess, der die verschiedenen Ausgangsbedingungen berücksichtigt. Deutlich geworden ist, dass es jeweils dialogische Prozesse vor Ort braucht, damit sich Fachkräfte die Verfahren und Arbeitsweisen aneignen und eine positive Haltung dazu entwickeln können. Jede Einrichtung muss somit einen eigenständigen Auseinandersetzungsprozess zum Thema ausgestalten, um darüber für sich passende Verfahren zu entwickeln.

In der Gesamtschau der Projektergebnisse zeigen sich zudem enge Zusammenhänge zwischen Beschwerdeverfahren, Arbeitsprozessen zu Kinderrechten und Beteiligungsstrukturen. Die Entwicklung niedrigschwelliger Beschwerdeverfahren braucht eine Rahmung durch Arbeitsprozesse zu Kinderrechten, in denen handlungsrelevant für Mädchen und Jungen konkretisiert wird, welche Rechte ihnen im Alltag der Hilfe zur Erziehung zustehen und welches Verhalten beschwerdewürdig ist. Zudem sind alltägliche Beteiligungserfahrungen für die jungen Menschen wichtig, damit sie befähigt werden, Anliegen und Kritik zu äußern, und die Erfahrung machen, dass ihre Meinung ernst genommen wird und sie Einfluss auf Situationen haben. Einrichtungen, die bislang noch wenig Erfahrungen hinsichtlich der systematischen Beteiligung von Kindern und Jugendlichen sowie der Arbeit am Thema Kinderrechte gesammelt haben, müssen diese Aspekte somit vorgeschaltet bzw. parallel zur Entwicklung eines Beschwerdeverfahrens bearbeiten, um Hürden hinsichtlich der Inanspruchnahme des Verfahrens abzubauen.

Darüber hinaus hat sich gezeigt, dass die Auswahl der verantwortlichen Person(en) für die Beschwerdebearbeitung und die Ausgestaltung von Beteiligungsprozessen ein wichtiger Aspekt hinsichtlich der institutionenbezogenen Akzeptanz der Verfahren sowie bezüglich der gelingenden Ausgestaltung von Klärungsprozessen ist. Die personenbezogenen Kompetenzen sind wichtig, damit sich Menschen mit ihren Anliegen ernst genommen fühlen und produktive Klärungs- und Aushandlungsprozesse initiiert und begleitet werden können. In Ergänzung zu den für die Aufgaben benannten Personen sind Leitungskräfte sowohl hinsichtlich ihrer Vorbildfunktion im Umgang mit den Themen Beteiligung und Beschwerde wichtig, als auch als zentrale Ansprechperson für Anliegen und Kritik von jungen Menschen und Mitarbeitenden, auch unabhängig von vereinbarten Verfahren.

Hinsichtlich der konzeptionellen Eckpunkte der entwickelten Beschwerdeverfahren haben sich Modelle bewährt, die vier grundsätzliche Merkmale berücksichtigen. Erstens hat es sich als zieldienlich erwiesen, dass mindestens zwei Personen für die Bearbeitung der Beschwerden verantwortlich sind, so dass zum einen eine Vertretung im Urlaubs- und Krankheitsfall gesichert ist und zum anderen Wahlmöglichkeiten bestehen, wer mit der Bearbeitung betraut wird. Zweitens ist bedeutsam, dass die für die Beschwerdebearbeitung verantwortlichen Personen persönlich bekannt und niedrigschwellig ansprechbar sind. Drittens hat sich als relevant herausgestellt, dass die Verantwortlichen nicht im Gruppendienst tätig sind, sondern im Bedarfsfall eine Unterstützung von außen erfolgt. Zudem ist viertens die Bedeutung von möglichst schlichten und einfachen Verfahren hervorzuheben, so dass klar ist, welche Schritte durch wen wann erfolgen.

Bezüglich der Nutzung der erarbeiteten Beschwerdeverfahren hat sich gezeigt, dass es durch den Aufbau und die Weiterentwicklung der Verfahren nicht zu einer Flut von Beschwerden kommt. Der größte Anteil von Beschwerden wird weiterhin im alltäglichen Kontext geklärt. Die Fachkräfte im Gruppendienst sind und bleiben die ersten Ansprechpersonen für die Kinder und Jugendlichen. Dennoch hat das formale Beschwerdeverfahren aus Sicht der jungen Menschen und Fachkräfte dahingehend einen Mehrwert, dass im Bedarfsfall außenstehende Personen zur Konfliktlösung hinzugezogen werden können und über die vereinbarten Verfahren eine größere Verbindlichkeit und Klarheit im Bearbeitungsprozess gesichert wird. Die Ernsthaftigkeit, mit der Beschwerden in diesem Rahmen bearbeitetet werden, steigt aus Sicht der beschwerdeeinbringenden Personen.

Als weitere Erkenntnis ist festzuhalten, dass Beteiligungs- und Beschwerdeverfahren oftmals für alle Hilfeangebote und Bereiche einer Einrichtung konzipiert sind. In der näheren Analyse, ob die gewählten Zugänge und Verfahren in gleichem Maße für alle Hilfearten, Standorte und Zielgruppen passend sind, zeigte sich allerdings, dass diesbezüglich vielfach Anpassungsbedarf bestand, um Einzelne nicht strukturell auszuschließen bzw. zu benachteiligen. Eine zentrale einrichtungsbezogene Prüffrage ist somit, ob die verschiedenen Bereiche der Einrichtung bei der (Weiter-)Entwicklung und Nutzung der Beteiligungs- und Beschwerdemöglichkeiten entsprechend eingebunden und repräsentiert sind. Ist dies nicht der Fall, so ist zu prüfen, inwiefern Veränderungen vorgenommen werden müssen, um möglichst allen betreuten Kindern, Jugendlichen und Familien angemessene Strukturen und Verfahren bieten zu können.

Grundsätzlich sind viele der entwickelten Beschwerdeverfahren auch offen für Eltern, auch wenn der Hauptfokus bei der Entwicklung der Verfahren bei Kindern und Jugendlichen lag. Inwiefern die Ansprache, die Zugänge und Bearbeitungswege auch für Mütter und Väter passend sind, konnte im Rahmen des Projekts nur marginal bearbeitet werden. Gezeigt hat sich, dass die Themen Beteiligung und Beschwerde von Müttern und Vätern vor allem über Standards der Zusammenarbeit mit Eltern definiert werden. Hier gibt es sicherlich weitreichende Überschneidungen, allerdings verweist die Frage nach fallübergreifenden Beteiligungsstrukturen für Eltern und passenden Zugängen zu Beschwerdeverfahren auf weitergehende Entwicklungsbedarfe, die es vertiefend zu profilieren gilt.

Zur Verbreitung ombudschaftlicher Strukturen auf Einrichtungsebene ist für Rheinland-Pfalz zu bilanzieren, dass diese sehr randständig ausgebildet sind. Dem Anspruch, dass im Bedarfsfall eine neutrale, der Einrichtung außenstehende Person zur Klärung und Lösungssuche hinzugezogen werden kann, wird lediglich in einzelnen Einrichtungen entsprochen. Vielmehr wird das Außenstehen bzw. Unabhängigsein lediglich darüber versucht einzulösen, dass Personen für die Beschwerdebearbeitung zuständig sind, die nicht in der Gruppe/dem Bereich tätig sind bzw. mit gruppen- oder bereichsübergreifenden Tätigkeiten betraut sind. Der Anforderung nach ombudschaftlicher Unterstützung im engeren Sinne verstärkt Rechnung zu tragen, ist sicherlich ein weiterer Impuls zur Fortentwicklung der Beschwerde- und Beteiligungsmöglichkeiten.

Neben den vielfältigen einrichtungsbezogenen Zugängen zur Stärkung von Beteiligung und Beschwerde ist die partizipative Ausgestaltung des Hilfeplanungsprozesses in Verantwortung des Jugendamtes das zentrale Verfahren zur Sicherung von Mitspracherechten für junge Menschen und Eltern. Durch entsprechende Vorbereitungen und methodische Unterstützung können die Kompetenzen, die benötigt werden, um sich im Rahmen von Hilfeplangesprächen aktiv einbringen zu können, deutlich gesteigert werden. Darüber hinaus kann der Kontakt zwischen dem jungen Menschen und der zuständigen Fachkraft beim Jugendamt ein Anker sein, um im persönlichen Gespräch regelmäßig mitzubekommen, wie es dem Kind bzw. dem/der Jugendlichen im Rahmen der Hilfe geht, und um Ansprechperson für Beschwerden zu sein. Strukturell abgesicherte Beschwerdeverfahren sind bislang beim öffentlichen Träger in der Regel über die allgemeinen Beschwerdewege der Verwaltung sowie über formale Widerspruchsrechte gegen Bescheide geregelt. Eigens für das Jugendamt konzipierte adressatennahe Beschwerdeverfahren, die aktiv für Beschwerden werben und den Dialog mit den Betroffenen in den Vordergrund stellen, sind bislang nicht verbreitet.

Zusammenfassend kann bilanziert werden, dass es vielfältige Wissensbestände und gelingende Praxisbeispiele zur Umsetzung von Beteiligungs- und Beschwerdemöglichkeiten in den Hilfen zur Erziehung gibt. Diese werden allerdings noch nicht in der Breite rezipiert und strukturell abgesichert, wie es unter fachlichen Gesichtspunkten wünschenswert wäre. Somit variiert die Wahrscheinlichkeit, gut beteiligt zu werden, für Kinder, Jugendliche und ihre Familien in Abhängigkeit von zuständigem Jugendamt, verantwortlichem Leistungserbringer, Hilfeart und betreuender Fachkraft relativ stark. Annähernd gleiche qualitativ hochwertige Standards konnten bislang in der Breite der Angebote noch nicht strukturell verankert werden.

13. Empfehlungen zur Prävention und Zukunftsgestaltung in der Heimerziehung

Die Projektergebnisse zeigen, dass wichtige Schritte zum Auf- und Ausbau von Beschwerde und Beteiligung in den Hilfen zur Erziehung gegangen wurden und förderliche Prozesse zur Stärkung der Mitsprache von Kindern, Jugendlichen und ihrer Eltern initiiert werden konnten. Um die begonnenen (Weiter-)Entwicklungsprozesse auch künftig voranzutreiben und Beispiele guter Praxis möglichst breit zu verankern, werden ausgehend von den Erkenntnissen des Projekts im Folgenden Empfehlungen ausgesprochen, die einen Beitrag zur Prävention und Zukunftsgestaltung (nicht nur) in der Heimerziehung leisten sollen.

Unterstützung der Qualitätsentwicklung in Einrichtungen und Jugendämtern zur fachlichen Umsetzung und Weiterentwicklung von Beteiligungs- und Beschwerdeverfahren

Um Beteiligungs- und Beschwerdeverfahren zu entwickeln und mit Leben zu füllen, braucht es innerhalb der Institutionen entsprechende Diskussionsorte zur fachlichen Auseinandersetzung mit den Themen sowie Prozesse zur Weiterentwicklung der Arbeitspraxis. Zur Reflexion des Umsetzungsstandes von Beteiligung und Beschwerde vor Ort und zur Weiterentwicklung des Themas gilt es, die Prozesse unter größtmöglicher Beteiligung der Mitarbeitenden auszugestalten und umfassende Qualitätsentwicklungsprozesse anzuregen. Regelmäßige Fortbildungs- und Qualifikationsangebote sind diesbezüglich von Bedeutung und sollten institutionsbezogen, regional und landesweit unterstützt werden.

Stärkung und qualitative Weiterentwicklung partizipativer Hilfeplanungsprozesse

Unter Beteiligungsgesichtspunkten kommt dem Hilfeplanungsprozess ein zentraler Stellenwert zu. Empfohlen wird, dass im Rahmen der kooperativen

Qualitätsentwicklung von öffentlichen und freien Trägern erneut ein Schwerpunkt darauf gelegt wird, Hilfeplanungsinstrumente, Verfahrensschritte sowie Evaluationszugänge zu Hilfen hinsichtlich ihrer partizipativen Ausgestaltung zu stärken. Übergreifende Fortbildungsveranstaltungen und Fachtage können die Prozesse vor Ort befördern.

Verstärkte Unterstützung und Aufforderung, die Vorgaben des § 45 SGB VIII zur strukturellen Verankerung von Beteiligungs- und Beschwerdeverfahren umzusetzen

Trotz gesetzlicher Vorgaben haben bislang noch nicht alle stationären Einrichtungen strukturell verankerte Beschwerdeverfahren und Beteiligungsstrukturen implementiert bzw. sind im Aufbau solcher Verfahren. Hier ist es wichtig, dass diese Einrichtungen verstärkt dazu aufgefordert werden, dieser Verpflichtung nachzukommen, und zeitnah darin unterstützt werden, entsprechende Verfahren umzusetzen.

Zudem kann auf Grundlage der erarbeiteten Ergebnisse darüber nachgedacht werden, inwiefern auch vertiefende Qualitätsdebatten im Rahmen von Betriebserlaubnisverfahren hinsichtlich der Standards von Beschwerde- und Beteiligungsverfahren geführt werden, um die großen qualitativen Unterschiede zwischen Umsetzungsmodellen zu minimieren.

Sicherstellung wiederkehrender Auseinandersetzung mit Rechten von Kindern und Jugendlichen bezogen auf den erzieherischen Alltag

Die inhaltliche Auseinandersetzung, was Fachkräfte im Rahmen erzieherischen Handelns dürfen und was nicht sowie was als gerecht bzw. ungerecht erlebt wird, ist ein zentraler Punkt, um für Grenzüberschreitungen zu sensibilisieren und zu ermutigen, beschwerdewürdige Aspekte öffentlich zu machen. Die handlungsrelevante Konkretisierung von Kinderrechten für den jeweiligen Hilfekontext bietet hierfür ebenso Anlässe wie die Auseinandersetzung mit Regeln oder die Reflexion von Sanktionsformen. Empfohlen wird, dass solche Diskussionen und Reflexionsprozesse strukturell verankert werden, indem Vereinbarungen zu zeitlichem Turnus und Kontext solcher Auseinandersetzungen festgelegt werden. Zieldienlich ist, wenn entsprechende Fragestellungen auch im unmittelbaren Dialog von jungen Menschen und Fachkräften bearbeitet werden.

Sicherstellung von inhaltlichen Arbeitsprozessen mit Fachkräften zur Frage ihrer Verantwortung und Handlungsmöglichkeiten bei Grenzerfahrungen und -verletzungen

Bedeutsam ist die Anerkennung, dass jede Fachkraft in der erzieherischen Arbeit an Grenzen kommen kann und Fehler macht. Dennoch besteht die „Verpflichtung", solche Grenzerfahrungen zu thematisieren und sich bei Bedarf Unterstützung zu suchen. Die Psychohygiene von Fachkräften ist als ein wichtiger Beitrag für einen guten Umgang mit Kindern und Jugendlichen anzusehen. Neben der Sensibilisierung und Ermutigung, diese Aspekte anzusprechen, wird empfohlen, verbindliche Vereinbarungen dazu zu treffen, welche Themen und Beobachtungen bei Fehlverhalten von Fachkräften innerhalb eines Teams durch Kollegen und Kolleginnen angesprochen werden müssen, sowie zu klären, welche Unterstützung und Reflexion Fachkräfte eines Teams durch Leitungskräfte bzw. von „außen" erfahren können und müssen, so dass geschlossene Systeme bestmöglich vermieden werden können.

Sicherstellung von strukturell abgesicherten Reflexionsorten mit jungen Menschen außerhalb des engen Hilfesettings

Ausgehend von der Erkenntnis, dass es jungen Menschen oftmals schwer fällt, Kritik bezüglich der Fachkräfte zu benennen, die sie tagtäglich betreuen, ist es wichtig, Gesprächs- und Reflexionsanlässe zu schaffen, die explizit ohne Fachkräfte der Gruppe stattfinden. Dies können zum einen regelmäßige Gespräche in der Gruppe sein, bei denen neben den jungen Menschen ausschließlich die Beschwerdebeauftragten und/oder Leitungskräfte teilnehmen. Ergänzend dazu sind anlassunbezogene Gespräche zwischen Fachkraft des Jugendamtes und jungem Menschen z. B. in Anlehnung an den Hilfeplanungsturnus empfehlenswert. Ohne Beisein von Fachkräften der Einrichtung soll es in solchen Gesprächen explizit um die Situation des jungen Menschen und dessen Befindlichkeit am Lebensort Heim gehen.

Schaffung einrichtungsbezogener gruppenübergreifender Beteiligungsstrukturen

Damit Kinder und Jugendliche, die in stationären Hilfen zur Erziehung aufwachsen, Orte und Gelegenheiten zum Austausch und zur Meinungsbildung mit anderen Mädchen und Jungen in ähnlicher Lebenssituation haben, sind entsprechende Strukturen bedeutsam. Empfohlen wird deshalb die Schaffung einrichtungsbezogener gruppenübergreifender Strukturen wie etwa Heimräte, Abgesandtentreffen oder interne Beteiligungswerkstätten. Diese können bei entsprechender Ausgestaltung einen Rahmen bieten, in dem Beteiligung gelebt und weiterentwickelt werden kann. Solche Gremien können dazu beitragen, dass die jungen Menschen ihre Anliegen formulieren und im Aushandlungsprozess vertreten können. Um diese Zielperspektive erreichen zu können, ist es wichtig, dass die gruppenübergreifenden Gremien bei Bedarf Unterstützung zur Sicherstellung ihrer Arbeitsfähigkeit erhalten und mit entsprechender Wirkmacht ausgestattet werden.

Stärkung der Perspektive der jungen Menschen und Eltern bei der Bewertung der Qualität der Hilfe

Nur die jungen Menschen und ihre Eltern selbst können verlässlich darüber Auskunft geben, inwiefern sie sich im Rahmen der Hilfe gut betreut und beteiligt fühlen, inwiefern ein vertrauensvolles Klima herrscht und mit Kritik konstruktiv umgegangen wird. Empfohlen wird deshalb die verbindliche Einführung von entsprechenden Rückmelde- und Bewertungsverfahren, in denen Kinder, Jugendliche und ihre Familien systematisch ihre Einschätzungen abgeben können. Umgesetzt werden kann dies durch regelmäßige Adressatinnen- und Adressatenbefragung, beteiligungsorientierte Audits, einrichtungsinterne Beteiligungswerkstätten oder Qualitätsentwicklungsbegehungen, bei denen der unmittelbare Dialog mit den Adressatinnen und Adressaten der Hilfe im Vordergrund steht. Ebenso können entsprechende Bewertungen zur Beteiligung im Hilfeplanungsprozess sowie zur Einschätzung des Hilfeverlaufs abgefragt werden. Von zentraler Bedeutung ist, dass die Einschätzungen verbindlich in die Qualitätsentwicklung der Einrichtung und des Jugendamtes einfließen und somit Veränderungsimpulse aufgegriffen werden.

Schaffung einrichtungsübergreifender Austauschforen für junge Menschen in stationären Hilfen

Die Erfahrungen mit einrichtungsübergreifenden Beteiligungswerkstätten haben gezeigt, dass durch den Austausch von Jugendlichen und Fachkräften aus unterschiedlichen Einrichtungen Impulse zur Selbstbemächtigung der jungen Menschen gegeben werden können. Zudem können in diesem Rahmen positive Erfahrungen weitergegeben und neue Ideen zur Weiterentwicklung von Beteiligung und Beschwerde erarbeitet werden. So können wichtige Impulse von solchen Veranstaltungen ausgehen. Deshalb wird empfohlen, dieses landesweite Austauschforum strukturell abzusichern und dauerhaft umzusetzen. Zudem sollte die Anzahl jährlich stattfindender Beteiligungswerkstätten erhöht werden, um möglichst allen Interessierten die Möglichkeit der Teilnahme zu eröffnen.

Stärkung der fachlichen Diskussion um Beteiligung und Beschwerde für das Pflegekinderwesen und Erziehungsstellen

Auf Grund der strukturellen Besonderheiten des Aufwachsens in öffentlicher Verantwortung im privaten Kontext und der oftmals im Vergleich zur Heimerziehung noch größeren emotionalen Abhängigkeit von den betreuenden Personen stellen sich die Fragen nach Beteiligungs- und Beschwerdemöglichkeiten für junge Menschen in Pflege- und Erziehungsstellen noch einmal besonders. Die begonnene fachliche Debatte um angemessene Möglichkeiten und Konzepte sollte vertiefend fortgeführt und modellhaft systematisch erprobt werden.

Schaffung unabhängiger Ombudsstrukturen

Trotz der Stärkung einrichtungsbezogener Beteiligungs- und Beschwerdestrukturen ist eine ergänzende Unterstützungsstruktur zur Bearbeitung von Anliegen und Beschwerden von jungen Menschen und Eltern, die im Kontext der Hilfen zur Erziehung unterstützt werden, von hoher Bedeutung. Deshalb wird empfohlen, eine landesweite Ombudsstelle für die Kinder- und Jugendhilfe in Rheinland-Pfalz zu schaffen.

14. Dank

Herzlichen Dank an alle Betreuungs- und Leitungskräfte sowie die jungen Menschen, die im Rahmen des Projekts mit uns zusammengearbeitet haben. Nur durch ihre inhaltlichen Diskussionen, die Einblicke in den Alltag, die konstruktive Suche nach praktikablen Lösungen und den Mut, immer wieder aufs Neue Methoden und Verfahren auszuprobieren, konnten die vorliegenden Ergebnisse erarbeitet werden.

Ein besonderes Dankeschön gilt den Mitwirkenden der Modelleinrichtungen:

- BERGFRIED! Kinder- und Jugendhilfe GmbH in Bausendorf
- Caritas-Förderzentrum St. Christophorus in Kaiserslautern
- Evangelische Kinder- und Familienhilfe „Haus Niedersburg" in Boppard
- Kinder- und Jugendhilfezentrum St. Marien in Worms

Ein weiteres Dankeschön gilt den Fachkräften und Pflegeeltern, die uns im Rahmen der Arbeitsgruppe zum Pflegekinderwesen unterstützt haben. Dies waren:

- Frau Bücklein, Pflegekinderdienst LuZiE
- Frau Dietz-Pfeffer, Ev. Kinder- und Jugendhilfe Oberbieber
- Frau Egger-Otholt, Landesamt für Soziales, Jugend und Versorgung
- Frau Frübis-Scheuermann, Jugendamt Neustadt
- Frau Fuchs, Pflegemutter
- Herr Rupp, Landesverband der Pflege- und Adoptivfamilien Rheinland-Pfalz e. V.

TEIL VII: ANHANG MIT INSTRUMENTEN UND MATERIALIEN

Beispiele für Info-Flyer und Beschwerdebögen

Anregungen & Beschwerden

Hallo!

Du hast Erfahrungen mit uns gemacht, die dir besonders wichtig sind?
Ist etwas so verlaufen, dass du damit unzufrieden bist?
Oder ist dir etwas besonders gut in Erinnerung geblieben?

Nutze bitte dieses Formular, um uns deine Beschwerde oder deine Anregung mitzuteilen.

Nach Eingang deiner Nachricht erhältst du nach spätestens 3 Tagen eine Rückmeldung.
Dafür benötigen wir natürlich deine Kontaktdaten.
Wir behandeln dein Anliegen vertraulich.

Gemeinsam mit dir wollen wir dann eine Lösung finden.

Wie kann ich meine Beschwerde oder meine Anregung loswerden?

- Du kannst dich an jeden **Mitarbeiter von Bergfried** wenden. Dieser hilft dir beim Ausfüllen des Formulars und leitet dein Anliegen weiter.

- Oder schicke uns das Formular mit der **Post**:
  Bergfried, Postfach 1110, 54538 Bausendorf.

- Oder nutze das **Kontaktformular** auf unserer Internetseite www.bergfried-jugendhilfe.de

- Oder **rufe uns an oder maile uns**
  Frau Christiane Bottermann und Frau Anne Molitor (psychologischer Fachdienst Regenbogen): Telefon 06571 14 99 420, Email regenbogen@bergfried-jugendhilfe.de
  Herr Mirko Dornbach (Geschäftsführer): Telefon 06532 95 306 33, Email mirko.dornbach@bergfried-jugendhilfe.de

Deine Meinung
ist gefragt!

Stand 2014-03

Anregungen
& Beschwerden

Mein Anliegen ist ☐ **eine Beschwerde**

☐ **eine Anregung**

(bitte ankreuzen)

Bitte beschreibe dein Anliegen möglichst genau, benenne die beteiligten Personen und gib Zeitpunkte an:

____

____

____

____

____

____

____

____

____

____

____

(Nutze bei Bedarf ein zusätzliches Blatt)

Deine Meinung ist gefragt!

Absender:

Datum: ______________________________

Name, Vorname: ______________________________

Adresse: ______________________________

Telefon: ______________________________

Email: ______________________________

Stand 2014-03

Wir haben ein offenes Ohr …

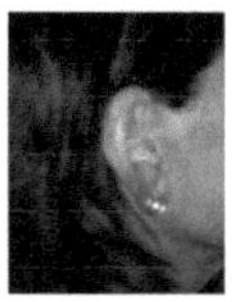

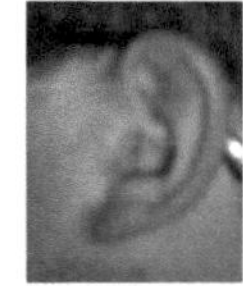

Beteiligungs- und Beschwerdebeauftragte

Kinder- und Jugendhilfezentrum St. Marien, Worms

… und eine helfende Hand!

Kinder- und Jugendhilfezentrum St. Marien
Willy-Brandt-Ring 3, 67547 Worms, Tel. 06241/94705-0

Marion Schneider
Ambulante Dienste
06241-94705-18
0151-26466072
marion.schneider@caritas-worms.de

Sebastian Esders
Koordinator Ambulante Dienste
06241-94705-44
01520-8468971
sebastian.esders@caritas-worms.de

Beteiligung und Beschwerde- Was ist das?

Beteiligung bedeutet Mitentscheiden und Mitentwickeln. Das heißt Kinder, Jugendliche und Betreuer bestimmen zusammen, wie sie miteinander umgehen. Man darf sagen, was einem nicht gefällt. Das nennt man „beschweren".

Beteiligungs- und Beschwerdebeauftragte - Was machen wir?

Wir:

- Helfen bei der Überprüfung von Regeln
- Nehmen eure Ideen und Wünsche zur Mit-Bestimmung an.
- Stärken Mitbestimmung wo nötig. Wir wollen, dass ihr mitmacht.
- Helfen, dass ihr euch wohlfühlt.
- Hören euch immer zu, auch wenn ihr euch ärgert. Erzählt uns davon.
- Helfen Streit zu lösen

Was bedeutet das für euch?

Ihr könnt Kontakt mit uns aufnehmen. Wir sind für euch da.
Wir sind zu erreichen über Telefon, Mail (steht direkt auf der linken Seite) oder über unseren Beteiligungs- und Beschwerdebriefkasten (angebracht vor dem Versammlungsraum im Haupthaus).
Auch könnt ihr euch bei eurem Gruppensprecher einen Briefumschlag holen. Dort ist schon unsere Adresse und eine Briefmarke drauf. Diesen Brief könnt ihr uns dann einfach schicken.

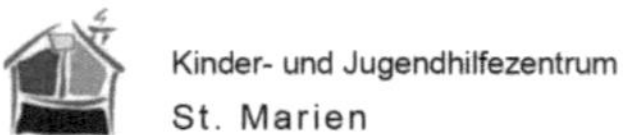

Beschwerdebogen Teil I

[Beschwerdebeschreibung]

<table>
<tr><td rowspan="8">Absender
Wer beschwert sich?
[Beschwerdeführer]</td><td>Datum</td><td></td></tr>
<tr><td>☐ anonym</td><td></td></tr>
<tr><td>Name</td><td></td></tr>
<tr><td rowspan="2">Anschrift</td><td></td></tr>
<tr><td></td></tr>
<tr><td>Telefon</td><td></td></tr>
<tr><td>E-Mail</td><td></td></tr>
<tr><td>Bezug zu St. Marien</td><td></td></tr>
<tr><td>Beschwerdebeschreibung
Was habe ich konkret erlebt, gehört, gesehen?
[Beschwerdegegenstand]</td><td colspan="2"></td></tr>
<tr><td>Erwartungen bzw. gewünschte Veränderungen
Was erwarte ich von anderen und was kann ich tun?</td><td colspan="2"></td></tr>
<tr><td rowspan="3">Wer soll mich bei meiner Beschwerde begleiten / unterstützen?</td><td>Name</td><td></td></tr>
<tr><td>Telefon</td><td></td></tr>
<tr><td>E-Mail</td><td></td></tr>
</table>

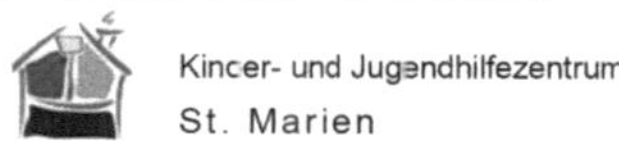

Beschwerdebogen Teil II

[Beschwerdeaufnahme und -bearbeitung]

Entgegennehmender ***Wer kümmert sich?*** [Beschwerdebegleiter]	Name	
	Anschrift	
	Telefon	
	E-Mail	
	Funktion / Stelle	
Fehlerprüfung	Beschwerde durch einfache Absprache beseitigt?	☐
Ergebnis der Rücksprache mit Beschwerdeführer bzw. der Beratung mit Kollege/in, Leitung, Beteiligungsbeauftragten [Beschwerdebearbeitung]		
Wer tut was bis wann? Wer ist zu beteiligen? Welcher Rahmen ist für die Klärung angezeigt? [Klärungsweg]		
Eingangsbestätigung	Spätestens 7 Tage nach Erhalt der Beschwerde	☐

Beschwerdebogen Teil III

[Ergebnis und Evaluation]

Wie ist das Ergebnis der Klärung? [Beschwerdeergebnis]					
Abfrage der Zufriedenheit des Beschwerdeführers [Evaluation]	☐ zufrieden 1	☐ eher zufrieden 2	☐ weiß nicht 3	☐ eher unzufrieden 4	☐ nicht zufrieden 5
Rückmeldung nach Abschluss	**An wen?**	**Was?**	**Wann?**		

„Deine Rechte als Pflegekind“ – ein Rechtekatalog für Kinder und Jugendliche in Pflegefamilien

Diese Broschüre wurde überreicht von und besprochen mit:

Hallo,

dieses Heft ist für Kinder und Jugendliche, die in einer Pflegefamilie leben. Vielleicht gerade für dich.

Auf den nächsten Seiten ist aufgeschrieben, welche Rechte du in deinem neuen Zuhause hast und was du von deiner Pflegefamilie und deinem Jugendamt erwarten kannst. Die Personen, die dich betreuen und dir helfen, müssen deine Rechte und deine Meinung achten und dir zuhören. Du sollst wissen, was du tun kannst, wenn dir etwas unklar ist oder wenn es Schwierigkeiten gibt. Das ist wichtig! Deshalb haben wir neben deinen Rechten auch aufgeschrieben, was du tun kannst, wenn es nicht gut läuft.

Wichtig ist: Manchmal ist es nicht einfach, sich zu beschweren. Aber es ist wichtig, dass du etwas sagst, wenn etwas nicht gut läuft. Nur so kann gemeinsam mit dir nach einer Lösung gesucht werden.

Wir wünschen dir eine gute Zeit in deiner Pflegefamilie.

Meine Rechte – deine Rechte

Du hast Rechte – und die gleichen Rechte gelten auch für andere. Das heißt, alles was auf den nächsten Seiten steht, gilt auch für alle anderen Kinder und Jugendlichen.

Und auch deine Betreuer und deine Familie haben viele Rechte. Das heißt: Du kannst nur das tun, was die Rechte der anderen Menschen nicht einschränkt oder verletzt.

Deine Rechte als Pflegekind

1. Du hast das Recht, dass deine Würde geachtet wird. Das heißt, dass du anerkannt und geschätzt wirst

Du bist wie du bist und du fühlst dich, wie du dich eben fühlst. Das ist gut so, denn du hast ein Recht darauf, so zu sein, wie du bist.

Du darfst nicht wegen deines Aussehens, deines Geschlechts, deiner Sprache, deines Glaubens, deiner Ansichten oder sexuellen Orientierung ausgelacht, geärgert oder bedroht werden.

Du kannst erwarten, dass deine Grenzen respektiert werden und du fair behandelt wirst. Berücksichtige dabei, dass deine Mitmenschen auch so behandelt werden möchten.

2. Du hast das Recht, gleichberechtigt behandelt zu werden

Du hast die gleichen Rechte wie alle anderen Menschen auch.

Keiner darf dich in Familie, Schule oder anderen Bereichen deines Lebens besser oder schlechter behandeln.

Dabei ist egal, ob du ein Mädchen oder Junge bist, eine andere Hautfarbe hast, aus einem anderen Land kommst, eine andere Sprache sprichst, einen anderen Glauben hast oder in irgendeiner Art beeinträchtigt bist.

3. Du hast ein Recht auf körperliche Unversehrtheit und gewaltfreie Erziehung

Du sollst dich in deiner Pflegefamilie sicher und geschützt fühlen. Hier und in allen anderen Lebensbereichen darf dich niemand schlagen, verletzen, beleidigen, demütigen, belästigen oder dich zu sexuellen Handlungen zwingen.

Du hast das Recht, davor geschützt zu werden.

4. Du hast das Recht auf eine gute Erziehung und Förderung deiner Entwicklung

Du hast das Recht darauf, gut versorgt und betreut zu werden.

Das bedeutet: du sollst so gefördert werden, dass du selbständig wirst und mehr und mehr Verantwortung für dich übernimmst.

Dabei müssen dich die Erwachsenen begleiten.

5. Du hast das Recht, deine Meinung frei zu äußern

Deine Meinung frei zu äußern bedeutet, dass du sagen kannst was du willst und denkst, ohne bestraft zu werden oder Nachteile zu haben.

Dies gilt auch, wenn du eine andere Meinung vertrittst als die Mehrheit oder die Erwachsenen.

Deine Meinungsfreiheit beinhaltet nicht das Recht, andere zu beleidigen oder zu verletzen.

Du hast das Recht deine Meinung zu vertreten, diese mit anderen zu besprechen und dich für oder gegen etwas einzusetzen.

6. Du das Recht, bei allen Fragen, die dich betreffen, mitzubestimmen

Nichts darf über deinen Kopf hinweg entschieden werden.

Das heißt, du musst gefragt werden und deine Meinung wird in die Entscheidung einbezogen.

Du wirst über wichtige Entscheidungen informiert.

Es ist wichtig, dass du über deine Situation immer Bescheid weißt. Die Mitbestimmung kann sich auf große Entscheidungen beziehen (Hilfeplanung, wo oder mit wem wirst du leben?). Du kannst aber auch bei für dich wichtigen Alltagsfragen wie z. B. der Gestaltung deines Zimmers oder „was essen wir heute?" mitbestimmen.

Dein Vormund, deine Pflegeeltern, deine Herkunftseltern, Familienrichter und das Jugendamt bestimmen auch bei großen Fragen mit.

Alltagsfragen werden in deiner Pflegefamilie ausgehandelt.

7. Du hast das Recht, wichtige Informationen zu erhalten

Du hast das Recht darauf, zu erfahren, weshalb du in einer Pflegefamilie lebst.

Deine Fragen müssen ernst genommen und ehrlich beantwortet werden.

Du sollst auch wissen, was für deine Zukunft geplant ist.

8. Du hast das Recht auf Umgang mit deinen leiblichen Eltern

Du hast ein Recht darauf, deine Eltern zu sehen und mit ihnen in Kontakt zu bleiben.

Wichtig ist, dass alle versuchen, eine möglichst gute Lösung zu finden.

Einschränken oder verbieten kann das Recht auf Umgang nur ein Familiengericht.

Der Umgang mit anderen Verwandten und Personen, die dir wichtig sind, soll dir ermöglicht werden (wenn es gut für dich ist).

9. Du hast das Recht, dass deine Privatsphäre geschützt wird

In deiner Pflegefamilie haben du und alle anderen Familienmitglieder ein Recht auf Privatsphäre.

Grundsätzlich hat niemand das Recht, deine Privatsphäre zu missachten oder einzuschränken.

Dafür ist besonders dein Zimmer oder dein Bereich im Zimmer wichtig.

Dein Zimmer, dein Handy, deine Post und andere Dinge, die dir gehören, darf niemand kontrollieren, ohne das mit dir abzusprechen. Außer deine Pflegeeltern vermuten, dass etwas dich oder andere in Gefahr bringt.

10. Du hast das Recht, etwas zu lernen

Auch wenn es komisch scheint, du hast das Recht darauf, in die Schule zu gehen und einen Abschluss zu machen.

Dir steht eine passende Schule und Hilfe beim Lernen zu. Auch in deiner Freizeit sollen deine Begabung und dein Spaß an Sport, Kunst und Musik unterstützt werden.

11. Du hast das Recht auf ärztliche Versorgung und Gesundheit

Du bekommst eine angemessene medizinische Versorgung, wozu auch Impfungen gehören.

Auch der Schutz vor Unfällen und Unterstützung bei einer gesunden Lebensführung gehören dazu.

12. Du hast das Recht auf freie Wahl und Ausübung deiner Religion.

Du kannst wählen, ob du eine bestimmte Religion ausüben möchtest oder nicht.

Wenn du einer Religion angehörst, müssen alle das respektieren.

Ab dem Alter von 14 Jahren kannst du deine Religion selbst wählen.

13. Du hast das Recht, dich zu beschweren

Wenn du dich ungerecht behandelt fühlst oder du denkst, dass etwas nicht gut läuft, dann muss dir jemand zuhören und dich ernst nehmen.

Du entscheidest selbst, bei wem und wie du dich beschwerst. Überlege, wem du vertraust und wer dich unterstützen kann. Dies kann sein: dein Vormund oder Mitarbeitende beim Jugendamt.

Hast du niemanden, soll es jemand Außenstehendes sein, oder möchtest du anonym bleiben, dann kannst du dich an folgende Stelle wenden:

- □ PFAD, Landesverband der Pflege- und Adoptivfamilien
  www.pfad-rlp.de 06349 10 20
- □ Das Landesjugendamt (Nummer)
- □ Kinder- und Jugendtelefon „Nummer gegen Kummer“
  0800 111 0 333, www.nummergegenkummer.de

Weitere für mich wichtige Ansprechpartner sind:

Wichtig: Such dir immer Unterstützung, wenn...

- □ du geschlagen wirst oder dir jemand weh tut.
- □ dich jemand so anfasst, wie du es nicht möchtest.
- □ du immer wieder runtergemacht oder gemobbt wirst.
- □ du eingeschlossen wirst.
- □ du nichts zu essen oder trinken bekommst.
- □ du keinen Kontakt nach außen haben darfst.
- □ du anderen vieles nicht erzählen darfst.

Beispiel Selbstverpflichtungserklärung

Selbstverpflichtung für die Mitarbeiterinnen und Mitarbeiter der BERGFR!ED – Kinder- und Jugendhilfe

BERGFR!ED bietet Kindern, Jugendlichen und jungen Erwachsenen sichere Orte als Lebensräume, in denen sie sich angenommen und geschützt fühlen. Wir bieten ihnen die Möglichkeit, an diesen Orten ihre Persönlichkeit, ihre Fähigkeiten und Begabungen zu entfalten.

Um dies zu unterstützen, verpflichte ich mich zu nachfolgendem Verhalten:

1. Ich begegne allen Menschen wertschätzend und respektvoll, achte deren Würde und Rechte, insbesondere die Rechte der Kinder und Jugendlichen.

2. Ich verpflichte mich, alles in meinen Kräften Stehende zu tun, dass niemand den mir anvertrauten Menschen, seelische, körperliche, sexuelle oder verbale Gewalt zufügt und wende selbst keine Gewalt an.

3. Ich interveniere aktiv gegen verbales und nonverbales sexistisches, rassistisches, diskriminierendes und gewalttätiges Verhalten im Umfeld der mir anvertrauten Menschen.

4. Ich verhalte mich professionell im Umgang mit meinen Kollegen. Ich spreche Fehlverhalten von Kollegen gegenüber den mir anvertrauten Menschen offen an.

5. Ich achte das Recht auf sexuelle Selbstbestimmung aller Menschen und gehe niemals sexuelle Beziehungen zu Schutzbefohlenen ein.

6. Ich achte in meiner Arbeit den Grundsatz der Partizipation. Ich beteilige die Kinder- und Jugendlichen an der Hilfeplanung und allen Entscheidungen, die ihre Alltagsbewältigung betreffen.

7. Ich gehe achtsam und verantwortungsbewusst mit Nähe und Distanz um, dabei beachte ich die persönlichen Grenzen und die Intimsphäre.

8. Ich bin mir meiner sozialen Vorbildrolle für die Kinder und Jugendlichen in der pädagogischen Arbeit bewusst und werde ihr gerecht.

9. Ich achte bei der Arbeit auf ein dem Anlass entsprechendes äußeres Erscheinungsbild.

10. Ich bin mir auch in der Öffentlichkeit meiner besonderen Verantwortung als Mitarbeiter von BERGFR!ED bewusst.

11. Ich achte auf einen ressourcenschonenden Umgang mit meiner Umwelt, Wasser, Energie und den mir zur Verfügung gestellten Arbeitsmitteln und Einrichtungsgegenständen.

Ort, Datum | Nachname, Vorname | Unterschrift

Literatur

Abschlussbericht des Runden Tisches Heimerziehung in den 50er und 60er Jahren Berlin, 2010 Arbeitsgemeinschaft für Kinder- und Jugendhilfe – AGJ.

Albus, S. (2011): Wirksame Hilfen zur Erziehung durch Beteiligung?! In: Dialog Erziehungshilfe 4/2011, S. 43-47.

Albus, S./ Greschke, H./ Klingler, B./ Messmer, H./ Micheel, H. G./ Otto, H. U./ Polutta, A. (2010): Wirkungsorientierte Jugendhilfe. Abschlussbericht der Evaluation des Bundesmodellprogramms Qualifizierung der Hilfen zur Erziehung durch wirkungsorientierte Ausgestaltung der Leistung: Waxmann.

Arbeitsgemeinschaft für Kinder und Jugendhilfe (2013): Diskussionspapier „Ombudschaften, Beteiligungs- und Beschwerdeverfahren in Einrichtungen und Institutionen der Kinder und Jugendhilfe". München.

Arbeitsgemeinschaft für Kinder- und Jugendhilfe (2013): Private Erziehung in öffentlicher Verantwortung – Folgen für die Kompetenzanforderungen in der Kindestagespflege und der Pflegekinderhilfe. Diskussionspapier. Berlin, 25. September 2013.

Babic, B. (2010): Zur Gestaltung benachteiligungssensibler Partizipationsangebote - Erkenntnisse der Heimerziehungsforschung. In: Betz, T.; Gaiser, W.; Pluto, L. (Hrsg.): Partizipation von Kindern und Jugendlichen. Forschungsergebnisse, Bewertungen, Handlungsmöglichkeiten. Wochenschau-Verlag, S. 213–232.

Babic, B./Legenmayer, K. (2004): PartHe - Partizipation in der Heimerziehung. Abschlussbericht der explorativen Studie zu formalen Strukturen der Beteiligung von Kindern und Jugendlichen in ausgewählten Einrichtungen der stationären Erziehungshilfe in Bayern.

BAG Landesjugendämter (2013): Handlungsleitlinien zur Umsetzung des Bundeskinderschutzgesetzes im Arbeitsfeld der betriebserlaubnispflichtigen Einrichtungen nach § 45 SGB VIII – 2. aktualisierte Fassung.

Burgard, D. (2013): Impuls aus dem Arbeitsbereich des Bürgerbeauftragten des Landes. Vortrag im Rahmen des Fachtags „Beschwerde und Ombudschaft in der Jugendhilfe Perspektiven für Rheinland-Pfalz“ 21. November 2013. Mainz.

Diakonieverbund Schweicheln e. V. (2006): Erziehung braucht eine Kultur der Partizipation. Umsetzung und Ergebnisse eines Modellprojekts in der Erziehungshilfe. Hiddenhausen.

Gehres, W. (1997): Das zweite Zuhause. Lebensgeschichten und Persönlichkeitsentwicklung von Heimkindern. Opladen.

Hartig, S./ Wolff, M. (2008): Abschlussbericht Projekt Beteiligung – Qualitätsstandards für Kinder und Jugendliche in der Heimerziehung. Abrufbar unter: http://people.fh-landshut.de/~hartig/ergebnisse/abschlussbericht_2006.pdf (Stand: 1.03.2010).

IGfH e. V. & Kompetenz-Zentrum Pflegekinder e. V. (2010): Neues Manifest zur Pflegekinderhilfe. Frankfurt/Berlin.

Kriener, M. (2003): Partizipation: Vom Schlagwort zur Praxis. In: Kriener, M/ Petersen, K.: Beteiligung in der Jugendhilfepraxis. Münster.

Knuth, N./ Stork, R. 2014: Beteiligungsverfahren und Beschwerdemöglichkeiten. Kann die Heimerziehungspraxis die neuen rechtlichen Ansprüche nach § 45 SGB VIII erfüllen? In: Forum Erziehungshilfe Heft 4 2014, S. 245-248.

Moos, M./ Schmutz E. (2005): Qualitätsentwicklung in der Hilfeplanung als kooperativer Prozess zwischen öffentlichen und freien Trägern. Handreichung des Modellstandortes Rheinland-Pfalz im Rahmen des Modellprojekts „Hilfeplanung als Kontraktmanagement?“. Mainz.

Moos, M. (2012): Beteiligung in der Heimerziehung in Rheinland-Pfalz. Einschätzungen aus Perspektive junger Menschen und Einrichtungsleitungen. Mainz.

Pamme, H. (2015): Projekterfahrungen aus dem Praxisprojekt „Beraten und Schlichten“ – Jugendämter auf dem Weg zum Beschwerdemanagement des LWL Landesjugendamtes. Vortrag im Rahmen der Arbeitstagung „Schwierige Situationen und Beschwerden für das Jugendamt nutzbar machen“. Mainz.

Pluto, L. (2006): Partizipation in den erzieherischen Hilfen - fachliches Selbstverständnis und institutionelle Unterstützung. In: Mike Seckinger (Hrsg.): Partizipation - Ein zentrales Paradigma. Tübingen.

Pluto, L./ Gragert, N./ van Santen, E./ Seckinger, M. (2007): Kinder- und Jugendhilfe im Wandel. Eine empirische Strukturanalyse: Deutsches Jugendinstitut. München.

Poss, M. (2005): Ressourcenfindung in der Arbeit mit vernachlässigenden Familien - (un)möglich in der Sozialpädagogischen Familienhilfe? In: Deegener, G./Körner, W. (Hrsg.): Kindesmisshandlung und Vernachlässigung. Ein Handbuch. Göttingen u.a., S. 561-577.

QUALITY4CHILDREN (Hrsg.) (2007 dt.): Standards für die Beteiligung von fremd untergebrachten Kindern und jungen Erwachsenen in Europa. Innsbruck, (www.quality4children.info).

Rößler, H.-J. (2013): Beschwerdeverfahren im Jugendamt. Vortrag im Rahmen des Fachtags „Beschwerde und Ombudschaft in der Jugendhilfe Perspektiven für Rheinland-Pfalz“ 21. November 2013. Mainz.

Sierwald, W. (2008): Gelingende Beteiligung im Heimalltag. Eine repräsentative Erhebung bei Heimjugendlichen. In: Dialog Erziehungshilfe, Heft 2-3, S.35-38.

Stork, R. et. al.(2012): Demokratie in der Heimerziehung. Dokumentation eines Praxisprojekts in fünf Schleswig-Holsteinischen Einrichtungen der stationären Erziehungshilfe, Ministerium für Soziales, Gesundheit, Familie und Gleichstellung des Landes Schleswig-Holstein (Hrsg.), Kiel.

Stork, R. (2012): Beteiligungsbereiche und Methodenkompetenzen – ein kleines Curriculum für Partizipation in der Heimerziehung. In: Ministerium für Soziales, Gesundheit, Familie und Gleichstellung des Landes Schleswig-Holstein (Hrsg.): „Demokratie in der Heimerziehung“ - Dokumentation eines Praxisprojekts in fünf Schleswig-Holsteinischen Einrichtungen der stationären Erziehungshilfe. Kiel, S. 53-59.

Urban-Stahl, U. (2011): Ombuds- und Beschwerdestellen in der Kinder- und Jugendhilfe in Deutschland. Eine Bestandsaufnahme unter besonderer Berücksichtigung des Möglichen Beitrags zum „Lernen aus Fehlern im Kinderschutz". Köln: Nationales Zentrum Frühe Hilfen (NZFH).

Urban-Stahl, U. (2012): Beschwerde- und Ombudsstellen in der Kinder- und Jugendhilfe. In: Forum Jugendhilfe, 1/2012, S. 5-11.

Urban-Stahl, U. (2013): Beschweren erlaubt! 10 Empfehlungen zur Implementierung von Beschwerdeverfahren in Einrichtungen der Kinder- und Jugendhilfe. Berlin.

Urban-Stahl, U./ Jann, N. (2014): Beschwerdeverfahren in Einrichtungen der Kinder- und Jugendhilfe. München.

Wiesner, R. (2012): Implementierung von ombudschaftlichen Ansätzen der Jugendhilfe im SGB VIII. Rechtsgutachten für die „Netzwerkstelle Ombudschaft in der Jugendhilfe" des Berliner Rechtshilfefonds Jugendhilfe e. V. Berlin.

Wiesner, R. (2013): § 79a SGB VIII – Dimensionen der Qualitätsentwicklung im Jugendamt. In: Deutsches Institut für Urbanistik gGmbH (Hrsg.): Beschwerdemanagement und Ombudschaft – eine Qualitätsstrategie für die Jugendämter? Dokumentation der Fachtagung am 25. und 26. April 2013 in Berlin. Berlin, S. 11-22.

Wolff, M. (2010): Wer sich einbringen kann, lernt fürs Leben. In: Neue Caritas, Heft 10, S. 9-12.